P9-CTP-471

Caravana

Caravana

Cómo el éxodo centroamericano salió de la clandestinidad

ALBERTO PRADILLA

Prólogo de
Diego Fonseca

DEBATE

Caravana
Cómo el éxodo centroamericano salió de la clandestinidad

Primera edición: junio, 2019
Primera reimpresión: julio, 2019

ISBN: 978-607-318-051-1

Impreso en México – *Printed in Mexico*

El papel utilizado para la impresión de este libro ha sido fabricado a partir de madera procedente de bosques y plantaciones gestionadas con los más altos estándares ambientales, garantizando una explotación de los recursos sostenible con el medio ambiente y beneficiosa para las personas.

Penguin
Random House
Grupo Editorial

A María Ángeles y Roque, mis padres, por tanto apoyo siempre

A Paula, por aparecer en Honduras para cambiarme la vida

Índice

Agradecimientos

Este libro se basa en las crónicas escritas en el medio digital guatemalteco *Plaza Pública* entre el 15 de octubre y el 27 de noviembre de 2018 en Guatemala y México. Han sido revisadas, ampliadas y corregidas. Durante casi mes y medio fui uno de los pocos periodistas que siguió ininterrumpidamente el éxodo centroamericano desde que llegó a Ciudad de Guatemala hasta que desembocó en Tijuana, México, donde la Caravana dejó de ser Caravana. Los nombres de los protagonistas son los que ellos me dieron y no siempre tienen que ser reales. La migración irregular obliga a tomar precauciones.

Quiero agradecer a todos los que, de una manera u otra, están presentes en este libro: a Diego Fonseca, Paula Vilella, Mikel Soto e Irati Jiménez por sus comentarios, correcciones, sugerencias, ediciones y paciencia. A Alberto Arce porque me convenció de que en Guatemala podía seguir aprendiendo a hacer periodismo. A Enrique Naveda, por recibirme en *Plaza Pública*.

[Prólogo]

Las agruras de tus decisiones

Durante varios años, primero en Washington DC y luego en Phoenix, hablé con decenas de migrantes indocumentados. Todos contaban los horrores y amarguras de sus viajes. Noches en Falfurrias o el desierto de Sonora, temerosos de las alimañas salvajes —serpientes, alacranes, coyotes de verdad— y de las civilizadas —coyotes humanos, policías fronterizos. Sed, angustia, hambre, esperanzas. Pero esas historias siempre me resultaron parecidas a películas en blanco y negro: una narración de algo que pasó hace tiempo, muy a la distancia, que ha quedado atrás superado por la velocidad de los hechos.

No era que no me afectase; eran recuerdos cauterizados. Ni sus narradores querían revivirlos —y yo como periodista insistía en quebrar esas vidas— ni yo tenía la comprensión definitiva del fenómeno pues no fui ni testigo ni protagonista.

Alberto Pradilla tuvo la posibilidad de viajar con la Caravana migrante de octubre de 2018 como su testigo, reportero y gachupín de repuesto. Durante más de un mes, desde la frontera entre Honduras y Guatemala hasta los momentos casi finales del éxodo, en el albergue Benito Juárez de Tijuana, al borde de la Navidad, Alberto llevó un registro diario de los pesares de esas 7 mil —5 mil, 8, 11 mil, centroamericamil— personas de la Caravana.

Su experiencia tuvo la proximidad que un lector necesita para experimentar una crisis humanitaria como la caminata de más de 4 mil 600 kilómetros. Alberto habla de la extenuación y la enfermedad, el dolor y los temores de madres, hijos, viejos, niños, adolescentes. Describe —y nos lleva a— los malolientes campamentos donde se hacinaron decenas de familias en su camino por México. Muestra la falta de tacto de las policías fronterizas que gasearon a niños, mujeres embarazadas y ancianos cuando la presión de la multitud quería atravesar las vallas migratorias.

De alguna manera, Alberto nos da a quienes mantenemos una distancia preocupada —pero distancia al fin— de los refugiados y migrantes que arriesgan la vida por tener una vida, esa implicación que yo mismo me reclamo. Hace vivencial un relato que de otro modo podría ser meramente notarial. Actualiza, vivifica la experiencia. Pone en colores lo que uno ve en blanco y negro.

* * *

Un día, Alberto Pradilla se definió a sí mismo en un chat que mantuvimos: soy un periodista adicto al trabajo, me dijo.

Como si fuera amanuense de su experiencia, daré fe. He seguido el trabajo de Alberto, que comenzó como cuaderno de notas, se convirtió en historias publicadas en *Plaza Pública*, el medio de Guatemala para el cual trabajaba, y concluyó en *Caravana*.

Alberto tiene la entrega de los viejos reporteros de película —de película en blanco y negro— en una vida todavía joven, apenas despegada de los primeros treinta años. Le gusta, como a varios de su generación, revolcarse en el barro de la vida ajena, ensuciarse los zapatos al lado de la gente.

Su entrega a este libro ha sido completa. Ermitaño por elección, se sometió a convivir con miles de personas durante la Caravana. Uno no sale limpio de tanta vida. Fue consejero de las personas, aguafiestas de sus esperanzas sobredimensionadas, cronista de sus vidas, puntilloso compilador de experiencias. Sirvió de pasamanos para repartir comidas, ordenó mantas y cobijas para los exhaustos que llegarían. Hizo fila para conseguir dinero para algunos desahuciados, dio su teléfono para que escucharan la voz de un hijo o una madre que habían dejado detrás. Si alguna vez se enamoró de sus personajes, dio un paso atrás y se cuestionó el comportamiento de las personas detrás de esos personajes.

Se enojó. Se desenojó. Al final del rulo, escribió un libro sobre la Caravana migrante que es otra cosa, como debe ser: un relato de la experiencia humana.

* * *

Soy nieto de inmigrantes. Mi familia viajó del Piamonte y la Lombardía italianas a la pampa argentina antes y después de las grandes guerras europeas. Llegaron como llegan los migrantes humanamente desesperados: la ropa puesta, la necesidad y voluntad de trabajar, la incertidumbre de qué encontrarán, la añoranza de las buenas cosas que dejaron atrás.

Mis antepasados se montaron a sulkys y trenes por cientos de kilómetros rumbo a una pradera fértil, inexplotada. Se movieron porque querían hacer algo mejor para los suyos. Que hacer la América, así fuera un sueño modesto, pudiera ser la elección de una mejor vida. Y llegar a eso demanda sacrificio.

El mismo espíritu une a mi abuelo piamontés con Ayyi, un peluquero y poeta hondureño, jovencísimo como mi *nonno* al momento de cruzar frontera: esa determinación por tener algo mejor. De gozar, como habitante de este planeta, de las mismas posibilidades que otro individuo de su misma especie.

Hace tiempo que creo que, con la sutileza propia de cada historia individual, no hay más que una Gran Historia Migrante: nos movemos desde el inicio de los tiempos en busca de la fertilidad. Y así seguirá siendo. Uno no debiera quedar preso de una frontera solo porque su madre pujó en una latitud condenada por la Historia.

En *Caravana* encontrarán otra versión de ese viaje. Nada nuevo: es la experiencia humana expresada, otra vez. La Caravana centroamericana fue una fotografía a escala de los valores universales que todos nosotros cultivamos. Hubo fe, horror, esperanzas, certezas desvanecidas, sueños rotos. Hubo muerte en un río de miles de vidas. Tuvo maldades, trampas, pasados truculentos. Optimismo por que las cosas se enderecen —al menos una vez, al menos de una vez y para siempre. Hubo entereza, decencia, y su opuesto. Compromisos y obvios oportunismos. Más entrega que mezquindad. Tuvo (y tendrá con las que vengan) vidas comunes que no necesitan de nuestra santificación por su pobreza ni de una igualmente inmerecida satanización —por esa misma indigencia.

La experiencia enseña que los millones de migrantes que se mueven por el mundo son personas con necesidad en busca de una oportunidad —una. Que se sobreexigen para demostrar su valía pues saben —porque nosotros hemos creado esa percepción— que estarán a prueba cada día de sus existencias mientras cohabiten con los locales en una tierra que no fue la suya por nacimiento. Y esa misma experiencia prueba que esas personas —esos millones de migrantes— tienen integridad y voluntad de ser uno más. Ser parte. Ciudadanizarse.

Nada más piden que les den una oportunidad —una.

Alberto cuenta en este libro el camino a esa oportunidad. La distancia que recorrió la Caravana desde Honduras a las adyacencias de San Diego es similar a la que unieron los pioneros del siglo XIX que cruzaron Estados Unidos desde la costa este al *Wild West*. A unos, los del pasado, se les reconoce la autoría de una epopeya —blanca—: la construcción de una nación. A otros, *Imbecile-in-Chief*, un sujeto que ha asumido el compromiso de destruir los principios básicos de la vida en sociedad, los ha convertido en una amenaza política enajenante. Una saga —marrón— que desmoronará a una nación —blanca.

Caravana es otro retrato del complejo viaje de la experiencia humana. Respira la necesidad de liberarse del crimen y de la miseria. Los centroamericanos que integraron la Caravana nada más buscaron un poco de las mieles del mundo desarrollado. Asumieron riesgos para ello. Buscaron una forma de libertad, que nunca deja de ser una experiencia más o menos incómoda. La posibilidad de elegir y negociar tus compromisos, que te dejen asumir las agruras de tus decisiones.

Recuerdo ahora un fragmento de un texto de Robert Walser. Frente al cajero del banco que lo prejuzga por su visible condición de pobre, el personaje de la historia dice:

A veces ando errante en la niebla y en mil vacilaciones y confusiones, y a menudo me siento miserablemente abandonado. Pero pienso que es bello luchar. Un hombre no se siente orgulloso de las alegrías y del placer. En el fondo lo único que da orgullo y alegría al espíritu son los esfuerzos superados con bravura y los sufrimientos soportados con paciencia. Pero no gusta derrochar palabras a este respecto. ¿Qué hombre honrado no ha estado desvalido nunca en su vida, y qué ser humano ha mantenido por completo intactos a lo largo de los años sus esperanzas, planes, sueños? ¿Dónde está el alma cuyos anhelos, osados deseos, dulces y elevadas concepciones de la felicidad se cumplieron, sin tener que hacer descuentos en ellas?

Entiendo que una gran proporción de las siete mil —cinco mil, ocho, once mil, centroamericamil— personas de la Caravana que Alberto Pradilla retrata podría reclamar para sí esas letras. El texto, involuntariamente sarcástico en esa suerte, se titula "El paseo".

Diego Fonseca

[1]

El último viaje de Jorge Alexander

Una vida de perros acaba en una muerte nada humana.

El último viaje de Jorge Alexander Ruiz Dubón fue en el interior de la bodega de un avión de carga. Ataúd blanco dentro de una caja de cartón. De Tijuana a Ciudad de México. De Ciudad de México a San Pedro Sula, la ciudad menos pobre pero más violenta de Honduras, el país del que todo el mundo quiere escapar. Jorge Alexander fue un cadáver sin recursos. Su familia no tenía dinero para pagar la repatriación. Por eso, según dicen, se hizo cargo un abogado al que alguien conocía.

En los aviones, la cuenta corriente marca la diferencia de dónde te ubican solo si estás vivo. Los ricos, a preferente. El resto, a turista. Pero la muerte nos iguala a todos en la zona de carga de un aeropuerto. Si estás metido en una caja, viajarás en la bodega, con otras cajas. Así regresó Jorge Alexander al lugar que había abandonado dos meses antes creyendo que lograría alcanzar Estados Unidos.

Es viernes 8 de febrero de 2019 y pasan algunos minutos de las dos de la tarde. En el interior del aeropuerto Ramón Villeda Morales esperan Fanny Jannet Ruiz Dubón, la madre de Jorge Alexander; y Erika Jamileth Díaz Guzmán, su tía por el lado del padre, que no se encuentra allí porque está, como el hijo, muerto. Las mujeres no esperan en el brevísimo espigón de cuatro puertas del Villeda Morales sino en la zona de carga y descarga, apartada de la terminal de pasajeros. Aquí es donde te entregan a tus familiares muertos: como si fueran una encomienda internacional.

El recinto está protegido por una pequeña verja metálica. Antes de la garita de entrada, a la derecha, hay un comedor con mesas de madera, dos máquinas de pinball de hace 30 años que nadie usa y unos bancos donde ahora espera una docena de personas. Todos tienen una expresión severa, de duelo, como Fanny y Erika. Hay una regla tácita en el Villeda Morales: los que aguardan aquí son mirados de manera compasiva, porque significa que esperan a sus muertos. Delante de las mujeres hay un único edificio gris, de dos plantas, rodeado por contenedores de camión y autobuses amarillos para trasladar a los empleados. Este no es lugar de abrazos y despedidas, sino de transacciones a gran escala. Aquí, su contenedor. Aquí, su paquete. Aquí, su ataúd.

El calor asfixia. Doña Fanny tiene otros tres hijos, pero la maternidad no es matemática. Se angustia, llora, se desmaya. No ha gritado ni gritará. No habrá escenas desgarradoras, solo un dolor hondo que no levanta la voz. La mujer tiene la cara muy roja, concentrada, los ojos vidriosos, los labios apretados. Le caen lágrimas de forma intermitente como si cada una fuera un recuerdo recuperado. A ratos parece que se ha ido muy lejos. Luego regresa y vuelve a temblar y necesita aferrarse a algún brazo. Doña Fanny está muy débil, apenas ha comido en los últimos días. No dice nada. ¿Qué va a decir? Su hijo ha muerto. Al fin va a poder enterrarlo. Que venga entre paquetes es lo de menos.

Junto con doña Fanny, su abuela y hermana vinieron dos integrantes del Comité de Familiares de Migrantes de Desaparecidos de Progreso —un grupo que acompaña a los que perdieron a alguien en esa peligrosísima ruta hacia el Norte— y Amelia Frank Vitale, una antropóloga estadounidense que realiza un trabajo de doctorado en San Pedro Sula y que durante las próximas 48 horas se convertirá en la taxista de la familia. Ninguna de ellas podrá seguir a doña Fanny en el penoso trayecto de identificar el cuerpo de Jorge Alexander y firmar los papeles para recibir el cadáver. Solo está permitido el acceso al familiar directo y a otra persona. Dadas las circunstancias, será el psicólogo del Comité quien se convierta en su sombra.

Un oficial del aeropuerto hace un gesto y doña Fanny camina hacia el interior del hangar después de ser cacheada. Las mamás que vienen a recoger el ataúd de sus hijos también tienen que pasar por el detector de metales. Mientras la mujer ingresa llegan algunos periodistas locales buscando al chico que quiso *cruzar al gabacho* y terminó en una caja dentro de la bodega de un avión de carga. La nota roja es una rutina periodística en Centroamérica. Estamos en uno de los lugares más violentos del mundo. Crímenes sórdidos, titulares infames y algo de sexo. Eso vende. No siempre ocurre, pero en este caso las cámaras de la televisión y los teléfonos de los cronistas de radio quedan a una distancia prudente. Tanta, que se marchan detrás de otro ataúd. Hoy han llegado tres féretros desde México. Por eso había trasiego en el comedor de las mesas de madera.

Por fin, es el turno de Jorge Alexander. Es el último ataúd que sale del aeropuerto.

Pasará una hora hasta que salga un picop azul con el ataúd. No es el carro de una funeraria. Erika le pagó a un conocido para que le prestase el carro que trasladará a su sobrino hasta el velorio. Se sube en la parte de atrás, con el viento en la cara y el féretro a sus pies. Doña Fanny, la madre del muerto, tiene reservado el asiento del copiloto. En la paila de la camioneta, el ataúd, todavía embalado, y dos ruedas de repuesto. Es una caja de cartón con el albarán pegado y una pegatina roja que dice "frágil". Nadie se molestó en retirar las ruedas de auxilio de la palangana del picop y así atravesará el colapsado tráfico de San Pedro Sula. El calor sigue siendo insoportablemente miserable.

Jorge Alexander Ruiz Dubón será velado en la colonia Suncery, uno de los asentamientos más antiguos de San Pedro Sula. La segunda ciudad de Honduras tiene un problema de identidad: no termina de ser urbana pero tampoco es completamente rural. Esta colonia, con sus amplias calles de asfalto atravesadas por callejones más estrechos donde los autos hacen a diario el trabajo municipal de apisonar la tierra, tiene ambiente de *western* venido a menos. Quien entre sabe que está cerca del centro de la ciudad porque las carreteras están asfaltadas. Aquí están algunos de los edificios más antiguos de San Pedro, muchos aún en manos de sus propietarios originales, que los alquilan a precios regalados. Es la pescadilla que se muerde la cola. En la zona no hay seguridad ni servicios, no tienes guardia en la puerta ni es buena idea salir en la noche. Eso facilita que se cuelen negocios oscuros, lo que degrada todavía más el barrio. La Suncery tiene fama de ser uno de los centros de narcomenudeo y prostitución de San Pedro Sula. A primera vista no parece que ocurra nada fuera de lo normal. Pero en estos lugares lo que ocurre bajo la epidermis es lo verdaderamente importante.

* * *

Jorge Alexander Ruiz Dubón fue asesinado el 15 de diciembre de 2018 junto a Jasson Ricardo Acuña Polanco. Ambos eran menores de edad. Ambos tuvieron una muerte horrible. Fueron golpeados, torturados y estrangulados. Un tercer joven que escapó de los atacantes relató el horror de esos últimos minutos. Ocurrió en un picadero de la Zona Norte, un arrabal de Tijuana, uno de los centros de venta de drogas de la ciudad más grande de Baja California, México. Sus asesinos abandonaron los cuerpos en el callejón miserable donde los encontró la policía al día siguiente. Al menos uno de los matones aparece en las investigaciones de la policía, vinculado al Cártel Jalisco Nueva Generación, uno de los más despiadados del narco mexicano. Sin embargo, todo apunta a que a Jorge Alexander y Jasson los mataron tras intentar robarles. Probablemente se cruzaron con los matones equivocados en el momento inadecuado. Una tragedia inesperada que, claro, también podía haber ocurrido en San Pedro Sula. De *eso* huían y con *eso* se encontraron.

Jorge Alexander Ruiz Dubón quiso llegar a Estados Unidos. Por eso se sumó a la Caravana de migrantes que comenzó el 12 de octubre en San Pedro Sula. Pero no llegó ni a Estados Unidos ni a cumplir los diecisiete años. Debería haberlos celebrado en abril de 2019, dos meses después de que su madre lo enterrase en Honduras. Tenía casi la misma edad que doña Fanny cuando lo parió.

El asesinato de Jorge Alexander, a quien en el barrio conocían como *Chipilo*, mantiene una funesta e indeseada tradición familiar:

prácticamente todos los hombres de la familia de doña Fanny murieron por causas violentas. Aunque el asesinato originario, el que torció todo, fue el de su abuela, Gladys, muerta a manos de su marido. A partir de ahí, un crimen tras otro. Abuelo: asesinado cuando estaba en prisión. Tío materno: asesinado por el marido de una mujer con la que se acostaba. Otro tío materno: asesinado en la cárcel, donde purgaba condena por sicariato. Y otro tío materno: desaparecido por un asunto de drogas. A su madre, a doña Fanny, también la quisieron matar. Sobrevivió a 13 balazos en un autobús urbano. Todavía hoy, bajo la piel de la ceja, puede tocarse los restos de una esquirla que bien pudo atravesarle el cerebro.

Jorge Alexander, *Chipilo*, es parte de la Honduras que huye. Uno entre cientos, miles. Una historia distinta a otros miles de historias distintas, pero parecida en un punto a todas las demás: viene de una nación terriblemente pobre y que se ahoga en sangre. Ocurre algo similar, con sus variantes locales, en Guatemala y El Salvador. Los guatemaltecos mueren de hambre y a los salvadoreños los matan a tiros. Aunque las situaciones son intercambiables. También hay salvadoreños que mueren de hambre y guatemaltecos a los que matan a tiros.

Los que sobreviven a la pobreza y el crimen están hartos. Son la Centroamérica que huye de Centroamérica.

* * *

El último viaje de Jorge Alexander Ruiz Dubón comenzó el 17 de octubre en la Suncery. Allí vivió con sus tías y su abuela materna casi desde que levantaba un palmo del suelo; allí fue velado su cuerpo. Es una casita pobre de un barrio pobre de, lo dicho, la ciudad menos pobre de un país demasiado pobre como Honduras. Pero no estamos ante las típicas favelas que aparecen en otras ciudades latinoamericanas. La vivienda de la abuela y las tías es una construcción amplia, con paredes de concreto y techo de lámina, a dos aguas. Hay un salón y una cocina separados por una media pared y un patio protegido por una verja de cemento donde duermen una lavadora vieja y un sofá aún más viejo y descolorido. Quién sabe si sacaron los muebles de la casa para ganar espacio para el velorio o si viven allí. Como sea, todo está desvencijado.

De esa casa partió Jorge Alexander, mochila al hombro, con rumbo a Estados Unidos. Fue prudente. Siempre fue un chico "bien portado", que no daba problemas. En vez de sumarse de inmediato a la Caravana, esperó para ver qué ocurría con los más aventajados, aquellos que salieron el 13 de octubre. Eligió entrar en el segundo grupo del éxodo. Por si acaso. El camino está lleno de historias de migrantes que dejaron su casa y no regresaron jamás. México es una inmensa fosa común que traga centroamericanos. Pero hambre gana a miedo. Así que Jorge Alexander mandó un mensaje de Facebook a su madre, que trabajaba en Tapachula, Chiapas, y le anunció su intención de sumarse a la aventura.

"Me duele mucho verte trabajando en el sol. Tengo que irme para darte una mejor vida."

Fue el 17 de octubre, con la larga marcha de los hambrientos ya convertida en el éxodo centroamericano retransmitido en directo a medio mundo. Dos días después, un amigo de doña Fanny lo recogería junto a otros dos jóvenes al lado de a la aduana de cemento de Agua Caliente, en la frontera de Honduras con Guatemala. La ley hondureña no permite que los menores de veintiún años crucen la frontera sin pasaporte ni permiso de sus padres. Jorge Alexander no tenía ni los documentos ni el aval familiar. La madre del chaval, lejos; el padre muerto, víctima del pulmón o de una sobredosis, dependiendo de a quién preguntes. Así que no hubo más remedio que atravesar la frontera rodeándola por los cafetales. En la mochila de Jorge Alexander había tres playeras, dos mudas y dos pares de calcetines; en su bolsillo, mil lempiras, unos menesterosos 40 dólares que deben durarle hasta Estados Unidos. Un grupo de amigos, los pocos que irían a su velorio, hicieron una colecta antes de que partiese.

No es nada extraño ir a la frontera sin los papeles que la ley demanda, por otro lado. Esto es Honduras, un país donde fallan las cosas demasiado a menudo. Ocurre a diario: tantas leyes que se incumplen, y va y los policías se ponen estupendos, precisamente, con un papelito identitario. Terrible paradoja: las autoridades de un país que no retiene a sus ciudadanos más vulnerables porque no los protege les impide también marcharse a buscar una vida mejor.

—Hemos tenido una vida de perros —dice doña Fanny, un día antes de enterrar a su primer hijo.

Doña Fanny no parece una doña: es una madre de 32 años, joven y fuerte. Tiene la piel oscura, una sonrisa atractiva y el pelo teñido de rubio. La llaman La Gata, por sus ojos verdes, clarísimos. Cuando vivía en Estados Unidos, en los buenos tiempos, era gordita, colocha y de cabello negro. Pareciera que los disgustos la hubieran desgastado hasta ser una réplica menguada en la que solo siguen destacando esos ojos verdísimos. A veces habla con emoción. Otras, sonríe. De repente, se evade. Nació en 1985, así que el título de doña, con esa cara juvenil, pareciera quedarle grande. Todavía tendría que recorrer mucha vida para ostentarlo. Pero en Honduras la gente se *endoña* temprano. Niñas que pasan a ser mujeres demasiado pronto y doñas que ven morir a sus hijos cuando apenas han saltado la valla de los treinta.

Doña Fanny me habla sentada en una silla Acapulco en el interior de su casa en la colonia Suazo Córdova. Caminar por estas callejuelas es viajar al origen del éxodo centroamericano. La barriada honra con su nombre al primer presidente civil de la Honduras moderna. Es un lugar escandalosamente humilde. No hace falta más que levantar la vista para comprobar de qué material están hechas esas vidas. El barrio se construyó en las faldas del Merendón, un pequeño monte a las afueras de San Pedro Sula. Las puertas de las casas están abiertas, para que cualquiera pueda ver qué hay en el interior. Al entrar hay una escuela, una pulpería, un pinchazo y una parada de mototaxis. Se escuchan gallos todo el día. Es un ambiente rural dentro de la segunda ciudad del país, su capital industrial. En realidad, todo San Pedro Sula es un pueblo grande, con casitas de un piso y caminos sin asfaltar.

Las casas son muy precarias: chabolas de lámina a las que una lluvia puede desarmar. El barrio es empinado como cuesta arriba es la vida de sus vecinos. La basura se acumula en algunas esquinas y las calles no son más que caminos de piedra y terracería. La única callejuela pavimentada —100 cortísimos metros— cruza frente al domicilio de los Ruiz Dubón. “Yo la conseguí”, me explica, orgullosa, doña Leonor, la matriarca. Doña Leonor se presenta como una de las fundadoras de la colonia hace 37 años. Lo hizo como se hacen estas cosas: por las bravas. Un grupo de personas que no tenía a dónde ir se plantó en un terreno baldío y comenzó a levantar sus chabolas. La calle llegó como se arregla todo en un país que todavía es un gran pueblo: por conectes. Doña Leonor conoció a alguien de la *muni* que prestó los materiales así que desde entonces en esta parte de la colonia las lluvias no convierten el piso en un barrizal.

Así se han levantado los extrarradios de San Pedro Sula, de Tegucigalpa, de Ciudad de Guatemala o de San Salvador. Manchas progresivas de casitas armadas con materiales de sobra y hallazgo —algo de cemento, chapas herrumbradas, bloques, unos cuantos ladrillos, ventanas a veces con vidrios y demasiadas con nylon—, todas en territorios vacíos que, hasta que llegaron *ellos*, estaban olvidados hasta por sus propios dueños. Les llaman invasores, pero son supervivientes que se adaptan a cualquier terreno. Especialmente a los que nadie quiere. Si alguien los quisiese ya habrían sido desalojados.

Antes no había ni luz ni agua corriente, que llegó con el tiempo. Para sus moradores —unas quinientas familias, según la matriarca—, la Suazo Córdoba es una colonia con todas las letras; hace tiempo que fue bautizada, nada más falta que las autoridades lo certifiquen. De hecho, a fines de 2018 doña Leonor contaba entusiasmada que estaban en “trámites de legalización” —lo que significa que los vecinos podrían tener al fin un título de propiedad de sus cuatro paredes.

Entre la pobreza de casas de chapa y de madera con corral, en medio de esos pequeños ranchos, hay quienes lograron levantar viviendas con concreto. Son los menos. Cerca de la de doña Leonor hay un par de grandes casas de dos pisos con columnas y azulejos y unos portones de envidia. Son propiedad de quienes lograron cruzar a Estados Unidos. Los que cumplieron el sueño americano y envían dinero con remesas. Los mismos a quienes Jorge Alexander quiso imitar.

El estigma es otro componente clave de la vida cotidiana en la Suazo Córdova. Los hijos más jóvenes de la colonia mienten cuando van a buscar trabajo: nadie contrata a alguien que viva allí. No se fían. O bien el patrón cree que es pandillero o bien cree que la pandilla puede extorsionarle para que su flamante empleado robe en el trabajo.

Si la oportunidad de empleos no es fecunda, la mara siempre estará allí para ofrecerse —o imponerse— como salida. Provee identidad, autoridad y un modo de ganarse la vida, aunque a medio plazo las perspectivas de esa vida sean breves porque acaban en la cárcel o muertos. Estas opciones esperan, probablemente, al grupo de chavales que encontramos justo antes de poner un pie en la Suazo Córdova. Les llaman *banderas* o *postes*. Los pandilleros que controlan los accesos a una colonia están *ahí*, observan para reportar a sus jefes. No se ocultan, pero tampoco se dan color. Conocen el barrio como la palma de su mano: quién entra, quién sale, si es la vecina de la 11 Calle o un carro desconocido. Son imberbes, adolescentes, púberes, casi niños. La *bandera* es su primera responsabilidad como mareros. No son tipos malencarados con enormes tatuajes en el rostro. Ese cliché ya quedó atrás. Los pandilleros aprendieron que marcarse los ponía también en peligro. Ahora son más discretos. Tampoco el territorio se marca con los *placazos*, los habituales grafitis con letras o números que identificaban las zonas bajo su control. Hace 15 años comenzaron las políticas represivas contra estos grupos y ellos, que son despiadados pero no tienen un pelo de tontos, dejaron de lado todo lo que podía identificarlos y ponerlos en el punto de mira de la policía, pandillas rivales y escuadrones de la muerte.

Los *banderas* son niños pobres que se han hecho dueños de sus barrios pobres y custodian fronteras que solo ellos y sus pobres vecinos conocen.

El dueño de la Suazo Córdova es la Mara Salvatrucha, la MS-13 o la MS a secas. Junto al Barrio 18, la MS tiene presencia en Honduras, El Salvador y Guatemala, y también en México y Estados Unidos, que no tiene un rol menor en la historia. Las temibles pandillas, las estructuras criminales que matan y extorsionan, los grupos de jovencitos desarrapados y armados que el presidente Donald Trump utiliza como argumento contra la migración, son originarias de Estados Unidos. Allí nacieron, crecieron y se reprodujeron. Encontraron su caldo de cultivo en países centroamericanos heridos y sin Estado con las deportaciones masivas de mediados de los años noventa. Muchos habían aprendido a matar en las guerras de El Salvador y Guatemala y se desarrollaron en las calles de Los Ángeles. Ahora entrarían en otro combate sin estandarte político: solo letras y números. Otro modo de supervivencia.

Las pandillas son uno de los grandes fetiches de Trump contra la migración centroamericana. El presidente, que no vio un marero en su vida, llama mareros a chicos como Jorge Alexander. Chicos que de verdad saben qué es tener miedo a la mara.

—Cuidá de bajar los vidrios —me dice doña Fanny antes de que ponga un pie en su colonia.

El control se explica a través de pequeñas reglas: bajar los vidrios sirve para que los *banderas* sepan quién se encuentra en el interior del carro. Atender a los códigos de vestimenta también ayuda. No llevar gafas oscuras para no resultar sospechoso. No calzar zapatillas Nike Cortez, identificadas con las pandillas; los zapatos pueden crear problemas tanto con mareros como con la policía. Hay formas distintas de amarrarse los pantalones, de atarse los cordones de los zapatos, marcas que te vinculan a uno u otro grupo. Reglas infinitas a las que uno solo accede acercándose lo suficiente.

En la Suazo Córdova no se cobra extorsión por el piso. Los dueños de pequeñas tiendas o comerciantes que quieren vender en el interior pagan unos 30 dólares mensuales. Solo para que no los maten. En otras colonias, hasta los vecinos tienen que abonar una cantidad por vivir donde viven. Antes le llamaban "impuesto de guerra". Ahora, simplemente, "seguridad".

La regla fundamental en estas comunidades es no meterse en problemas.

No hacer nada que los pandilleros puedan considerar una amenaza.

El problema: hay muchas cosas que estas bandas criminales pueden ver con malos ojos. Puede ser que no aceptes entrar en la estructura, o que tu hijo no quiera entrar en la estructura, o que entraste en la estructura y ahora quieres *pesetearte*, es decir, abandonarla. Puede ser que alguien de tu familia mantenga relación con un integrante de otra pandilla. O, simplemente, que visite una colonia dominada por otra pandilla. O que alguien te ha visto manteniendo relación con alguien de una colonia dominada por otra pandilla. No hace falta que sea verdad, solo que sea creíble. Es un sistema perverso.

El Estado no existe en estas colonias. Si aparece un policía es para generar más problemas. Son muchas las historias de limpieza social, de desapariciones. Nadie confía en la autoridad, así que estos chavales desarrapados pero con una pistola al cinto terminan ejerciéndola. Postulan como norma su particular forma de protección y tienen la capacidad coercitiva para imponerlas. Son, en definitiva, lo más parecido a un Estado. Un Estado de jóvenes pobres que aplican brutalmente su ley a sus pobres vecinos.

La cultura de la mara está grabada en la forma de entender el mundo de los vecinos con los que conviven. Incluso aquellos que jamás han tenido nada que ver con letras o números, como también se conoce a la MS y al Barrio 18. Por ejemplo, en la Suazo Córdova se habla de "los contrarios" si se menciona a la colonia Planeta, uno de los bastiones de la 18. Un vecino de la Suazo Córdova no pondría jamás un pie allí. Es de "los contrarios", aunque nunca haya tenido pleito alguno con sus habitantes ni forme parte de la MS. Hay dos bandos y uno se alista aun sin quererlo. Desobedecer estas leyes puede ser fatal. La propia doña Fanny lo dice cuando se refiere a la Planeta: "Yo ahí no entraría ni loca".

Existe una lógica marcada entre los vecinos de las colonias más peligrosas de San Pedro Sula: el infierno siempre son los otros. Alguien que viva en la Rivera Hernández, uno de los sectores más conflictivos con presencia de hasta siete pandillas diferentes, siempre te dirá que Chamelecón es el lugar más peligroso de la ciudad. Y viceversa. Un vecino de Chamelecón, donde conviven con fronteras bien definidas Barrio 18 y MS y en la que en algunas calles se ven las casas abandonadas por la presión de la pandilla, mirará horrorizado cuando le digas que tienes una cita en la Rivera Hernández.

El infierno siempre son los otros y el miedo se incrementa exponencialmente cuando no conocemos el lugar al que nos enfrentamos.

* * *

—De seis que éramos solo quedamos tres hembras. Todos los varones están muertos.

Doña Fanny me habla de su familia. Es viernes, 8 de febrero. Pasan algunos minutos de las 10 de la mañana. Al día siguiente aterrizará el avión con los restos de Jorge Alexander. Ahora estamos en su vivienda familiar en la Suazo Córdova. Casa pobre de concreto y lámina. El salón, un espacio reducido y sobrecargado: dos sillas Acapulco a la izquierda, otras dos, de plástico, a la derecha, una estantería negra oxidada y una mesa cubierta por un mantel azul claro con ganchillo. Dominan los colores pastel, que proyectan una imagen de fiesta pasada de moda, de salón decadente. Presidiendo, en la estantería, un televisor grande y otro pequeño. Solo el grande funciona, y está rodeado de pequeños ositos de peluche. Como un ejército infantil que vigila objetos que solo tienen valor emocional. Hay un aparato de música que tampoco funciona. En una balda se apilan muchísimos trofeos de futbol, todos ganados por el esposo de doña Leonor.

Sobre la mesa hay una computadora tapada que pagó su hermana Cheryl a plazos. Cheryl es la triunfadora: emigró a España. Doña Fanny, La Gata, lo dice con orgullo, remarcando el esfuerzo que costó comprar la computadora. En casa del pobre todo tiene valor añadido. En la pared principal hay retratos familiares. Ahí están Mario Roney Ruiz Dubón, nacido en 1988 y asesinado en la cárcel de San Pedro Sula ("no fue buena joya, miren su historia en Google", me dice doña Fanny en un susurro). Y Jonathan Ruiz Dubón, desaparecido en 2013 a los veintidós años, según su hermana por asuntos de drogas. Y Josué Rafael García Flores, asesinado de un tiro en la espalda antes de cumplir treinta. También hay imágenes de Cheryl Patricia Ruiz Dubón e Irma Teresa García Flores, las supervivientes. En las fotografías colgadas en las paredes de casa hay más muertos que vivos. Todos, en circunstancias violentas. Parece un mausoleo. Hay mucho dolor entre estas cuatro paredes y no se mitiga con el póster del Rey León pegado en la pared opuesta a esos rostros vivos y muertos.

Junto a la puerta, doña Leonor, escucha, teje y, cuando no aguanta más, se estruja en su asiento y llora. Es una mujer fuerte, aunque a veces se quiebra. Estuvo siete años enrolada en el ejército, donde llegó hasta teniente. Cuando se siente de buen humor, hace gestos como de pelea y juega a mostrar sus bíceps. Luchó en la guerra contra El Salvador, ayudó a fundar la comunidad en la que reside y ahora, anciana y ahogada por el dolor, coloca inyecciones a sus vecinos en el domicilio familiar. Va otra vez: es una mujer fuerte, pero a veces se quiebra.

—Hemos tenido una vida de perros —repite.

Doña Fanny intenta ordenar una carpeta mientras conversa. Dentro hay papeles familiares. Actas de defunción y registros de levantamiento de cadáveres, ese documento que los forenses firman cuando se llevan un cuerpo. Así se explica la historia de esta saga: con papeles que certifican muertes.

Doña Fanny me muestra los documentos de su madre, Gladys Yolanda Dubón Flores.

"Muerta por herida de arma blanca".

—¿Qué le pasó?

—Mi papá le cortó la vena yugular.

Ocurrió el 1 de noviembre de 1992. Doña Gladys (en casa la llaman Gladys, no mamá) tenía veintiocho años. Fue ahí mismo, junto a la puerta, exactamente en el lugar en el que nos encontramos en la humilde casa de la Suazo Córdova. El cabrón la degolló delante de dos de sus hijos, Cheryl y Mario. Como la primera lo vio, la golpeó con un palo. Ese feminicidio lo cambió todo.

En la familia dicen que Mario se volvió malo después de ver cómo su papá mataba a su mamá. Me lo cuenta un día después Irma Teresa, la hermana de doña Fanny, una mujer físicamente rotunda, como si no hubiera tragedia que la tumbe, pero que lleva una carga que jamás nadie debería echarse a la espalda.

Me cuenta que su padrastro (José María no era su padre, sino su padrastro) abusaba de ella. Ella tenía 13 años, no aguantó más y lo contó: por eso cree que el funesto día en el que la mataron, su madre reclamó al violador y este la degolló.

Irma Teresa llora y dice que ojalá no hubiese contado nada. Puede que la espalda la ensanchase a fuerza de cargar con tanta culpa injusta.

Doña Fanny ha vivido muchos años en el mismo lugar en que su madre fue asesinada.

Doña Leonor sigue viviendo en el mismo lugar en el que su hija fue asesinada.

Mario, que tenía cinco años cuando fue testigo de aquella atrocidad, terminó convertido en Don Mario, el sicario Don Mario. Para cuando cumplió los 20 ya cargaba con una ristra de cadáveres: líder de la banda de Don Mario, donde Don Mario era él. En el verano de 2010 fue arrestado en Cabañas, otra colonia de San Pedro Sula. Lo acusaban de asesinato, asociación ilícita, portación ilegal de armas, posesión y tráfico de drogas, robo de vehículo y homicidio simple. Ingresó en la misma prisión en la que se encontraba su padre, el mismo tipo que mató a su madre ante sus narices cuando él era un niño. Tuvo tiempo para verle morir —degollado, cómo no— en febrero de 2011.

Don Mario no sabía entonces que poco después él sería la víctima. Había dejado muchos enemigos y alguien le disparó en la pierna ese mismo año en la prisión. El homicida aprovechó que Don Mario se estaba bañando. El tiro le alcanzó la femoral. Se desangró en poco tiempo. Nadie se preocupa de un sicario que se desangra en una cárcel de Honduras.

Fueron años cruentos para la familia de doña Fanny. Entre 2010 y 2013 fueron asesinados Jonathan y Don Mario, sus hermanos. A Josué lo desaparecieron. Además, nueve días después de la muerte de Don Mario, cuando ella salía del entierro, asesinaron a su esposo, Óscar.

Ella recuerda que había sido amenazado. Que le habían avisado por vivir con la hermana de un sicario. La "hermana de un sicario" era ella, doña Fanny, madre de dos de sus hijos.

Doña Fanny también pudo ser asesinada. El 6 de noviembre de 2011 fue tiroteada mientras llegaba a la Suazo Córdova en autobús. El atentado tuvo lugar a la altura del cementerio, el mismo camposanto en el que están enterrados su hijo, su mamá y sus hermanos. El mismo en el que la hubiesen enterrado a ella si el sicario hubiese cumplido su misión. Se salvó de milagro. Le pregunto si tiene idea de quién querría matarle. Pero la mujer, con cara de inocente, solo acepta hablar de qué fue lo que ocurrió, no de por qué cree que ocurrió.

—Cuando me balearon estaba así el Rapidito, lleno de gente. El chofer recibió dos en la panza, a mí me querían desaparecer de la faz de la tierra.

Trece disparos —en las piernas, en el brazo, en el estómago y en la cabeza— y, aun así, no lograron matarla. Sin embargo, ella tenía miedo de que quisiesen terminar el trabajo. Así que, todavía entubada, solo cubierta con la bata, se marchó del hospital.

Días después, herida, abandonó Honduras. Sin coyote, a las bravas. Fue pidiendo jalón por el camino hasta que llegó a la frontera.

—Yo sola con la guía de Nuestro Padre Celestial, Nuestro Señor. Él fue mi guía en todo el camino hacia Estados Unidos.

(Dios es omnipresente en toda Centroamérica. "Primero Dios", las cosas ocurren. Si algo tenía que pasar es "gracias a Dios". Y si la fatalidad golpea, no hay que afligirse, porque "Dios así lo ha querido".)

De modo que, si doña Fanny cruzó a nado el Río Bravo y se protegió las heridas con bolsas de plástico, no fue una gesta heroica de su parte, sino que Dios así lo dispuso. "Gracias a Dios", entonces, la mujer pudo establecerse en Laredo, Texas. Allí trabajó como albañil. Cada día, se reunía con otros migrantes en una gasolinera a esperar la llegada del patrón. Lo mismo te mezclaba masa que te levantaba un muro. A doña Fanny, la indestructible doña Fanny, no la asustaba trabajar. Había llegado a Estados Unidos con 13 balazos en el cuerpo; levantar un muro era un chiste.

Sin contrato de por medio, los ilegales se encuentran en una situación vulnerable frente a empresarios sin escrúpulos. A doña Fanny, sin embargo, no le venía mal el trato que le pusieron delante: 300 dólares semanales. El salario mínimo mensual de Honduras en

2018 no llegaba a 370 dólares. Es decir, que en una semana y un par de días se embolsaba un mes hondureño. A partir de ahí, todo era ganancia. Así se mantuvo casi cinco años, hasta principios de 2017. Para entonces Donald Trump había caminado dentro de la Casa Blanca y con él su retórica xenófoba, su política de "tolerancia cero" y el incremento de redadas que perseguían a mujeres como doña Fanny, trabajadoras que escapaban de su infierno de origen. Como miles de compatriotas, fue detenida y devuelta a Honduras.

Con la deportación, doña Fanny perdió estabilidad económica, pero su razón para marcharse nunca fue la monetaria, sino por salvar la vida.

Al menos, podía considerarse una superviviente.

A nadie se le puede culpar por querer dejar atrás esta sangría.

* * *

El día en el que mataron a Jorge Alexander en Tijuana, su madre llevó el celular al trabajo. No era habitual que lo hiciera, pero algo le dijo que debía metérselo en el bolsillo del pantalón. Luego lo dejó en el almacén, porque doña Fanny es muy cuidadosa y repite una y otra vez que si se trabaja con comida no puede tocarse el dinero y, "mucho menos", el celular.

Doña Fanny me muestra los audios que recibió el 15 de diciembre, cuando se encontraba en la taquería de Tapachula, a 2 mil 759 de México. Es la voz quebrada de Irma Teresa, su hermana.

"Fanny, por favor, me urge hablar con usted".

"Me urge, me urge realmente. Tenés que llamar a Chelo. Ella que te explique".

"¿Vos estas bien? Tratad de buscar la manera de mandarle tres o cuatro audios".

"Gata, por favor, contéstame".

Irma Teresa suplica, insiste, pero nadie responde. A su sobrino, a Jorge Alexander, le ha pasado algo terrible en Tijuana. Es cruel el tiempo. Aquellas fueron las últimas horas en las que doña Fanny pudo estar tranquila, cuando ignoraba que su hijo había sido asesinado.

Varios mensajes después, responde el compañero de doña Fanny e Irma Teresa comienza a dirigirse a él. La Gata ya sabe y está en shock.

> Eso pasó, Toño, mataron a mi sobrino. La tía por parte del papá está preocupándose por cómo traerlo. Dice que salió del albergue y el coyote que lo iba a pasar lo encontró muerto. Yo no puedo ir porque no llevo los apellidos de Fanny. Pero que trate de ir ahí donde los tienen, en la morgue.

Ese mismo día, casi con lo puesto, doña Fanny marchó a San Pedro Sula. Allí permanecería durante dos meses esperando la repatriación del cuerpo de su hijo.

—Él era un niño aventado, como decimos aquí —me dice en la vivienda familiar en la Suazo Córdova, un día antes de enterrar a su hijo—. Su destino era ir a Estados Unidos. Me decía, "mamá, voy a llegar a Estados Unidos y no vas a tener que trabajar más".

La Gata no tiene detalles sobre cómo avanzó su hijo. La última vez que lo vio fue en Tapachula. Después de unas jornadas trágicas, con gases en el puente Rodolfo Robles y un helicóptero de la Policía Federal atemorizando a los migrantes que cruzaban el río Suchiate, Jorge Alexander alcanzó la ciudad en la que se había refugiado su madre menos de dos años atrás. Se fundieron en un abrazo. Ninguno de los dos sabía que sería el último.

Podemos reconstruir el trayecto de Jorge Alexander a través de la Caravana. Podemos suponer que pasó por Huixtla, Mapastepec, Pijijiapan, Arriaga, San Pedro Tapanatepec, Santiago Niltepec, Juchitán de Zaragoza. Podemos intuir que avanzó por Matías Romero, Sayula de Alemán, Puebla, Ciudad de México. Que, ya en el Norte, atravesó los estados de Querétaro, Jalisco, Sinaloa, Sonora y Baja California.

Jorge Alexander llegó a Tijuana algún día entre finales de noviembre y principios de diciembre. Es probable que estuviese agotado, desnutrido, deshidratado. Es probable que hubiese enfermado, que tosiese como tosían todos y cada uno de los miles de centroamericanos que lo acompañaban en la Caravana.

Tijuana es una ciudad violenta dentro de un país, México, enfermo de violencia. Desde hace cinco años existe una disputa por la plaza entre el Cártel de Tijuana, el Cártel de Sinaloa y el Cártel Jalisco Nueva Generación. Esta guerra sin trincheras ha disparado el número de asesinatos. En 2018 en Tijuana se registraron oficialmente 2 mil 507 homicidios: nueve al día. En ese mismo periodo, en San Pedro Sula, se reportaron 354 muertes violentas: una cada 24 horas.

Hay una cruel ironía en todo esto: jóvenes, como Jorge Alexander, fueron a morir a una ciudad todavía más violenta que aquella de la que huían.

Jorge Alexander quería pedir asilo en Estados Unidos como menor de edad cuando fue asesinado en México.

Sabemos qué ocurrió por las publicaciones de los medios, que reproducen los expedientes de la Procuraduría General de Justicia del estado de Baja California y las audiencias celebradas en Tijuana.

Tres de los presuntos responsables fueron detenidos. Se trata de Francisco Javier Zavala Niebal, alias *El Zanahorio*; Carlos Martínez Cázares, *El Morral*, y Esmeralda García Carranza, *La Keily*. El Zanahorio, El Morral y La Keily.

Según testimonios ante la Procuraduría recogidos por el semanario *Zeta*, los tres jóvenes abandonaron el albergue YMCA, que había sido acondicionado por las autoridades de Tijuana para los menores de la Caravana, para dirigirse a las inmediaciones del Benito Juárez, un campo de beisbol ubicado frente al muro que fue utilizado como refugio principal de la Caravana. En algún lugar, Jorge Alexander, Jasson y el tercer muchacho —el que pudo escapar— se encontraron con La Keily. Dice la prensa que, con engaños, la chica los llevó a un cuarto abandonado en la Zona Norte. Es posible que ellos creyeran que lo que vendría sería un bruto revolcón, pero lo que La Keily quería era robarles, ya que ellos le habían dicho que tenían que cobrar un cheque. En el cuarto todo se fue de madre. Allí aparecieron El Zanahorio y El Morral, que golpearon salvajemente a Jorge Alexander y Jasson. El otro chico pudo zafarse y escapar. Cuando estaban semiconscientes, los estrangularon. Se ensañaron. A uno lo acuchillaron con unas tijeras y lo remataron metiéndole el palo de un recogedor por la boca. Al otro lo ahogaron después de propinarle una paliza brutal. A ambos los dejaron en ropa interior. Uno de ellos, vestido con una braga y un sujetador por encima del calzoncillo.

Nadie sabe si el asesinato estaba premeditado o las cosas pudieron ser distintas. Tampoco se puede obviar que, por aquel entonces, el discurso antimigrantes se había extendido en una parte de la sociedad tijuanense. Incluso con videos que se distribuían por WhatsApp en los que se pedía a los cárteles de la droga que atacasen a los recién llegados.

Los cuerpos de Jorge Alexander y Jasson aparecieron el 15 de diciembre cubiertos por una sábana y una cobija en un callejón de la colonia Centro de Tijuana. El joven que escapó pudo alcanzar Estados Unidos. Quién sabe si para siempre o si nada más para ser deportado.

* * *

—¡No han arreglado el cadáver! Está todo amoratado. ¡No se le reconoce!

Salen voces urgidas del interior de la sala en el domicilio familiar de la colonia Suncery. Se percibe un cierto caos. Fuera, derrumbada sobre una silla, está Amalia Barrientos, la abuela paterna, la que cuidó de Jorge Alexander hasta que el chico se marchó con el petate. Son las tres de la tarde del 8 de febrero. Acaba de llegar el cuerpo del aeropuerto. Al parecer, en la funeraria mexicana no lo han embalsamado. Está congelado, pero muy dañado, apenas reconocible. Hay que enterrarlo pronto. El calor puede descomponer el cuerpo rápidamente. Por eso no abren el féretro para que se vea el rostro. En cambio, sobre la tapa alguien depositó una fotografía de un Jorge Alexander sonriente, con esos ojos verdes que recuerdan a su madre. Alguien me pide que le dé la vuelta, que el cuerpo ha llegado del revés. Me niego. Es algo demasiado íntimo, corresponde a alguien de la familia. Luego, otro alguien sugiere que los trabajadores encargados de acarrear el cadáver dijeron que no sabían de quién se trataba, si de Jorge Alexander o del otro chico que asesinaron con él. Lo dijeron como si nada, como si fuera nada más un cuerpo, como si a estas mujeres destrozadas les diese igual enterrar a su hijo, su sobrino y nieto que a Jasson.

Jorge Alexander, el chico que quiso cruzar al *gabacho* pero fue asesinado en Tijuana, sería inhumado el sábado 9 de febrero en el cementerio de La Puerta, muy cerca de la colonia Suazo Córdova.

La Puerta es un camposanto devastado. Los árboles caen, agónicos, sobre las tumbas. La hojarasca devora todo. Hay lápidas podridas, desgastadas. Algunas tienen agujeros tan grandes que a través de ellos se puede ver la mortaja. En otra, una botella vacía de Coca Cola: una tumba y su muerto vueltos basurero. A unos metros del lugar —Jorge Alexander será enterrado junto a su padre—, un ataúd permanece abierto; la calavera asoma tras el sudario. Por suerte, el ataúd se eleva unos metros del suelo porque, debajo, varias cabras comen de las malas hierbas que crecen por todos lados.

El cementerio de La Puerta es un lugar desolador.

Frente a la tumba de Jorge Alexander y su familia paterna hay muchas cámaras de televisión. La prensa roja se perdió su cadáver en el aeropuerto pero no se les escapará cuando lo hundan en la tierra. Es patético, morboso. Los enlaces directos no casan con la solemnidad de un sepelio. Como si robasen el derecho a llorar o gritar o echar de menos con el único eco del propio dolor.

A lo lejos, doña Fanny, doña Leonor e Irma Teresa observan la escena. Parece que hay pleitos familiares. No llegaron en el mismo carro que la familia paterna de Jorge Alexander y no toman parte de la ceremonia. En realidad, tenían pensado venir en autobús. Imaginen: llegar en autobús al entierro de tu primogénito. Finalmente, Amelia Frank Vitale, la antropóloga, las lleva en su carro. El coche llega completo al cementerio. Madre, abuela, tía, Amelia y yo. En el maletero, Walter Coello, un antiguo taxista de Tegucigalpa convertido en activista por los derechos de los migrantes y que la víspera había sido deportado de México.

Así termina el viaje de Jorge Alexander. La Caravana se inventó para proteger a los migrantes en el peligrosísimo tránsito a través de México. Pero cuando llegó a su destino ya no sirvió de mucho para él.

El ataúd baja entre sollozos y con varias cámaras apuntando al nicho. De repente, un periodista descubre el cajón con la calavera al aire en la tumba cercana y la mitad del cortejo fúnebre abandona la escena para irse con la novedad. A lo lejos se mantienen doña Fanny, doña Leonor e Irma Teresa. Se sientan en la lápida que comparten Gladys, Don Mario y Jonathan. Josué ni lápida tiene. Lo desaparecieron.

Doña Fanny se acercará a la tumba de su hijo únicamente cuando su familia política y las cámaras hayan abandonado el camposanto. Ahí se queda, un minuto, despidiéndose en silencio. Esa misma noche tomará un autobús con destino a Tapachula.

[2]

"Vienen caravanas"

Ni estrategia de Trump ni fondos de Venezuela:
desborde por Facebook y WhatsApp.

A Walter Pompilio Coello no le entras por los ojos a la primera. Te escudriña y es probable que siga su camino sin dedicarte más que un par de palabras. Así fue cuando lo conocí, en algún lugar entre Chiapas y Oaxaca. El tipo cargaba un megáfono y ayudaba a la gente a subirse a un camión. No recuerdo qué le pregunté, pero sí su absoluta indiferencia. Me pasó por el lado como si en vez de mi cuerpo hubiera aire.

A primera vista, parece un tipo desconfiado, incluso arisco, pero engaña. Y a Walter no se le puede juzgar por esa primera impresión. Mide su metro setenta, tiene dos pecas en la mejilla derecha, luce su incipiente panza y le gusta cortarse el pelo al *estilo catracho*: bien corto, casi rapado militar, en la nuca y los costados, y algo más largo en la coronilla. Un estilo parecido al que popularizó Will Smith cuando actuaba en "The Fresh Prince", la serie que le dio el éxito. Pero Walter no es Will Smith. Se dedicó al taxi la mayor parte de su vida adulta —tiene 41— y aunque pasó algún tiempo en Estados Unidos, lo deportaron en 2016 y volvió a Honduras otra vez a colgar los brazos del volante.

Ahora sé que hay que darle un tiempo para que se relaje, porque es entonces cuando aparece el Walter de sonrisa generosa, ojitos pequeños, unas expresivas manos grandotas y cierta tendencia al descontrol. Ahí está en toda su inmensidad. Entonces puede hacer comida para 200, mediar en una pelea, plantarse para partirse la cara con un agente migratorio que quiere llevarse a un chaval, agarrar de la oreja a un adolescente que se fuma un puro de marihuana cerca del albergue de los migrantes. Es todo corazón este Walter. Y es clave para entender la Caravana. Él observó en primera persona cómo pasó de ser un grupo de WhatsApp a un movimiento de masas que puso la migración centroamericana a Estados Unidos en el centro de la agenda global.

Walter es de Tegucigalpa y estuvo ahí, en la Caravana, desde el principio.

Literalmente desde el principio: es parte de los dos centenares de personas que llegaron a la terminal de San Pedro Sula el 12 de octubre de 2018, cuando inició la gran marcha.

En ese momento no lo sabía, pero su vida estaba a punto de cambiar para siempre.

—El taxi está complicado por las extorsiones, por eso renuncia uno, porque lo extorsionan —me dice—. Si empiezas otro negocio también te extorsionan. Están extorsionando hasta a las señoras que venden tortillas.

Es 8 de febrero de 2019 y Walter cena una baleada, una tortilla de harina de trigo rellena con frijol, queso y, básicamente, lo que uno guste. Si los salvadoreños tienen sus pupusas, los hondureños tienen la baleada. No es necesario comparar sabores. Por menos se iniciaron guerras. Sí merece la pena apuntar las discrepancias sobre el origen de su nombre porque es una clase de antropología social. Baleada es muy apropiado para una ciudad que carga tanta leyenda como San Pedro Sula. Sobre la nomenclatura hay dos historias que se imponen sobre las demás. La primera habla de una mujer que vendía estas tortillas en Progreso, San Pedro Sula o La Ceiba. Al parecer, sobrevivió a un tiroteo cerca de su puesto. A partir de entonces, la gente la rebautizó como "la baleada", porque se había llevado su ración de plomo. La otra versión es menos épica. Tiene que ver con el frijol en su interior, ya que a los frijoles parados se les conoce como "balas". Si pones balas dentro de la tortilla, te queda, entonces, una baleada.

Queda claro cuál de las dos versiones pervivirá en la literatura periodística sobre San Pedro Sula.

Walter acaba de ser deportado por el gobierno de México y es lógico que pida una baleada en uno de esos abarrotes de San Pedro Sula que sirven comida las veinticuatro horas. Lleva tiempo sin echarse una a la boca. Desde octubre, al menos, cuando cruzó todo México, acompañando a la Caravana. Llegó hasta Tijuana y allí permaneció unos meses, pero decidió regresar sobre sus pasos para apoyar a las personas que organizaron una nueva larga marcha el 15 de enero de 2019.

Todos aprendieron que la Caravana es un medio para llegar al Norte. Walter aprendió que el camino puede ser un modo de comprometerse.

Aquel 12 de octubre, Walter no sabía hasta qué punto lo iba a transformar la Caravana. Tampoco que pasaría de un Walter migrante a un Walter activista. Solo sabía que la vida se había vuelto insoportable al volante de su taxi.

Es duro trabajar como taxista en Centroamérica. Es un oficio peligroso. Manejar profesionalmente en Honduras, El Salvador o Guatemala es una de las actividades en las que más posibilidades hay de recibir un tiro. Walter lo sabe, aunque tuvo la suerte de que jamás sufrió un ataque. En realidad, no es suerte: es dinero. Dinero abonado puntualmente como llave para que no te asesinen. A mediados de 2018, Walter, que trabajaba en la empresa familiar de taxis, pagaba extorsiones a cuatro pandillas diferentes para que lo dejaran trabajar. Cada semana, abonaba 3 mil lempiras (algo más de 120 dólares) a cada grupo criminal que exigía el pago: Mara Salvatrucha, el Barrio 18 y dos bandas que operan únicamente en territorio hondureño, los Chirizos y los 12 Templarios.

No hay bolsillo que aguante eso.

El antiguo taxista, que tiene dos hijas, Vanessa y Andrea, de 21 y 14, se hartó de meter horas al volante para que otros se beneficiasen de sus carreras. Así que decidió emigrar.

Walter Coello había estado en el Norte en dos ocasiones. Esa recurrencia no es novedosa: media Centroamérica ha estado ya trabajando al otro lado. O estuvo y le echaron, o lo ha intentado y le dieron la vuelta por el camino. Walter cruzó por primera vez en 1998, cuando era un chaval. Trabajó en Houston, Miami y Nueva Jersey hasta que los agentes migratorios lo atraparon. Las cosas eran distintas por aquel entonces. Mientras hoy lo hubieran metido en una prisión hasta deportarlo, entonces lo dejaron libre y le fijaron una cita con un juez. Él decidió no presentarse y regresar a Honduras. Sin embargo, la alerta migratoria ya había entrado en el sistema. Lo comprobaría años después.

Tras el primer ensayo, Walter tardó 11 años en regresar a Estados Unidos. Tenía necesidades económicas y las cosas no estaban fáciles en Honduras. El 28 de junio de 2009, un golpe de Estado desalojó a José Manuel Zelaya de la presidencia. Zelaya encabezaba el Partido Liberal, que junto al Nacional configuraba el sistema bipartidista que gestionó el país centroamericano durante las últimas décadas. Walter no era ajeno a esta formación: su abuelo fue un conocido activista liberal. Todavía hoy conserva fotos familiares junto a Zelaya. Ahí está mucho más joven, sonriente, sin saber que meses después el tipo que está a su lado dejará de ser presidente y tendrá que exiliarse y él dejará los taxis y buscará su propio exilio.

La falta de oportunidades laborales y la presión de la delincuencia empujaron a Walter Coello a marcharse nuevamente a Estados Unidos. Entró de modo ilegal, como muchos de sus compatriotas. Existir, siempre existe la posibilidad de cruzar con papeles. Pero es exigua. Y hay una división por clase y origen. Generalmente, los ricos cruzan con papeles, mientras que los pobres tienen que reptar, correr, saltar, trepar y esconderse. Como Walter. Y eso que, con una familia propietaria de taxis, no se encontraba en el escalafón más bajo de la Honduras que se muere de hambre.

Al final, llegó y pasó cinco años en el *gabacho*. Residió en Myrtle Beach, un municipio de Carolina del Norte. Trabajó de mecánico. Luego se trasladó a Bakersfield, en California. Hasta que fue arrestado en un control de tránsito.

—Traía un alternador, un compresor, un aire acondicionado de una van que estaba reparando. Me quitaron el carro, las herramientas. El carro se lo llevó la grúa y mis herramientas, todo, tiradas.

Cuando los policías vieron su nombre en el sistema, final conocido: de vuelta a Honduras.

En casa, Walter Coello retomó el taxi y, con él, regresaron las extorsiones, hasta que no pudo más y decidió volver a marcharse. Ahora tenía que pensar cómo.

No tenía los 8 mil dólares que, como mínimo, pide un coyote para trasladar a cualquier persona desde Tegucigalpa al otro lado. Y no quería entrar en el tira y afloje de negociar. Los precios varían, pero, por lo general, salir de Centroamérica y llegar hasta Estados Unidos convertido en migrante ilegal puede costar entre el monto que pedían a Walter y unos 10 mil dólares. Esa plata paga por la opción de intentarlo dos o tres veces si te dan la vuelta. Otra cosa es cruzar la frontera y entregarse. Si alguien viaja con un menor y decide presentarse ante la Border Patrol, ya en territorio estadounidense, el costo se rebaja considerablemente: unos 6 mil 500 dólares. Sigue siendo un platal.

No, Walter Coello no iría por esa vía. Tenía la mochila hecha y ya había decidido marcharse, pero sin esa plata en sus manos tenía que encontrar la mejor manera de hacerlo.

Así conoció a Bartolo Fuentes, periodista y exdiputado de Libre, la formación que fundó Zelaya tras ser expulsado del poder por la fuerza. Walter dijo que quería marcharse y alguien en su familia le dijo que hablase con Bartolo. Quizás él podía ayudarle. Habían visto que Bartolo Fuentes acababa de escribir en Facebook llamando a la gente a marchar en caravana.

* * *

Decía en Facebook:

> MIGRANTES: ES MEJOR IRSE JUNTOS PARA EVITAR RIESGOS.
>
> La gente se sigue yendo de Honduras. Por la grave situación económica o por la violencia. Se exponen a riesgos de todo tipo en el camino por huir de la migración en México y Estados Unidos: accidentes, asaltos, estafas, extorsiones, secuestros y hasta asesinato. Se

han juntado grupos de hasta 80 migrantes en meses anteriores, pero la mayoría han sido detenidos y deportados al internarse en México. Como se van a escondidas es peligroso que sean víctimas de embaucadores que los entreguen a extorsionadores o vendan las mujeres para prostitución.

Lo mejor sería salir juntos y organizados desde Honduras, dando la cara, sin esconderse. Salir gritándole al mundo que se van porque aquí les han robado las oportunidades y porque quienes deberían protegerlos más bien se convierten en amenazas para sus vidas. Si se van juntos, pueden apoyarse mutuamente, protegerse de amenazas, y demandar respeto a sus derechos como personas en cualquier país en el que se encuentren. YA HAY GRUPOS QUE ESTÁN BUSCANDO SALIR MEJOR ORGANIZADOS EN LAS PRÓXIMAS SEMANAS, ojalá y pudieran tener el apoyo de las organizaciones que trabajan por los derechos de los migrantes.

Los gobiernos que persiguen a los MIGRANTES INDOCUMENTADOS son culpables de los miles que han muerto en el camino, los que han quedado mutilados y los que no sabemos qué fue de ellos porque hace años perdieron comunicación con sus familias.

Si tiene planes de irse, no vaya solo o sola. No sienta vergüenza, que MIGRAR NO ES DELITO.

Este mensaje fue publicado por Bartolo Fuentes en su página de la red algo pasadas las 11 de la noche del 26 de septiembre de 2018. Faltaban unos 20 días para que la Caravana comenzara su marcha con el primer grupo, pero ya se escuchaba el rumor de que el 12 de octubre habría hombres, mujeres y niños que se reunirían en la terminal de San Pedro Sula para iniciar su ruta hacia el Norte. El post de Fuentes recibió 136 *likes* y fue compartido más de 80 veces. Tuvo impacto, pero no permitía vaticinar la marea en camino.

—La gente está con la mochila hecha. Si se hiciera una promoción abierta, convocando, con un mes de anticipación, recoges no menos de 20 mil personas —me dice Fuentes en una entrevista que mantuvimos a principios de febrero de 2019 en una cafetería en El Progreso, una ciudad del departamento de Yoro, al norte de Honduras.

Fuentes, el periodista y expolítico, es conocido por su activismo a favor de los derechos de los migrantes. Él sabía del fenómeno de la Caravana antes de la marcha de octubre. En abril de 2018 viajó con la otra larga caminata bautizada como el Vía Crucis Migrante y que fue acompañada y asistida por Pueblo Sin Fronteras, una organización de activistas y migrantes que tiene miembros estadounidenses, mexicanos y centroamericanos. Entonces, cerca de un millar de hondureños, guatemaltecos y salvadoreños buscaron unir Tapachula con Tijuana. Algunos se quedaron en Oaxaca. Otros obtuvieron visas humanitarias en Hermosillo. Cerca de cuatrocientos llegaron hasta la frontera de Estados Unidos, donde la mayoría pidió refugio.

Fuentes iba con el grupo, pero regresó a Honduras alimentando una idea: caminar en grupo es una efectiva protección para quienes de otro modo están a merced de grupos criminales y autoridades corruptas. Así debería hacerse en el futuro.

No fue el único que pensó eso. Abril fue la primera ocasión en la cual la Caravana tuvo un amplio impacto mediático. Para ello apareció un inesperado colaborador: el presidente de Estados Unidos, Donald Trump.

El 1 de abril de 2018, Trump tuiteó:

> Los agentes de la patrulla fronteriza no pueden hacer su trabajo adecuadamente en la frontera debido a las ridículas leyes liberales (demócratas) como detener y liberar (Catch & Release). Se está volviendo más peligroso. Vienen "caravanas". Los republicanos deben tomar la opción nuclear para aprobar leyes duras AHORA. ¡NO MÁS ACUERDO DACA!

Trump dedicaría sucesivos mensajes a las caravanas. Todos pensados en clave de política interna. Todos criminalizando a los migrantes, a quienes calificará de pandilleros, peligrosos, delincuentes. Todos contraproducentes para sus objetivos.

Trump no lo sabía entonces, pero el principal efecto de sus tuits no se daría en Estados Unidos sino en Honduras. Con sus mensajes furibundos, el inquilino de la Casa Blanca amplió el poder de convocatoria de las caravanas. Les había dicho a cientos de personas que aguardaban una oportunidad con la mochila preparada que había otros en su misma situación. Y esa gente solo debía sumar dos más dos para entender que, si marchaban juntos, podían protegerse de los robos, secuestros, violaciones, extorsiones y asesinatos que amenazan en el camino. El viaje, que todos querían hacer, ahora sería menos peligroso.

De eso está convencido Bartolo Fuentes, que descarta cualquier teoría de la conspiración alrededor de la Caravana. Ni la larga mano de Trump, promoviendo una marcha para que lo favoreciese en las elecciones intermedias que tendrían lugar el 6 de noviembre, ni el financiamiento de Venezuela. Porque esa idea también sobrevoló las marchas: ¿quién podía poner dinero para organizar a tanta gente? Este argumento fue el preferido del gobierno hondureño de Juan Orlando Hernández. Y con esta idea fue criminalizado el propio Fuentes: lo vincularon con Caracas a través de Mel Zelaya, que siempre ha estado cercano a las ideas Hugo Chávez y Nicolás Maduro.

Nada más lejos de la realidad. Como me dijo Ismael Moreno, más conocido como el padre Melo, un religioso y activista de El Progreso, la Caravana podría ser algo político, pero está lejos de conseguirlo. Según su análisis, quienes hacen el petate no buscan una transformación de la sociedad. En realidad, se sienten abandonados por el capitalismo. La pobreza y la violencia extrema no son las promesas del *American way of life*. Así que buscan en Estados Unidos ese modelo de bienestar que se les niega en Honduras. Definitivamente, no es el modelo político que propugnaría el socialismo del siglo XXI.

—La gente que está en la maquila renuncia y se va —me explica Fuentes—. Si tuvieran un buen empleo no se irían. Hay dos millones de hondureños sin empleo. ¿Qué raro tiene que se vayan 10 mil de ellos? También hay emprendedores. Los asaltan. Los extorsionan.

Con Fuentes habíamos quedado para reunirnos en febrero de 2019 con la idea de valorar con mejor perspectiva el movimiento de la Caravana. Él ya tenía claro que, en primer lugar, hay una constante inmutable: las penosas condiciones sociales, políticas y económicas que sufre la mayoría de la población en Honduras favorecen la migración en grandes números, con o sin caravanas.

—Perdimos 12 mil millones de dólares tras el golpe de Estado —me dice, en clave política—. No lo quieren vincular, pero es así. La policía está dedicada a perseguir políticamente. Persigue al que está en la protesta, no al que roba. El 94% de los crímenes no se investigan. ¿Para qué sirve la Policía? Para perseguir a los opositores al régimen. Si tienes hijos, no quieres que sean víctimas de la delincuencia ni que se vuelvan delincuentes.

Fuentes pone el ejemplo de Walter Coello, a quien conoció antes de que saliese la Caravana de octubre.

—Tenía taxis, pagaba varias extorsiones. ¿Para qué trabajas, para los extorsionadores? ¿Pero quiénes son los extorsionadores? Los propios policías. Este es un Estado de delincuentes que se protegen entre sí.

En opinión de Fuentes, las condiciones para la larga marcha estaban dadas. Solo hacía falta que alguien encendiese la chispa, pero él asegura que no inició la movilización. Que, simplemente, sugirió en Facebook que caminar en grupo es un medio para protegerse. Que, tras ese post, su trabajo se limitó a hablar con muchos de esos hombres y mujeres con el petate dispuesto y que mostraron interés para explicarles que, si ya habían tomado la decisión de marcharse, debían hablar con otros compañeros. Juntos, minimizarían daños.

A Bartolo Fuentes la prensa le ha preguntado en mil y una ocasiones si él estaba detrás de la Caravana de octubre. Si fue su cerebro. Él siempre ha dicho lo mismo. La última vez que nos vimos, insistí.

—¿Es usted el organizador de la Caravana?

—No.

—¿Por qué lo acusan de organizador de la Caravana?

—Por entrevistas que doy cuando la gente está reunida en la terminal de autobuses, el 12 de octubre. Y por lo que había escrito en Facebook en septiembre. Eso le da a ellos como la pauta de que lo estaba organizando. Sobre todo, es por las entrevistas del 12 de octubre. Al hacer una defensa del derecho a migrar, los medios pagados por el gobierno reaccionan.

—¿Sabía el partido Libre, al que usted pertenece, que iba a salir la Caravana? ¿Está Libre detrás de la Caravana?

—No lo sabía nadie. Ni los compañeros del municipio.

—¿Quién está detrás de la Caravana?

—Hay varios grupos de WhatsApp. No sé quién los organiza, yo estoy en alguno. Tres se coordinaron para poner una fecha, el 12 de octubre. Pero ese día apenas llegaron 150 personas. Estuvieron todo el día en la terminal. La campaña en su contra fue su promoción.

—¿Es usted un coyote? ¿Ha cobrado alguna vez a alguna persona por ayudarle a llegar a Estados Unidos?

—No. Nunca. De hecho, lo que yo les decía es que no debían marcharse, que había que quedarse para cambiar el país. Pero, una vez que lo han decidido, ¿qué haces? ¿Los abandonas?

—¿Qué se considera respecto a la Caravana?

—Primero, un acompañante. Y segundo, un orientador. He cumplido con mi papel.

Fuentes tampoco podría decir otra cosa. Varios activistas han sido investigados y perseguidos en Honduras, Guatemala, México y Estados Unidos. Presentarse como promotor o líder podría derivar en una acusación por tráfico de personas. Todos, Bartolo Fuentes el primero, niegan haber lucrado con el movimiento, la condición para ser acusados de tráfico de personas.

Fuentes sitúa el origen de la Caravana en la dinámica de pequeños grupos marchando desde la estación de autobuses de San Pedro Sula. Afirma que era algo que no había dejado de producirse desde el Vía Crucis de abril y que las condiciones de muerte y miseria no habían desaparecido. Por ende, a mismas condiciones, mismo resultado.

—En mayo [de 2018] salió un grupo de unos 80. Iban a escondidas, no visibles. Personas interesadas crearon un grupo de WhatsApp y empezaron a sumarse. Para septiembre, yo escribí algo sobre eso [en Facebook], casi que diciendo que, si se van a ir, váyanse juntos. A partir de que escribo eso me empieza a contactar gente. Pero ellos ya estaban con la intención de irse.

Después de su post en Facebook, comienzan a proliferar los grupos de WhatsApp divididos por departamentos y con lugar y fecha de partida en la cabeza: terminal de San Pedro Sula, 12 de octubre —una fecha muy curiosa: la llegada de los españoles a América convertida en la salida de los latinos a *America*. En uno de los afiches difundidos por las redes sociales para convocar no hay referencias a Estados Unidos. Aparece un hombre, con los brazos extendidos en cruz, mochila a la espalda, sombrero y una bolsa en la mano. "Autoconvocamos: Caminata del migrante. No nos vamos porque queremos, nos expulsan la violencia y la pobreza. Nos reuniremos en la gran terminal de San Pedro Sula". Aparece también un rótulo en forma de flecha con la inscripción "México" y la misma fecha del 12 de octubre desde las 8:00 a.m.

—La defensa de los derechos humanos requiere la organización —me dice Fuentes—. Uno de los riesgos que vi fue la infiltración de delincuentes, extorsionadores y buscadores de clientes para coyotes.

Todo tiene mucha lógica.

—El problema fue que empezaron a reprimir.

Habla, en su caso, de la policía guatemalteca, que lo detuvo, y la policía hondureña, que lo vigiló. Pero la denuncia es extensible a las autoridades de México y Estados Unidos, que buscan identificar quién puso en marcha a toda esta gente. Cuando hablamos de identificar, entendemos que el siguiente paso es castigar. Hay activistas hondureños deportados por México y activistas de diferentes países en una lista elaborada por el Departamento de Inmigración y Aduanas de Estados Unidos (CBP, por sus siglas en inglés). Quien hizo aquellos primeros afiches sabía que podía ser perseguido. Por eso aquella persona recurrió a la fórmula del "autoconvocados". Lingüísticamente es un despropósito. Pero sirve para proteger. Todos somos responsables. Ninguno es responsable. ¿Van a detenernos a todos?

* * *

El primer día de la Caravana, 12 de octubre, se reúnen algo más de 200 personas. Todos *catrachos*, como popularmente se conoce a los hondureños. Se les observa en las fotografías que cuelga Bartolo Fuentes en su Facebook: sonrientes, risueños, ilusionados. Más parece que vayan de picnic que a comenzar un largo éxodo. El segundo día ya son cientos. Para el tercero, hay más de 2 mil caminantes rumbo a Agua Caliente, la región fronteriza entre Honduras y Guatemala. Allí se congregará la primera multitud, unas 3 mil personas. Días después se sumarán los *guanacos* salvadoreños y los *chapines* guatemaltecos y la Caravana se habrá convertido una bola de nieve con la que no podrán lidiar las autoridades de los estados mexicanos que atravesarán.

El Triángulo Norte centroamericano no constituye una unidad, pero sus ciudadanos sí se enfrentan a problemas similares: hambre, violencia y unos gobiernos corruptos que jamás se han preocupado de protegerlos.

Las consecuencias estaban a la vista de todos: esa Caravana.

Cientos, miles de hombres, mujeres y niños caminando bajo el sol, cargando solo lo indispensable —ropa interior, calcetines, una camiseta de repuesto, pasta y cepillo de dientes— y sin tener muy claro qué iba a ocurrir durante los próximos meses. Cientos, miles de hombres, mujeres y niños que pasarán hambre, calor, frío, deshidratación, que caminarán hasta la extenuación, enfermarán, y seguirán avanzando. Cientos, miles de hombres, mujeres y niños hartos de una vida que no es vida, y que, desesperados, toman una determinación: si no hay futuro para ellos en Honduras, lo buscarán en Estados Unidos.

Algo está ocurriendo para que un país se quede vacío.

Algo muy terrible, muy profundo.

Algo que no puede comprarse, ni dirigirse, ni organizarse. Algo de lo que nadie puede apropiarse.

En Honduras hay opciones maniqueas. La probabilidad de que te mueras de hambre o te maten no es terreno de la fantasía. Algo similar sucede en Guatemala y El Salvador. Las deplorables condiciones cultivadas a lo largo de la historia —remota o la más próxima, en el último medio siglo o las tres décadas precedentes— han convertido al Triángulo Norte de Centroamérica en un territorio centrífugo. En 2018, tras la crisis abierta en Nicaragua, decenas de nicaragüenses también habían comenzado a huir como en los setenta y ochenta lo hicieron salvadoreños y guatemaltecos durante las dictaduras y la represión militar.

No hay datos oficiales de cuántas personas se mueven hacia Estados Unidos porque se trata de un éxodo clandestino. Pero si uno acude a las colonias empobrecidas de Tegucigalpa, a los municipios también paupérrimos del interior de Guatemala o a los barrios de San Salvador, se encontrará con una realidad inapelable: es extraño encontrar una familia en Centroamérica que no tenga a alguien emigrado en Estados Unidos. Ellos son los héroes, quienes lograron vencer las adversidades, los que cumplieron el sueño americano. Con sus remesas sostienen la economía, tanto familiar como estatal. Con papeles o todavía en situación ilegal tras pasar años trabajando en el Norte, son el espejo en el que se miran miles de hondureños, guatemaltecos y salvadoreños. No es una exageración suponer que una indudable mayoría ha pensado alguna vez en hacer la mochila. Forma parte de su cosmogonía.

De hecho, hasta los informes oficiales sirven para explicar por qué Centroamérica se queda vacía.

En Honduras, 61% de la población es pobre, según datos del Banco Mundial, que lo considera uno de los países más desiguales de América Latina. En las zonas rurales, uno de cada cinco hondureños vive en condiciones de extrema pobreza. El Observatorio Nacional de la Violencia, dependiente de la Universidad Autónoma de Honduras, cifra la tasa de asesinatos en 40 muertes violentas por cada 100 mil habitantes. El indicador ha bajado considerablemente en los últimos años. En 2011, esta tasa estaba en 88 por cada 100 mil.

También 60% de los habitantes de Guatemala vive en condiciones de pobreza, según el Banco Mundial. Entre 2000 y 2006 este índice mejoró de manera significativa y se redujo la pobreza, pero luego esta cifra volvió a incrementarse y todavía más de la mitad de la población vive en condiciones inaceptables. De acuerdo con Unicef, 4 de cada 10 niños sufren desnutrición. ¿Cuál es la *mejor* noticia? La tasa guatemalteca de homicidios es la más baja del Triángulo Norte, con 22.4 muertes violentas por cada 100 mil habitantes, según datos de la Policía Nacional Civil (PNC). Pero no es ningún consuelo, claro: la Organización Mundial de la Salud considera "pandemia" de violencia cuando hay más de 10 muertos por cada 100 mil habitantes.

En El Salvador, tres de cada 10 habitantes son pobres, mientras que uno de cada 10 sufre extrema pobreza. Sus índices de violencia son los más altos de la región, con 51 homicidios por cada 100 mil habitantes.

Los tres países tienen una elevada dependencia de las remesas enviadas por sus ciudadanos que viven en el extranjero, sobre todo en Estados Unidos. Son 20% en Honduras, 11% en Guatemala y 18% del PIB de El Salvador, de acuerdo con cifras nacionales e internacionales.

Los sucesivos gobiernos centroamericanos han sido incapaces de dar la vuelta a estos números. Ni reducir la violencia, ni crear empleo suficiente, mucho menos desarrollo sostenible. Mandatarios corruptos, saqueo de las arcas públicas y un Estado que solo aparece para violentar a los más pobres han sido características compartidas por los países que expulsan a sus ciudadanos.

Aunque cada uno tiene su historia. Y Estados Unidos tiene mucho que ver en todas ellas.

En Honduras, un golpe de Estado avalado por Washington depuso a José Manuel Zelaya en 2009. Desde entonces, el Partido Nacional (PN), conservador e histórico aliado de la Casa Blanca, se ha impuesto en todas las elecciones entre acusaciones de fraude. Las últimas se celebraron en noviembre de 2017. Triunfó Juan Orlando Hernández y la oposición, liderada por Salvador Nasralla, lo acusó de manipular los resultados. Las protestas, en medio de un toque de queda, dejaron al menos 30 muertos solo en las primeras semanas de diciembre. Honduras siempre fue considerada como el paradigma de la República Bananera, una definición peyorativa heredada de la United Fruit Company, una empresa estadounidense que dispuso a su antojo en varios países de Centroamérica durante la mayor parte del siglo XX. Que Juan Antonio Hernández, hermano del presidente, fuese arrestado en Miami a finales de 2018 y acusado de narcotráfico solo es otro síntoma más de un Estado podrido.

Guatemala salió de casi cuatro décadas de guerra civil en 1996. ¿El origen del conflicto? La United Fruit Company. Las políticas de redistribución de la tierra diseñadas por el presidente Jacobo Árbenz no fueron del gusto de los propietarios estadounidenses, así que la CIA facilitó un golpe de Estado en 1954, que está en la raíz de la guerra desatada seis años después. El conflicto dejó más de 200 mil muertos. Gobierno y guerrilla suscribieron unos acuerdos de paz que pusieron fin a la confrontación armada, pero las reformas sociales acordadas, como tierras o derechos para los indígenas, nunca se implementaron. En 2007, en acuerdo con Naciones Unidas, comenzó a funcionar la Comisión Internacional Contra la Impunidad en Guatemala (CICIG), que ha cambiado la vida del país. Una de sus investigaciones llevó a prisión en 2015 al expresidente Otto Pérez Molina y a su vice, Roxana Baldetti, acusados de corrupción. Se produjeron grandes manifestaciones que llegaron a ser bautizadas como la "primavera chapina". La llegada al poder de Jimmy Morales, un cómico apoyado por exmilitares responsables de crímenes durante la guerra, agudizó la crisis. Morales ha dedicado su mandato a combatir a la CICIG hasta expulsarla.

La paz se firmó en El Salvador en 1992. El ejército apoyado por fuerzas paramilitares y la guerrilla del Frente Farabundo Martí de Liberación Nacional (FMLN) lucharon durante 12 años y provocaron más de 70 mil muertos. Desde entonces, Arena y FMLN, dos expresiones políticas herederas de la confrontación armada, se han turnado en el gobierno sin que se reduzcan la pobreza o la violencia. El 3 de febrero de 2019, Nayib Bukele, exalcalde de San Salvador por los emelenistas, arrasó en las presidenciales y puso fin al modelo bipartidista. Estados Unidos también tuvo intervención constante durante toda aquella guerra: en plena Guerra Fría contra el comunismo, pagó, entrenó y apoyó tanto al Ejército como a los paramilitares. No le importaba qué barbaridades pudiesen cometer: lo importante era que una nueva Cuba no se instalase en su patio trasero.

Centroamérica siempre ha estado demasiado cerca de Estados Unidos. Ya lo decía la doctrina Monroe hace casi dos siglos: "América para los americanos".

* * *

Bartolo Fuentes y Walter Coello coincidieron en la terminal de San Pedro Sula el 12 de octubre, cuando no había más de 300 caminantes. La idea original era ir hasta Tapachula y pedir asilo en México. Así está reflejado en los carteles publicitados en Facebook.

Pero todo se fue de madre.

Fuentes calculaba que podrían llegar mil personas a Tapachula, pero para la tercera jornada ya se había duplicado esa cifra y ni siquiera habían cruzado a Guatemala.

¿Por qué motivos cientos, miles de personas, dejaron lo que hacían para lanzarse al incierto camino de la migración en grupo?

Repetí esa pregunta durante varios días de la Caravana a decenas de caminantes. Quería saber qué hacían y de dónde venían —quiénes eran—, por qué salieron a la carretera. En qué momento decidieron que lanzarse a la aventura era una opción más razonable que seguir con su vida diaria. Cómo se enteraron de que alguien había organizado la Caravana y en qué preciso momento se pusieron en marcha para seguirla.

La mayor parte de las respuestas coincide: la televisión les dio el parte. En unos instantes decidieron que nada de lo que estaban haciendo era tan importante como armar una mochila y correr a sumarse a la Caravana.

Al contrario que en otras ocasiones, el canal HCH, el más visto de Honduras, había prestado atención a esos hombres, mujeres y niños que se preparaban para caminar desde la terminal de San Pedro Sula. HCH ofrece sexo, fundamentalismo religioso y nota roja. Los ingredientes para reventar la audiencia en Centroamérica. Con su presencia, los reporteros de HCH sirvieron al "efecto llamada" como antes habían hecho los tuits de Donald Trump. Cientos, miles de hondureños tenían en su cabeza dejarlo todo y marchar hacia el Norte. Las imágenes de la terminal les estaban diciendo "vengan, súmense, aquí hay compatriotas que sufren lo mismo que ustedes".

Según Bartolo Fuentes, la idea del canal era desprestigiar la Caravana. De hecho, la presencia de HCH en los primeros pasos de la marcha fue uno de los grandes argumentos para los que abrazan la teoría de la conspiración: ¿qué hacía allí?, se preguntan. Fuentes fue uno de los entrevistados por los reporteros de HCH. Y él repitió la misma idea: si van a migrar, háganlo en grupo, protéjanse, cuiden los unos de los otros. Más gasolina para una tierra ya incendiada.

Cientos, miles de personas, vieron lo que estaba ocurriendo en la terminal de San Pedro Sula y pensaron: "Es mi oportunidad".

El día 12 eran 300.

El día 13 eran 2 mil.

El día 14 ya eran más de 3 mil almas.

Para entonces, la idea original, la de pedir asilo en Tapachula, ya se había desbordado.

—Para mí —dice Fuentes—, la caravana original es hasta donde sale de Santa Rosa. El núcleo son los 150 que estaban dispuestos a caminar, llegar a Tapachula y pedir refugio en México.

Había una muchacha en el chat de Facebook que les explicó el proceso: la chica estaba en trámite para pedir refugio en México. La idea era irse en grupo para que México no pusiese trabas, dice Fuentes.

Pero esas 150 personas se habían multiplicado, y llegaban más. Y tenían sus propios planes. ¿Por qué resignarse a México cuando el cambio del peso y la lempira es tan parecido? Ya que estaban de camino, ¿por qué no seguir e intentarlo hasta Estados Unidos, donde podrían ganar sus buenos dólares?

La Caravana es muy heterodoxa. Hay antiguos deportados que conocen el camino como la palma de su mano y recién llegados que jamás fueron más allá de su colonia en San Pedro Sula. Todos se pusieron de acuerdo sobre la marcha: Estados Unidos sería el destino.

Las imágenes de una multitud en la frontera fueron el primer aviso. Algo importante estaba ocurriendo. Cientos de personas habían cruzado la frontera con Guatemala sin registrarse, sin sellar su pasaporte, sin presentar un documento. La larga marcha de los hambrientos crecía y se desbordaba. Bartolo Fuentes caminó junto a ellos, pero solo durante unos kilómetros. No tuvo la oportunidad de seguir muy lejos: el 17 de octubre, agentes de la PNC y Migración de Guatemala lo detuvieron en Esquipulas, a pocos kilómetros de la frontera. El arresto fue extraño. ¿Por qué precisamente Bartolo Fuentes? ¿Por qué él entre los cientos de caminantes desde Honduras?

Aquel día hablé con Pablo Castillo, el vocero de la PNC. Me dijo que lo habían detenido por entrar al país de forma ilegal. Pero eso es exactamente lo mismo que hicieron las cientos de personas que acompañaban a Fuentes.

Hablé entonces con Alejandra Mena, funcionaria de comunicación del Instituto de Migración. Ella fue más clara: justificó el arresto por el "liderazgo" de Fuentes.

¿Desde cuándo Migración detiene líderes de un movimiento al que no se le puede achacar que haya cometido un delito?

Bartolo Fuentes sería deportado a Honduras el 19 de octubre. Para cuando fue devuelto, miles de personas habían atravesado Guatemala y se encontraban en Tecún Umán, en la frontera con México. Para entonces todo estaba claro: la Caravana había tomado forma, y era imparable.

[3]

El hambre no teme a Trump

Y Dios camina con todos.

Ciudad de Guatemala, 18 de octubre. Apenas cinco días de caminata. Un hombre me dice:

—Si no nos permiten a las buenas vamos a tener que hacer como siempre se ha hecho, tirarnos al monte, cruzar el Río Bravo. Nuestros hijos tienen que comer.

A Lester Javier Velásquez —37 años, hija de 14, hijo de cinco— se le quiebra la voz. Cada frase arranca con claridad, pero luego pierde fuerza producto de la ronquera de una garganta castigada.

—De andar a media noche el sereno me pegó tos.

Y lo que le queda. Lester viene de Comayagua, un valle rural cercano a Tegucigalpa. Es un terreno seco, no demasiado fértil, así que su principal exportación son los migrantes. De ahí procedían, por ejemplo, la mayor parte de las víctimas de la masacre de Cadereyta ocurrida en Nuevo León en 2012 —49 personas decapitadas— en medio de la guerra entre los cárteles mexicanos de la droga. La preocupación de Lester es hallar cobijo para la noche. Lleva cuatro días en ruta y hoy va a dormir en la calle. No ha encontrado espacio en los cuatro albergues habilitados por la Casa del Migrante, la única institución que se ha preocupado por alojar a los miles de peregrinos del hambre que acaban de irrumpir en la capital de Guatemala.

—Que no se vaya a equivocar Donald Trump ni el presidente de México: Dios dirige esto. Nosotros somos sus hijos. No somos ningún tipo de pandilleros. Somos gente honrada que necesita trabajar.

Dios. Dios está en todas partes aquí, pero sobre todo en la boca de muchos migrantes.

A Joel Madariaga —35, dos hijas, una de 15, otra de 13— también se le quiebra la voz. No está enfermo como Velásquez: es la emoción. Mira fijamente, los ojos enrojecidos, el gesto intenso y reseco, como si fuese necesario remarcar que esto no es broma.

—No nos va a parar nadie porque Dios va al frente. Así como sacó al pueblo de Israel, que abrió el mar, así nos va abrir la frontera. Que no se equivoquen México o Estados Unidos. Nosotros vamos en el arca. Encomendados al Señor.

Encomendados al Señor. Centroamérica avanza hacia convertirse en la primera teocracia evangélica multinacional del planeta. En Honduras o Guatemala, los protestantes casi superan ya a los católicos en número. El principal apoyo para el fundamentalismo cristiano viene de las clases populares. Los que emigran sin dinero para pagar un coyote. Los integrantes de la Caravana. Dios está presente en una de cada tres frases que pronuncian. Es un Dios simplón, de premio y castigo; un Dios de resignación, porque todo ocurre a su voluntad y no cabe el libre albedrío; un Dios que se apunta el tanto cuando las cosas van bien y permite que nadie asuma responsabilidades cuando todo se va a la mierda.

El evangelismo no es inocente. En Guatemala, por ejemplo, tuvo su primer auge con la llegada al gobierno del general Efraín Ríos Montt, el dictador condenado por el genocidio de miles de indígenas maya ixil. El general, siempre con Dios en la boca, murió en 2018. La muerte lo libró de enfrentar a la Justicia pues su proceso fue anulado por vicios de forma.

La irrupción de esta teología salvajemente conservadora tiene dos caras: por un lado, las macroiglesias, consagradas, a partes iguales, al Altísimo y al dinero. "A la Iglesia se llevan dos cosas: la Biblia y la chequera", resumirá gráficamente el pastor Carlos Enrique Luna Arango, más conocido como Cash Luna, el líder de la Casa de Dios, la mayor congregación de toda América Latina, nacida en Guatemala. Ahí se promueve la teología de la prosperidad, algo así como la antítesis conservadora y neoliberal de la Liberación, los curas que tomaron las armas en el auge guerrillero: según esta forma *neocon* de vivir la espiritualidad, si te portas bien y eres sumiso, Dios no solo te premiará con el Cielo, sino que te colmará de bienes materiales en la Tierra, que es donde puedes disfrutarlos.

Excelente noticia para los ricos y gratificante expectativa para los pobres que aspiran a emularlos.

El evangelismo tiene también otra cara. En los arrabales de Honduras, El Salvador y Guatemala proliferan las pequeñas iglesias lideradas por pastores humildes que se parten la cara por sus vecinos, tan humildes como ellos. Un detalle: convertirse al evangelismo es, a día de hoy, la forma más segura de abandonar una pandilla y que tus antiguos compañeros no te maten por *peseta*.

"Primero Dios" será una de las muletillas que más escucharé durante el mes y medio que acompañaré a estos hombres, mujeres y niños que caminan hasta desfallecer. *Encomendados al Señor.*

Velásquez, Madariaga y Javier Francisco Maldonado Mansilla —26 años, un hijo de 2 años— son compañeros de ruta desde Agua Caliente. Allí se conocieron. No tienen dónde dormir, así que se acurrucan, sentados, bajo el porche de una tiendita en la 14 Avenida de la Zona 1, el centro viejo de Ciudad de Guatemala. Llueve levemente. Nada que ver con las tormentas de la mañana, cuando el cielo era un río, pero lo suficiente para que el piso esté bastante mojado. Frente a ellos, en la otra acera, una hilera de compatriotas se cubre con mantas, dándose calor apoyados los unos en los otros, protegiendo sus pequeñas mochilas como pueden. Los últimos que llegaron de la larga marcha hondureña ni colchón ni techo pudieron conseguir. Al menos, si eso es consuelo, tienen poco que proteger. Conscientes de que el trayecto es largo, la gente viene con lo mínimo: una o dos mudas de recambio; un jabón, el cepillo y el dentífrico. Los que van acompañados por niños tienen más dificultades: necesitan pañales, toallitas, medicamentos, leche.

¿Quieren saber por qué dejaron todo atrás? "Pobreza y violencia". No hay más.

Este es el éxodo de los pies doloridos, de los agotados, de los que ganan menos de lo que cuesta una Big Mac —apenas unos cuatro dólares al día—, de los que sienten que tienen tan poco que perder que todas sus posesiones importantes caben en una mochila.

Esta mañana la Caravana llegó a la capital de Guatemala, pero no acabó de poner un pie en el corazón de la ciudad cuando ya empezó a preparar la siguiente etapa. Julio Ventura, coordinador de Protección Internacional de la Casa del Migrante, me dice que solo en los albergues hay 4 mil personas. Que su institución está colapsada. Está en la Zona 1 de la capital, y ha habilitado todos sus dormitorios y hasta una pequeña cancha de basket para cobijar a los caminantes. En las calles adyacentes se amontonan decenas de personas que pasarán la noche al raso.

En el albergue de la Casa del Migrante no cabe un alfiler. Los sacos de dormir y las colchonetas se desparraman sobre el suelo con desorden. El extremo de uno se sobrepone a otro para ganar algo de espacio. Atraviesas la estancia con mucho cuidado, tratando de no pisar a quienes ya se han recostado. La situación se repite en el colegio Santa María, un centro religioso ubicado en la acera de enfrente. Allí, en otra cancha de baloncesto, han acomodado a 2 mil 100 personas, y no ha sido suficiente. Otros 400 caminantes son distribuidos en el Colegio Belga, un centro católico también en la Zona 1 que ganó fama durante el conflicto armado, cuando se decía que muchas de sus alumnas terminaron integradas a la guerrilla.

Ventura se queja de la ausencia de instituciones estatales como la Procuraduría General de la Nación (PGN) o la Secretaría de Obras Sociales de la Esposa del Presidente (SOSEP). Dice que deberían coordinar la ayuda, repartir los colchones y las mantas, buscar refugio para los que llegan y no encuentran un colchón, realizar un censo. Pero ni se les ve ni se les espera. Únicamente los voluntarios de la Casa del Migrante —una decena, aproximadamente— tratan de paliar una crisis que los desborda.

La avanzada de la Caravana llegó a primera hora de la tarde y se dirigió directamente a la Casa del Migrante. Los veteranos saben que este es el punto de reunión usual: la institución es reconocida entre los que viajan porque suele acoger a personas en tránsito hacia el Norte y a deportados que hacen noche antes de regresar al interior del país. Al frente de la institución está el sacerdote Mauro Varzeletti, un brasileño de pelo y barba blancos, un Santa Claus combativo, que lleva dos décadas acompañando procesos migratorios en Guatemala. Él y sus colaboradores hacen de todo: buscan donativos, acomodan a la gente, preparan alimentos, dan abrigos. Varzeletti y los suyos se multiplican hasta lo imposible, pero están definitivamente sobrepasados. ¿Nadie del gobierno de Jimmy Morales vio las imágenes de la víspera, con esos mismos cientos de personas atravesando la frontera de Agua Caliente?

Hasta ahora, la migración había sido a escondidas, pero esto es otra cosa. Con la Zona 1 abarrotada de familias, en un espacio relativamente reducido donde es posible observar a la multitud en su conjunto, todos comenzamos a caer en la cuenta de la magnitud del éxodo. Varzeletti es el primero que habla de estas dimensiones.

—Después de los Acuerdos de Paz —cuenta— es la primera vez en la que estamos asistiendo a una huida masiva de personas de la región centroamericana. Están dando una demostración de que realmente, de ahora en adelante, la migración no va a ser más gota a gota. Va a ser masiva. Así se está obviando el pago a los coyotes, al narcotráfico, al crimen organizado. Es más difícil secuestrar 5, 10, 15 mil personas que están en la ruta migratoria.

¿Cuántos han llegado aquí? Nadie sabe. A la hora en que hablo con Varzeletti, cuando han dado las seis de la tarde, todavía un buen número de hondureños se encuentra en camino desde Zacapa, a 270 kilómetros de Guatemala. Nadie sabe cuántos más pueden arribar en estos días. El cura Varzeletti ya ni quiere saber. Perdieron la cuenta.

—A los 3 mil dejamos de contar.

* * *

Faltan cientos de kilómetros para que Velásquez, Madariaga y Maldonado vean la frontera con Estados Unidos. No sabemos, siquiera, si lograrán llegar. Pero en Washington ya actúan como si miles de centroamericanos se hubiesen encaramado a la valla que los separa de México.

Donald Trump es el primero que amenazó, vía Twitter, el 16 de octubre:

> ¡Hoy hemos informado a los países de Honduras, Guatemala y El Salvador que si permiten que sus ciudadanos, u otros, viajen a través de sus fronteras y lleguen a Estados Unidos, con la intención de ingresar a nuestro país de manera ilegal, todos los pagos hechos se van a DETENER (TERMINAR)!

En esta ocasión, sus diatribas vienen acompañadas del trabajo de sus funcionarios, sobre el terreno y también en redes sociales. Se produce una respuesta coordinada.

"Insto a todo migrante que piensa entrar a Estados Unidos de manera ilegal que desista de esa intención y si ya está viajando regrese a su país. Cualquier persona que entre ilegalmente será arrestada y detenida antes de ser deportada. Su intento de migrar fracasará", dice Luis Arreaga, el embajador de Estados Unidos en Guatemala, por medio de un video de 1:25 minutos difundido en redes sociales, el mismo día del tuit de Trump.

"Este es un mensaje para los que están migrando hacia Estados Unidos. Por favor, regresen a su país. Están siendo engañados con falsas promesas de parte de líderes con fines políticos y criminales", dice Heidi Fulton, encargada de negocios de la embajada de Estados Unidos en Honduras, principal responsable de la legación ante la ausencia de embajador. La comunicación también se realizó a través de un video.

En un primer momento, aquellos videos me parecieron una ridiculez.

Pensaba en Martín Sánchez, a quien acababa de conocer, originario del pequeño Gualcinse, en la Lempira agrícola y calurosa. Se había puesto en marcha con unos 20 dólares en el bolsillo, había llegado a Guatemala cruzando a través de los cafetales y sufría calambres en las piernas de tanto andar. ¿Alguien cree que una persona con tanta determinación va a desistir y darse la vuelta por un video en WhatsApp?

No caí en la cuenta de que la ofensiva mediática jugaba a largo plazo. Conscientes, quizás más incluso que los migrantes, de la dureza del camino que tenían por delante, los diplomáticos apostaban al agotamiento, a destruir cualquier tipo de esperanza. Así lograrían que, ante cada dificultad, un grupo cediese y terminase dando la vuelta, volviendo a casa, dejando a Trump en paz.

Mientras los diplomáticos bombardeaban a través de Twitter, el ministro consejero de la embajada estadounidense, David Hodge, visitaba la Casa del Migrante. Junto a él, enviados oficiales de México, Honduras y Guatemala. Todos intentaban conocer de primera mano qué estaba pasando. Todos trataron, en vano, de convencer a los integrantes de la Caravana de que se volvieran por donde habían venido.

La visita fue vespertina y breve, cuando el albergue todavía no había colapsado. En su incursión, el enviado de la Casa Blanca se encontró con una pequeña dosis de justicia poética. Tras hablar con la prensa con un tono más conciliador que Trump, pero aun insistiendo en la amenaza de la deportación, Hodge quiso entrar en el Colegio Santa María, el que acoge a un mayor número de migrantes.

Pero no pudo traspasar la puerta.

En el acceso, sentada y rotunda, como un cancerbero con hábito, se encuentra sor Ana María, una monja ya entrada en años, con algún kilo de más y un bastón en sus manos. Sor Ana María debe permanecer sentada porque una enfermedad le impide mantenerse erguida demasiado tiempo. Así que la han colocado de portera.

"No puede entrar. Están en contra de los migrantes", le dice a Hodge, cuando pretende poner un pie en el colegio convertido en albergue. El gringo, que por algo es diplomático, se da la vuelta sin entrar en confrontaciones.

Minutos después, sor Ana María sonreiría por su pequeño triunfo. Una mínima rebelión ante el representante del todopoderoso Estados Unidos. La religiosa reconoce la pesadumbre ante el éxodo que se desarrolla frente a sus ojos. Siente pena, dice también, por creer que muchos de los caminantes han sido engañados.

—Se hicieron anuncios diciendo que venían a Estados Unidos y que podrían entrar todos —lamentaba.

Al contrario que Trump, Hodge no había llegado para amenazar con cortar fondos. Recordó la reunión celebrada el 11 de octubre entre el vicepresidente de Estados Unidos, Mike Pence, y los presidentes de Guatemala, Jimmy Morales; Honduras, Juan Orlando Hernández, y el vice de El Salvador, Óscar Ortiz. Destacó la cooperación entre Washington y los ejecutivos del Triángulo Norte y los programas económicos. "Vamos a seguir con los programas", afirmó, en aparente contradicción con los modos histriónicos de Trump.

Todos estos análisis no se escuchan demasiado en el albergue del colegio Santa María. No hay mensaje que llegue a cambiar la opinión de los hambrientos. A ras de suelo, entre las familias de pobres que se han echado a la carretera, las grandes sumas de dinero que fluyen entre estados son un lenguaje desconocido. Ni las han visto ni creen que vayan a verlas nunca. Solo en Honduras, Washington desembolsó en 2017 casi 200 millones de dólares según el Monitoreo Centroamericano de la Fundación Wola. Es un monto voluminoso, pero suponía menos de 1% del PIB de Honduras, cercano a los 23 mil millones de dólares. No parece tampoco que tuviese mucho efecto. Según el vicepresidente estadounidense, Mike Pence, Honduras vio su migración crecer 60% durante ese mismo año.

Algo falla. Algo está mal. Puede que no se esté poniendo el foco en el lugar adecuado.

Vuelvo a la calle mojada con los hombres que dejaron a sus hijos detrás:

—Juan Orlando [Hernández] espera que Estados Unidos lo siga ayudando, porque con tanta gente marchando le pueden quitar las ayudas. Pero esas ayudas no son para nosotros, los pobres —dice Joel Madariaga, que ya sabe que esta noche dormirá al raso.

—No hay trabajo, hay mucha violencia, los gobernantes se quedan con las ayudas que los demás países le dan al pueblo. No hay qué comer, así que mejor migrar —se suma Walter Antonio Mendoza.

Mendoza —28 años, hijos de dos y cinco— es de El Progreso, departamento de Yoro, una comarca que durante décadas dependió de las bananeras estadounidenses que hicieron y deshicieron a su antojo. El muchacho descansa en una colchoneta y se protege los pies con unas vendas. Tiene ampollas rotas en los dedos. Está exhausto. Dice que cargar con el pequeño es cansado. Pero no le pasa por la cabeza dar marcha atrás.

La conversación sirve para entender por qué las amenazas que llegan desde Washington no encuentran eco en la Caravana. Mendoza me cuenta que vivía en casa de su papá porque no tenía empleo, que únicamente estudió hasta la primaria, que de vez en cuando lo llamaban para trabajar en algún taller mecánico o una talabartería, pero lo que pagaban apenas si le alcanzaba para malvivir.

—¿Ha visto las noticias en las que los agentes migratorios separaban a los padres de sus hijos en la frontera? —pregunto.

—Todo eso lo hemos escuchado y es el tema que llevamos.

—¿Qué piensa de esa posibilidad?

—No sé, vamos a intentarlo, lo que Dios diga.

—¿Y si no pueden cruzar?

—Nos quedamos en México si nos dejan quedarnos en México.

El éxodo es un viaje sin boleto de regreso. Un plan abierto. Se define más por lo que quiere dejarse atrás que por el lugar hacia el cual dirigirse.

Y ahí emerge una de las grandes preguntas: México. Qué va a hacer México. No lo tiene fácil. México atravesaba por esos días un periodo de transición. Salía el presidente Enrique Peña Nieto, el mismo que invitó a Trump al país cuando era candidato y este le correspondió públicamente, diciéndole en su propia cara que los mexicanos tendrían que pagar el muro que él pretende construir en la frontera. Tal afrenta tuvo lugar en la mismísima residencia presidencial de Los Pinos. No guardó la cortesía del huésped el futuro presidente gringo. A Peña Nieto lo sustituyó Andrés Manuel López Obrador, primer presidente que se define abiertamente de izquierdas, que dice abogar por una solución basada en los derechos humanos pero que tendrá que lidiar con una crisis que todos saben cómo ha empezado pero cuyo final nadie prevé por completo.

En estos días, la Secretaría de Gobernación y la Secretaría de Relaciones Exteriores de México emitieron un comunicado conjunto donde anunciaban que podrán ingresar con normalidad al país las personas con visa. Quien desee solicitar asilo —una opción para muchos de los participantes en la marcha—, sigue el comunicado, deberá hacerlo individualmente. Quien entre irregularmente, concluye, será detenido y deportado.

El comunicado es una pieza de diplomacia clásica: pega sin ofender. La oferta de cero problemas para quien entre con visa es una opción ya existente en la ley, pero no vale para ninguno de los caminantes: si alguien tuviese documentos de viaje no estaría en la Caravana. Iría por su propio camino, sacaría sus papeles en la frontera, transitaría sin problemas. Los pobres que emigran no suelen tener acceso a visas.

Lo único seguro es que el viaje continúa. El martes 16 fue día de tránsito capitalino, con la Zona 1 convertida en centro neurálgico. Los caminantes comenzaban a comprender cuál será su rutina. Llegan, buscan un lugar en el que resguardarse y algo de comida. A partir de ahí, descanso, porque la mirada está puesta en la marcha del día siguiente. Todas las horas que ganes van al sueño y reposo. Nadie, absolutamente nadie, se atreve a decir qué hará ante la próxima barrera.

Todos los caminos llevan a Tecún Umán, en el límite con México, colapsado con miles de hondureños en tránsito. La prensa y los funcionarios solo hablan de hondureños, porque según Julio Ventura, el coordinador de Protección Internacional de la Casa del Migrante, no se han reportado salvadoreños o guatemaltecos en los albergues. Sí algún deportado, pero esto forma parte de la triste rutina en la Fuerza Aérea, el lugar al que se devuelve a los guatemaltecos que expulsa Estados Unidos. Nada permite asegurar que esta tendencia cambie. Los problemas que han llevado a estos miles de hondureños a ponerse en ruta se repiten también en Guatemala y El Salvador.

El objetivo es llegar a Tecún Umán, entonces, la próxima frontera. Ahí se despejarán dudas: qué hará México y cómo reacciona esta larga marcha que apenas comienza. ¿Seguirá compacta? ¿Se diluirá? ¿Hay una estrategia? ¿O el próximo obstáculo llevará a los desarrapados a seguir la política del sálvese quien pueda?

El punto de reunión es Tecún Umán, que es como se llama el centro del municipio de Ayutla, un pueblecito humilde que vive de su posición geográfica. Es decir, de todos los negocios legales e ilegales que pueden hacerse en una frontera. Las fronteras son siempre lugares turbios, donde proliferan los tipos turbios dedicados a negocios turbios. Ayutla no es una excepción y aquí hay gente que vive del contrabando, del trasiego de drogas, de la explotación sexual de las mujeres. Su ubicación y su orografía son inmejorables. Para llegar desde Guatemala a México de forma legal hay que atravesar un puente sobre el río Suchiate, el Rodolfo Robles, una vía de un kilómetro de longitud por donde pasaba la antigua ruta del tren. Pero existe otra ruta alternativa: el mismo río. Diariamente, decenas de barcas formadas con neumáticos y tablas de madera y guiadas con un palo como si fueran precarias góndolas cruzan a un lado y otro de la frontera, entre Ayutla y Ciudad Hidalgo. Del lado mexicano salen productos que no pagan impuestos. Del lado guatemalteco salen migrantes sin documentación.

El Suchiate es un punto ciego tolerado. Todos —políticos, policías, empresarios, ciudadanos de ambos países— saben qué ocurre ahí. Si cientos de personas quieren cruzar de forma ilegal hacia México, ese es el lugar perfecto.

El plan es reunirse en Ayutla y tratar de cruzar todos juntos, quizás el sábado, quizás el domingo. Cruzar así, a las bravas, como ocurrió entre Honduras y Guatemala, es imposible. No hay país en el mundo que permita que cientos de personas, por muy pobres y necesitadas que sean, atraviesen su frontera caminando alegremente y sin presentar documentos. Hasta aquellos que huyen de una guerra son registrados. Además, el gobierno de Peña Nieto ya lo ha avisado: quien ponga un pie en México de forma ilegal, será detenido y deportado. México sabe mucho de eso. Desde hace años deporta más que Estados Unidos. Por ejemplo, solo en 2015, Washington expulsó a 31 mil 443 guatemaltecos por vía aérea. México, en el mismo periodo, echó a 75 mil 45 por vía terrestre. Y esto es solo los que van a Guatemala —las proporciones se mantienen en los otros países del Triángulo Norte.

A pesar de ello, entre periodistas y caminantes se ha establecido una dialéctica tramposa. Hablamos de "cruzar" como si fuese una posibilidad real. ¿Abrirán las puertas? ¿Cómo van a intentar atravesar la frontera? ¿Qué harán si se encuentran el candado cerrado? Esa es la opción B, de la que todavía no se habla: cruzar a través del río, como hicieron decenas de miles de migrantes antes que ellos.

Definitivamente, Tecún Umán es la mejor opción.

La tarde se cierra con nubes negras y una amenaza de tormenta. Desde el cielo y desde la tierra.

* * *

Cada uno de los lugares que visito —la Casa del Migrante, el colegio Santa María, la calle donde duermen Velásquez, Madariaga y Maldonado— son depósitos del éxodo. Viejos muy entrados en años, niñas que no levantan un metro del suelo, familias enteras, mujeres embarazadas, hombres de manos enormes de trabajar el campo, adolescentes con la barba recién estrenada. Niños de meses en pañales, menores no acompañados. Mujeronas que presumen de sus manos para hacer baleadas. Hay enfermos, hay personas con discapacidades, hasta un hombre con silla de ruedas viene marchando desde San Pedro Sula.

Todos ellos hondureños. Todos ellos con la meta de llegar a México y de ahí, a Estados Unidos. (¿Se acuerdan de la idea de pedir asilo en México? Ya fue descartada.) Todos ellos apilados, buscando su espacio entre colchonetas o cartones, cansados, heridos, preparados para madrugar a las cuatro y ponerse en camino a las seis desde la Plaza de la Constitución.

—¿Hay un colchón para mí? —pide una mujer exhausta, veterana y gorda, pasadas las nueve de la noche en un albergue a reventar. Los colchones (1 200 gracias a las donaciones) se terminaron hace rato.

—Necesito llamar a mi esposa, decirle que voy con todo, que voy a lograrlo —dice un hombre que aparenta más de los 30 años que tiene.

Llamar por teléfono, tremenda necesidad. A partir de este momento, disponer de un celular con saldo y carga se convertirá en una necesidad imperiosa como el agua y la comida. Uno sabe que se encuentra en un lugar con personas que huyen de algún sitio por los enchufes: hay decenas de cargadores conectados a alargues que se unen como serpientes a un solo tomacorriente y, junto a él, decenas de personas en fila esperando por una oportunidad. Nunca se sabe cuándo se podrá cargar de nuevo. Da igual que sea la frontera entre Túnez y Libia; la isla de Lesbos, en Grecia, Melilla o Ciudad de Guatemala. Cuando la gente huye necesita un cargador para comunicarse con quienes dejó atrás.

Caída la noche, el ambiente mezcla la excitación con el agotamiento y el sudor de decenas de cuerpos. Quien pudo, agarró un carro o un camión o un bus. Pero a nadie le quitaron sus horas de tránsito a pie.

Aquí, en la capital de Guatemala, hoy se concentra el grueso de la Caravana, pero no son los únicos en camino. Por delante, aquellos que ya han llegado a Tecún Umán, frontera con México y punto de encuentro. Por detrás, un tercer grupo que todavía no se avista.

En la calle, mientras recorren la ciudad o esperan, las historias reverberan:

—Todo el mundo sabe por qué estamos migrando —me dice Santos Humberto Montoya, 23 años, piel oscura, reseco de flaco—. En Honduras somos los que estamos pagando la energía más cara del mundo. Tenemos la tasa de analfabetos más alta del mundo. Decidimos dejar los estudios porque nos graduamos para estar transportando café. Emigramos porque tenemos familia, porque tenemos hijos, porque tenemos a quién sacar adelante y no podemos hacerlo.

No todo lo que dice Montoya es cierto. En realidad, Honduras paga la energía más cara de Centroamérica, pero para tipos como este agricultor de Lempira, que jamás salió de su departamento,

Centroamérica es lo más parecido a la inmensidad mundial. Lo mismo ocurre con las tasas de analfabetismo.

—La mera neta, seguir. En el país está perro, como decimos los hondureños. Mi hija me dijo que era un momento oportuno, con la caravana —dice Modesta González, 44 años, de Olancho, el mayor departamento de Honduras, una vasta extensión montañosa y pobre dedicada, como todo el país, a la agricultura.

Modesta viene con su hija, Paulina — "Tendrá veintiuno", bromea— y dos nietos. Vendía burritos en la calle, pero no le alcanzaba para vivir. La Caravana le ha dejado los pies hinchados y doloridos y por eso le han regalado un bote de Ketoconazol, un antifúngico, para tratarse la "quemazón". "Ya me está aliviando", dice, sentada en el suelo, atenta al reparto de colchonetas, con uno de sus nietos desparramando una sopa de fideos por el suelo. ¿Qué hará si no la dejan avanzar? No lo sabe. Ni lo piensa. ¿Qué sueña para el futuro? "Tener una casa". Otra cosa distinta a las cuatro paredes de madera pegadas a la carretera en las que, dice, vivían hasta que iniciaron la ruta.

—En mi país no hay trabajo, hay mucha delincuencia —dice ahora Ever Ulises López Rodríguez, 26 años, nacido y criado en el caserío de Yuscarán, cabecera del departamento de El Paraíso, una zona que creció dependiendo de la minería y que ahora languidece, como todo el país—. Mi familia es muy pobre. El trabajo que tenía me lo quitaron. Soy vendedor ambulante, ahí me ganaba las fichas, pero nos botaron.

Ever asegura que, entre los impuestos oficiales y "el de guerra", el que tenía que pagar a la pandilla (no dice a cuál), apenas le alcanzaba para sobrevivir a él y sus cinco hermanos. Eso, hasta que perdió su empleo. Por eso cuando su amigo Fernando Ortiz, otro vendedor ambulante como él, le planteó la idea de iniciar el camino, ni se lo pensó.

—¿Volver atrás? Nunca. ¿Qué iba a hacer, morirme de hambre?

[4]

(Lluvia) Todo se ha desbordado

México, al otro lado del río.

El éxodo, todavía puramente hondureño, acaba de conocer a su primer mega adversario no humano: la lluvia. A veces empapa como el rocío, casi sin que te des cuenta, como sucede cada mañana desde el 13 de octubre, primer día de marcha de la Caravana. En otras, el cielo se desarma con violencia, sin piedad y a cubetazos. Tecún Umán es el último pedacito de tierra centroamericana que pisarán estos hombres, mujeres y niños que se han echado su vida al hombro. Tecún Umán es un gran charco. Aquí no se camina, se chapotea. Llueve tanto que suficiente tienen las familias con no flotar.

En el plan original —el de los 150 que calculó Bartolo Fuentes—, Tecún Umán era la penúltima etapa antes de llegar a Tapachula, en Chiapas. Pero esta idea ya se rebasó, como las cañerías de la aldea, donde hay que caminar tratando de no meter el pie hasta el tobillo en unos enormes charcos que parecen lagos urbanos.

Todo se ha desbordado.

La gente, que busca un refugio donde pasar la noche.

El agua, que inunda Tecún Umán y añade incomodidades a una jornada de por sí agotadora.

La marcha de los hambrientos es ahora la romería de los pies mojados. En esta jornada, los caminantes han transitado 255 kilómetros. La lluvia les ha dado pequeños respiros, pero han llegado como si se hubiesen duchado con la ropa puesta. En la capital de Guatemala las ONG de apoyo contabilizaron al menos 4 mil caminantes y no hubo capacidad para ofrecer techo y víveres a todos. Allí viven casi dos millones y medio de personas. Imaginen el panorama en Ayutla, que tiene apenas 33 mil habitantes.

Tecún Umán es de esos lugares donde sospechas que suceden cosas, aunque no las veas. Y este es el punto más importante para el tránsito migratorio ilegal entre Guatemala y México. Así que, sin buscar demasiado, uno puede encontrar cualquier cosa. Hay tugurios infames donde uno puede pedir una cerveza Gallo, un colmillo de cocaína o los servicios de una prostituta. Hay moteles de los que se pagan por horas y tipos sospechosos con armas sospechosas. Hay policías cuya mayor responsabilidad es mirar para otro lado, una orilla del río conocida como territorio liberado para el contrabando y otra para hacer la vista gorda con el tráfico humano.

Hoy el ambiente es distinto, alejado de la sordidez de frontera habitual: la Caravana ha llegado, y todo se mueve a su ritmo.

Los que tienen suerte, dormirán en la Casa del Migrante. Otros, muchos más, en dos locales cedidos por las iglesias católica y evangélica. Las entidades religiosas son casi las únicas organizaciones que aportan algo —un techo y un intento por centralizar los donativos— ante la ausencia absoluta de las instituciones de gobierno. Apenas han transcurrido cuatro meses desde la tragedia del Volcán de Fuego, una salvaje erupción que provocó más de 300 muertos, todos ellos lo suficientemente pobres como para vivir en las faldas de un volcán. En aquel momento, Guatemala se volcó con las víctimas hasta la extenuación. Ahora ocurre lo mismo. La gente dona, al margen del Estado, mientras las autoridades miran hacia otro lado. Al menos, desde el retén policial del primer día en la frontera el gobierno de Jimmy Morales ha decidido no entorpecer la marcha.

En el charco caótico de Tecún Umán cualquier lugar es válido para refugiarse de la lluvia: el parque central, un cajero de Banrural, el porche de una tiendita.

Al caer la noche, un problema fáctico: hay más caminantes y el lugar es mucho más pequeño que en la víspera. La gente se concentra en un perímetro de cinco o seis cuadras dentro del cual se encuentra el parque central, con su concha acústica convertida en refugio al aire libre. En esta misma plaza están los locales religiosos, que pronto quedan saturados. Algo más alejada, a unas siete cuadras del centro y pegando con la orilla del río, hay habitaciones y literas en la Casa del Migrante. Pero también rebasará su capacidad, en un instante.

Aquí, donde todo bulle a pesar del agotamiento, hay también un Pollo Campero. El restaurante no permite que los desarrapados utilicen sus servicios sin consumir antes, pero su presencia tiene algo de simbólico. Al final, ese olor a pollo frito es tan centroamericano como la tierra que están a punto de abandonar.

Me acerco al local de la iglesia católica. Hay niños que gritan, madres desesperadas porque no logran calmarlos a pesar de la paliza física que llevan encima, y algunos que logran conciliar el sueño; seguro podrían dormir en mitad de un bombardeo. También comienza una angustiosa rutina: buscar a los seres queridos desaparecidos. En este recinto cerrado donde duerme al menos medio millar de personas apretujadas, una mujer gimotea y da vueltas. Dice haber perdido a su marido. Que iba en algún punto entre Retalhuleu y Coatepeque, los municipios que preceden a Tecún Umán. Que ella subió a un carro y él siguió caminando. La mujer, angustiada, está convencida de que lo han secuestrado. Los raptos masivos de migrantes no ocurren en Guatemala, sino mucho más al norte, pero ella no lo sabe, y ahora solo llora y se lamenta de no haberse quedado con él. En algunas horas se habrán reencontrado, mas la escena será habitual en todo el trayecto.

Hasta esa Casa del Migrante colapsada ha llegado Miguel Ángel Hernández, un labriego hondureño que está en la cincuentena, pero tiene la cara tan marcada de arrugas que pareciera llevar vivo un siglo. Viene de Azacualpa, departamento de Santa Bárbara, tierra fértil. Allí se quedaron su mujer, a la que casi dobla en edad, y dos hijos que no han llegado a la adolescencia y a los que les gustaría ofrecer un trabajo mejor que el café y la milpa.

Si existiese un campeonato de estereotipos sobre el agricultor hondureño, Hernández ganaría solo con levantarse el sombrero. Es enjuto, tiene la piel cuarteada por el sol de 10 mil días, las manos grandes y endurecidas y el negro bigote en herradura del que ahora le chorrea el agua de la lluvia.

—Ya hemos llegado —dice—, con todo el sacrificio que hemos hecho de venir caminando. Gracias a la gente que nos dio jale. Nos sentimos orgullosos de estar en este lugar, alegres, emocionados, ya estamos cerca.

Cerca, dice. ¿Cerca de dónde? ¿De la frontera con México? Eso es cierto. ¿Del sueño americano? Lejos, lejísimos. ¿Sabe don Miguel Ángel en qué punto del globo se encuentra? ¿Lo saben todos? Aquí hay gente que en su vida salió de su departamento, de la ranchería del campo, cuyo mundo se limitaba a una colonia pobrísima en San Pedro Sula.

Minutos antes, Hernández relataba lo difícil que se le hizo a su familia aceptar su marcha. "Cómo lloraba", cuenta de su esposa. Dice que es duro, que a nadie le gusta migrar, que todo esto lo hace por ellos. Está triste y no necesita excusarse sobre los motivos que lo impulsaron a dejarlo todo.

Nadie deja a su familia de la noche a la mañana si no existe un buen motivo. En el caso de Hernández fue un asalto. El último asalto. El que lo dejó temblando.

El hombre trabajaba vendiendo verduras en un picop. Iban él y su ayudante por Santa Bárbara a través de una de esas carreteritas estrechas que serpentean entre la vegetación. Encuentran a un tipo que pide jalón. El tipo lleva una guitarra: un tipo con una guitarra no puede ser mal tipo. Lo montan en el vehículo. Error. Hernández recuerda el episodio con ese tono recto y noble que tienen algunas personas de campo.

—Abrió la guitarra, sacó el AK y se lo puso en la cabeza [al compañero]. "Paren el carro y me dan lo que tienen o si no los mato". Llevó el carro para adelante, ahí nos dejó, amarrados, nos quitó el dinero y el carro lo dejó botado en el cerro. Un viejito que iba a cortar leña nos soltó. Y dijo que el carro había ido a parar a la barranca, y llamamos a las autoridades y ahí estaba. Nos quitaron todo. Nos golpearon. Y dije, hasta aquí, ya no vuelvo a trabajar en eso. Porque uno está con miedo, ¿sabe? Intenté trabajar en el campo, pero 120 lempiras [menos de cinco dólares] de seis de la mañana a siete de la noche no alcanzan tampoco. Eso es lo que le hace a uno correr para acá.

Cada historia de vida nos habla de un mundo inhóspito, amenazante, brutal. Pobreza y violencia, pobreza y violencia, pobreza y violencia. Las dos ideas se repiten en una letanía. También, y esto se dice menos pero aparece frecuentemente en las conversaciones, un gobierno inexistente que no se preocupa por sus ciudadanos.

El milenario Hernández ha logrado su pequeño espacio para dormir caliente en una litera de la Casa del Migrante. Es uno de los afortunados. Regreso al centro de Tecún Umán para ver cómo se organiza un campo de refugiados en movimiento. Todavía no lo sé, pero este es el panorama con el que me encontraré en cada municipio en el que desembarquemos: un campamento de quita y pon, que se levanta y desmonta a la velocidad del rayo. Cada vez será más sofisticado y hoy tenemos el problema de la lluvia, pero la dinámica es siempre la misma: hombres, mujeres y niños buscando acomodo para sus exiguas pertenencias. Primero, escoger el lugar para dormir. Luego, buscar algo que comer. Hoy y aquí, una institución religiosa reparte sopa caliente. Los que tienen algo en el bolsillo compran en las tiendas. Para terminar, cobijarse y pasar la noche. La Caravana todavía no ha creado su dinámica definitiva, pero se percibe excitación. Todos sabemos que mañana no va a ser un día cualquiera.

Las familias lo saben. Porque lo que diferencia este tránsito de otras migraciones, lo que le da el carácter de éxodo masivo, es su presencia. Las familias.

Los niños son clave. No hay migración que solo busque un empleo y que se haga con la casa a cuestas. A buscar trabajo se va sin el niño colgado del brazo. Esto es otra cosa. Mario David Castellanos Murillo, de 12 años, se convertirá en el símbolo del éxodo infantil durante aquellos primeros días de caminata. Es un chaval pequeñito, rechoncho y vivaracho, con tremenda facilidad de palabra. Lo entrevistó Andrea Godínez, compañera de *Plaza Pública*, el medio de Guatemala para el cual trabajaba durante la Caravana, y sus palabras darán la vuelta al mundo: un niño de 12 años que huye en una

Caravana sin siquiera haber pedido permiso a sus padres. No se acerca a la madurez, pero ya ha llegado a la conclusión de que solo huyendo puede encontrar una alternativa a su vida de mierda.

* * *

El camino hace compañeros inesperados. Amigos durante una jornada, hermanos tras siete días, amantes de caravana. Existe la convicción, unánime desde el inicio y por el momento, de que mantenerse unidos es garantía de éxito. La Caravana lo comprobó en la primera frontera que atravesó, Agua Caliente, entre Honduras y Guatemala. Cruzaron el puesto fronterizo sin que ningún agente pidiese documentos. Como si fueran vecinos —o como si todavía el sistema no estuviera preparado para frenar tamaña marea.

El grupo, de tan numeroso, ha atraído a los medios de comunicación. Donde llegan los migrantes siempre hay alguien —una ONG, un grupo religioso, algunos vecinos— que proporciona atención humanitaria. Ya es más de lo que tendrían si hubiesen iniciado la caminata en solitario. Además, se ha extendido una idea algo mesiánica: se ven a sí mismos como Moisés y el pueblo judío en el Antiguo Testamento, capaces de abrir las aguas a su paso. En este caso, más que un mar, quieren derribar fronteras. La épica del recorrido, de su relato, se convierte en argumento para los que tienen la llave del candado, en México y Estados Unidos.

La Caravana es un ser vivo, cuyas partes individuales se dividen, vuelve a unirse, se rompen, se saludan de nuevo o se despiden, quizá para siempre o hasta la siguiente etapa. Hoy y ahora, pasadas las cuatro de la tarde del jueves 18 de octubre, esa comunión sucede en una palangana de un picop. Nueve hombres, una mujer y un niño. Vienen de San Pedro Sula, de El Paraíso, de Santa Bárbara. La mayoría son campesinos de frijoleo, cebollita y milpa. Manos gruesas, callos, cortes.

Entre ellos se encuentran Kevin —28 años, retraído—, su esposa Blanca y el hijo de ambos, de seis. No quieren hablar con un periodista. Al menos, no por ahora. No se fían ni de su sombra. Pero estamos todos en la misma palangana del picop, así que al final hablamos, porque no queda otra. Solo tendré el consentimiento para relatar su historia un mes y medio después, cuando el tránsito nos haya unido en muchísimas ocasiones y esta familia logre saltar la valla que separa México de Estados Unidos a la altura de las playas de Tijuana. En todo el trayecto, Kevin se presentará ante los demás como Samuel. Es un tipo precavido. Tiene el rostro redondo, la frente amplia, el cuerpo muy fibroso y lleva el pelo cortísimo. Tiene cara de buen tipo y parece transparente a pesar de todas sus precauciones. Kevin y su familia vienen de la colonia Esquipulas 2, un arrabal paupérrimo de San Pedro Sula. Allí las casas son de madera, las calles no conocen el pavimento y los vecinos tienen que soportar el tránsito de los carros del segundo anillo, una autopista que les construyeron a la par de sus precarias viviendas. Al menos tuvieron la suerte de quedarse; los que vivían en los predios que quedaban dentro del trazado fueron desalojados.

Kevin huye de todo lo que se puede huir en San Pedro Sula. Trabajaba *verdureando*, es decir, como vendedor ambulante de verdura. Primero, con un carro tirado por caballos. Luego, con un coche que compró. Pero ese empleo nunca lo sacó de pobre. Ni a él ni a su primo Ulises, un chaval fornido, grande para sus 15 años, que lo acompañaba en las rondas.

Hasta vender verduras es una tarea peligrosa en Honduras. Hay que conocer los códigos, las fronteras invisibles, y pagar mucho. Pagar a otros pobres que no *verdulean* pero que tienen armas. Pobres que pagan a otros pobres por intentar ser un poco menos pobres. Mara.

Al final, a Kevin se le agotó la paciencia. Es una historia tan repetida que no es novedad alguna, pero al cabo la vida de estas personas es eso: la reiteración de una mierda que acostumbra. Un periodista busca novedad cuando la novedad es que siempre pasa lo mismo, y ese *lo mismo* casi nunca es bueno. En su colonia, Kevin tenía que pagar a la Pandilla por vender sus verduras. Pero luego, a cada lugar que iba, también tenía que abonar una parte de impuesto. Incluso tenía que pagar por el derecho a transitar un barrio, aunque no fuese a establecer ahí su puesto ambulante. Hasta se vio obligado a hacer una lista de las colonias en las que ya le habían amenazado: "Si vuelves por aquí, ya sabes lo que te ocurrirá".

La gota que colmó el vaso fue un asalto, como en el caso de Miguel Ángel Hernández, su compañero de viaje. Ocurrió en agosto pasado. Caminaba con su primo Ulises cargando sus verduras cuando fue encañonado por varios pandilleros. En su caso, del Barrio 18. "Los contrarios", según esta lógica perversa que se impone en las colonias de San Pedro Sula.

Ya sabes cómo funciona esto, o entregas lo que llevas o te matan.

Al menos, logró salvar el carro. Pero no su orgullo, herido de muerte. Pasó días encerrado hasta que tomó la decisión de marchar. No lo haría solo. Así que con él vinieron su mujer, que tiene una hermana en Estados Unidos, y su hijo, el niño más sonriente que jamás se vio en las condiciones más precarias.

Ahora Kevin no quiere hablar de sus miserias. Tiene miedo y susurra. La sombra de la pandilla es alargada. Además, viaja con su familia junto a otros ocho desconocidos en la paila de un picop. Mejor no dar pistas. Quién sabe si cualquiera de estos acompañantes temporales es una *oreja* de algún grupo criminal. Mejor centrarse en lo inmediato. Llueve mucho y todos tratan de cubrirse con un plástico. Así que puede haber algo de charla, pero lo que importa es la talacha. El sistema es el siguiente: los que están en los extremos sujetan el improvisado toldo y el resto, agachado, trata de mantenerse seco. El viento y la velocidad del carro obligan a aferrarse fuerte al plástico. Igual no alcanza. El agua entra. Ahí en la paila, protegiéndose en familia, abrazándose uno contra otro, Kevin, Blanca y su hijo parecen la versión frágil de una matrioska.

El tópico dice que dos desconocidos se juntan en un ascensor y se la pasan hablando del tiempo. ¿De qué conversan 10 migrantes que no se han visto en su vida en la paila de un picop con varias horas de trayecto por delante? De los motivos que los llevan a huir, aunque sea a base de generalidades.

—Con 120 lempiras [menos de cinco dólares], ¿uno qué es lo que come? —dice un tipo desdentado que cubre su cabeza con una sudadera. Viene de Santa Bárbara y toda su vida la dedicó a la agricultura. Como su padre. Como el padre de su padre— Si en una libra de azúcar, una bolsa de café y una bolsa de pan van las 100 lempiras. Más la clase de los niños, el alquiler, la luz… no saca nada uno.

—¿Quiere comer un pedacito de pollo? Lleve 110 porque si no, no lo comió —dirá Hernández, el agricultor envejecido.

—No nos da nada andar en Honduras. Por eso le estamos huyendo al país, porque el gobierno que tenemos ni un empleo nos pone —clama un tercero, sampedrano también, que lleva meses sobreviviendo de los almuerzos que vende su mujer en la calle—. Que fuera otro, vos ponés que pusiera una maquila.

—Desde que llevo trabajando en San Pedro Sula, me han asaltado 10 veces. Me he criado en eso, *verdureando*, y he trabajado en talleres, pero, no *jodás*, en un taller lo más que le quieren dar a uno es 600 pesos a la semana —era el turno de Kevin; ha escuchado durante mucho rato y se decidió a empezar su lista de agravios— ¿Cuánto vas a comer? No come uno. El niño se lleva 50 pesos semanales del kínder. Y hay que pagar la luz. Por eso es que venimos aquí, a buscar una mejor vida. Si tuviera un trabajo estable no vendría con mi esposa y mi hijo.

También hay tiempo para hablar de política. Un señor de bigote y piel oscura que parece ser el objeto de burla de sus dos compañeros, dice ser cachureco —o sea, simpatizante del Partido Nacional, que dirige el presidente, Juan Orlando Hernández— de toda la vida. Lo dice con cierta pena, pero sin renunciar a lo que ha sido. Cree que en las elecciones de noviembre de 2017 hubo fraude. Otro —el señor sin dientes de Santa Bárbara— asegura haber escuchado que, si la Caravana sigue, hay hondureños dispuestos al golpe de Estado. El tercero —pequeñito, barba mal afeitada y manos tremendas en comparación con su cuerpo— se queja de que, en lugar de tanta cárcel —el Ejecutivo hondureño ha hecho gala de construir una nueva prisión de máxima seguridad donde encerrar a líderes de las pandillas—, podría haber levantado maquilas para ofrecer trabajo.

Dije: la Caravana es un ser vivo, cuyas partes individuales se dividen, vuelve a unirse, se rompen, se saludan de nuevo o se despiden, quizás para siempre o hasta la siguiente etapa. La Caravana es también el reino del rumor, en el que toda historia increíble tiene su acomodo, por más delirante que sea.

* * *

El trayecto entre Guatemala y Tecún Umán provee el tercer golpe visual para entender la dimensión del éxodo. El primero fue la frontera de Agua Caliente, donde por primera vez se desenvolvió la masa, detenida por un instante frente a la policía guatemalteca. El segundo, la capital, completamente desbordada. El tercero son estos kilómetros y más kilómetros de toparse con gente caminando —voy en un auto hacia la cabecera— cubierta con sus plásticos y sus mochilas, como una procesión de fantasmas jorobados.

Solo en otra ocasión vi algo parecido. Fue en 2015, durante la crisis provocada por la guerra en Siria. En aquel momento, más de un millón de seres humanos atravesaron Europa huyendo de la guerra. Esto es diferente, obvio. Aquí, visibles, solo habrá unos 5 mil. Pero representan muchos más. Representan los cerca de 400 mil anuales, según la ONU, que atraviesan México para llegar a Estados Unidos. Su marcha, cubiertos con una capa, con su mochilica al hombro, es la de un refugiado que escapa de la guerra. Su drama para ser reconocidos es que la guerra de la que huyen no tiene trincheras ni atención mediática. Son refugiados de una guerra que no existe en países que no importan a nadie. Y, sin embargo, ahí están, caminando en el arcén. Algo importante está ocurriendo. Algo que trasciende. Algo que no vamos a poder ignorar.

El éxodo centroamericano camina por el arcén derecho de la carretera. Algunos, los más aventajados, se suben a los camiones, a las palanganas de los picops, a los tráileres más generosos. La Caravana cumple sus primeros días y acaba de aprender a pedir jalón.

Todos, adelantados y retaguardia, habrán de encontrarse en el punto establecido: Tecún Umán, frontera con México. Tal vez, la cuarta oportunidad para ver cómo el gusano se desenrosca.

* * *

Las primeras horas de la noche en Tecún Umán son propiedad de la incertidumbre. Nadie sabe qué plan hay para el día siguiente. En los grupos, junto a las carpas, circula que algunos paisanos lograron superar la frontera con México. Otros aseguran que la orilla del Suchiate está llena de antimotines y agentes del Instituto Nacional de Migración mexicano. Los más prácticos preguntan a qué hora partirán. Hay quien dice que se sale a las cinco y otros que abogan por esperar a los rezagados.

A las ocho de la noche, cuando ya mucha gente duerme en la concha acústica, llega el anuncio en el parque central del pueblo.

—Buenas noches, compañeros —saluda un hombre moreno, alto y robusto—. Mañana nos vamos a reunir acá a las siete de la mañana. Repito, a las siete de la mañana. Vamos a cruzar a las 12 de la tarde. Doce de la tarde.

En la plaza apenas hay tres centenares de personas. Muy pocas atienden. La mayoría trata de conciliar el sueño en la concha acústica. El grueso de la larga marcha se encuentra disperso por cualquier lugar que no esté mojado. Entre los pocos que escuchan al hombre misterioso hay aplausos y excitación. Mañana es el día más importante porque entrar a México significa, finalmente, dejar Centroamérica. No es un paso más. Es *el* paso: allí, si todo sale mal, se puede pedir asilo. Otra cosa es que lo concedan, pero al menos hay una oportunidad.

—Quizás el gobierno mexicano nos puede extender, o nos pueda dar asilo político —me cuenta y se esperanza Wilfredo Cantor Ramos, un tipo fornido que dice haber sido empresario y que pasa de albergue en albergue anunciando la cita de las siete de la mañana—. Eso es lo que nosotros queremos, que nos ayuden, por la situación que hay en nuestro país.

Pero eso sucederá si hay suerte, y de tal fortuna la Caravana necesita mucha. Como me explicará horas después, junto con la misma concha acústica, Raúl Cueto Martínez, el cónsul de México en Quetzaltenango, los procedimientos se retrasan porque "la

Comisión está colapsada". Las cifras de la Comisión de Ayuda al Refugiado (Comar), la agencia mexicana que atiende a los solicitantes de asilo, en su mayoría centroamericanos, son desoladoras. En 2017, hubo 14 mil 596 demandas, pero solo dieron respuesta favorable a 1 097. Su coordinador general, Andrés Ramírez, nombrado con la llegada de López Obrador al gobierno, reconoció en el mes de febrero de 2019 que la institución estaba "colapsada". En 2018, hubo casi 30 mil solicitudes. Para 2019 se esperaban más de 48 mil.

Cantor Ramos es ajeno a este panorama adverso. No sabe que el edificio de la Comar fue afectado por el sismo de 2017 y que se destruyeron muchos expedientes. Su gran preocupación ahora, en la Tecún Umán bajo la lluvia, es organizar a sus semejantes. Tiene expresiones de pastor evangélico, pero dice que no es nada religioso. Su determinación lo hace ver como uno de los que sabe de qué va todo. Al menos, habla de un proyecto concreto. En realidad, no tiene ni idea.

—El plan es pasar caminando —dice—. No queremos cometer la estupidez de cruzar la frontera huyendo de migración, porque llevamos demasiados niños. Eso es lo que vamos cuidando: las mujeres que van con los niños.

¿Pasar caminando? ¿Cientos de personas? ¿A través de un puente con una aduana? ¿Protegido por decenas de policías y militares? ¿Pasar caminando cientos de personas a través de un puente con una aduana y protegido por decenas de policías y militares?

—Hoy por la tarde llegó el cónsul de México, también de Migración, y nos prometieron ayudarnos por el camino —abunda Cantor Ramos—. Nos prometieron darnos un pase para que podamos entrar.

Existe un problema de comunicación. Lo que gente como Cantor Ramos entiende como ayuda ni se acerca a lo que los funcionarios están ofreciendo. Él quiere poder cruzar libremente a través de México hacia Estados Unidos. Ellos ofrecen comenzar el trámite del refugio. O bien unos no se hacen entender o bien otros no tienen interés en entenderles.

La conversación ocurre alrededor de las nueve de la noche, cuando todo el mundo intenta dormir a pesar del ruido, cuando la banda sonora son las pisadas en los charcos que inundan el último pueblo de Centroamérica. No hay modo de contrastar con fuentes oficiales. Después de hablar como si todas las certezas le pertenecieran, Cantor Ramos matiza.

—De allá [de México] recibimos noticias de que solo quieren utilizar esa información para retenernos y regresarnos de vuelta. Estamos creyendo en Dios, que por los niños que llevamos, se toquen el corazón y nos dejen.

En el interior del albergue, se ha armado un grupo de oración. Un pastor sermonea entre aplausos. Afuera, decenas de personas que ya no caben en ningún refugio se cubren con una manta. Una mujer discute con dos jóvenes. En la concha sonora de la plaza todo el mundo —un mundo de dos centenas de personas— duerme lo que puede.

La noche se cierra sin un respiro. Sigue lloviendo. México está a un río de distancia.

[5]

El puente de la desesperación

"Bienvenidos, centroamericanos, a México".

Una güerita muy pálida de gorra calada y mochila en la espalda trepa la verja izquierda del puente internacional Rodolfo Robles, el brazo que une Tecún Umán en Guatemala y Ciudad Hidalgo en México. La jalean desde abajo. Son dos metros y medio para llegar al otro lado de la baranda y colocarse en posición de salto. Y luego son algo más de 10 metros de caída hasta tocar el agua del río Suchiate, frontera natural entre ambos países.

"¡Salta, güera!", grita alguien.

La güera echa un vistazo hacia abajo. No se decide. A su lado, otro tipo también con gorra, camiseta negra y una enorme bolsa, lleva cinco minutos pensándoselo. Duda tanto que ha terminado por aburrir a los que esperan en la orilla. En el puente hay *overbooking.* Están cansados, sudorosos, doloridos, decepcionados. La puerta a México está cerrada. Llevan cinco días en ruta. El panorama está claro: portón cerrado + policías formados = nadie entra, güey. Minutos antes los golpearon y gasearon. No parece que esa puerta vaya a volver a abrirse, así que todos miran hacia este borde, donde el hombre y la güerita dudan, la malla metálica a sus espaldas y el vacío por delante. Desde abajo, los animan, a gritos, a que den el paso. Que ya, que lo hagan, que vamos.

Al final, la güera se anima. Mira a ambos lados. Toma aire como para tragarse el mundo. Salta.

Segundos después (una eternidad), se escucha el impacto de su cuerpo contra el agua. Sale a flote. La recogen en una balsa. Llega hasta el otro lado. Acaba de convertirse en "ilegal". Pero está del otro lado.

Entonces sí, salta el segundo.

"Bienvenidos a México", dice un enorme cartel verde colgado en el puente.

Bienvenidos, centroamericanos, a México.

* * *

Son las siete de la mañana del día 19 de octubre en el parque Central de Tecún Umán. Ayer convocaron a una asamblea, la primera que celebrará el éxodo centroamericano. Hasta ahora, la organización ha sido caótica. La gente avanza por instinto, sin un plan establecido. Ven una carretera con carteles que dicen "México", y van. Bartolo Fuentes ha sido arrestado y a él se le presuponía una cierta ascendencia, así que hay miedo de que quien saque la cabeza acabe igual. En la víspera, Juan Carlos, otro hondureño que tiene refugio concedido en Guatemala, me llamó aterrorizado al teléfono. Al parecer, habían ordenado arrestarlo por considerarlo líder de la caravana. Es irregular y ya, pero cuéntale eso al policía que te detenga. Juan Carlos logrará llegar a Tecún Umán. Pasará algunas de las peores horas de su vida.

Estamos en la frontera con México, a un tiro de piedra, y alguien tiene que decir qué hacemos.

La incertidumbre es la dueña de Tecún Umán. El cielo está gris, pero parece que ayer llovió suficiente y el agua va a dar una tregua. La plaza, a rebosar. No cabe un pelo. Todos miran hacia la concha acústica buscando alguna certeza. Predominan los hombres jóvenes, mochila en el pecho o en la espalda, soldaditos alistados. No es que sean más, es que son los más activos, los que corren más rápido, los que se colocan en primera fila. Hablan más alto y saben ubicarse en el lugar privilegiado. En este momento no hay rastro de las decenas de niños que gritaban, lloraban y jugaban en los charcos la noche anterior. Tampoco de sus madres. Si hay mujeres en primera fila son de las que no cargan vástagos.

En medio de la concha acústica, que también está a reventar, aparece un joven. Dirige la asamblea elevando la voz. Se presenta como Carlos David Cuevas. Es un tipo alto, ancho, de buena panza, gorra calada, aretes. Tiene la imagen que todos nos haríamos de un activista. De hecho, es un activista. De Pueblo Sin Fronteras o PSF. Los PSF son veteranos de las caravanas. Acompañaron la de abril entre Tapachula y Tijuana, aquella que inspiró a Bartolo Fuentes. Sin embargo, esta es diferente y todos los integrantes de la organización a los que pregunto me juran y me perjuran que ellos no tuvieron nada que ver en la convocatoria, que venían cansados de campañas previas, que no estaban muy de acuerdo en el *timing* político pero que, al final, les pudo el corazón y se tiraron a Chiapas en cuanto vieron que avanzaba.

Al contrario que otras caminatas, que recorrían diversos tramos a través de México, ésta salió organizada por los propios migrantes desde San Pedro Sula, el mero punto de origen. No sabemos cómo va a reaccionar el gobierno mexicano y el desconocimiento causa intranquilidad entre los activistas. Solo está lo que es visible, y eso es el puente Rodolfo Robles lleno de antimotines. Ayer ya hubo algunos empujones con centroamericanos que llegaban a apoyar desde el lado mexicano. Irineo Mujica, director de Pueblo Sin Fronteras, había sido arrestado.

Esto es nuevo: cientos, miles de centroamericanos en la plaza central de Tecún Umán, a 500 metros de la frontera. Piden —más bien, reclaman— a las autoridades que les abran paso, que se aparten de su camino, que van a cruzar caminando.

—¡No tenemos miedo a las demandas que pueda ponernos el gobierno mexicano! —grita Cuevas desde la concha acústica.

Y luego:

—¡Estaremos ahí, los acompañaremos de aquí al puente, pasaremos con ustedes, lucharemos, y si Migración y la Federal no nos deja pasar, haremos hasta lo imposible para llegar a Ciudad Hidalgo!

Acompañaremos. Quédense con ese término. Será importante en el futuro, cuando acusen a Pueblo Sin Fronteras de estar detrás de la Caravana.

La proclama de Cuevas es respondida con un grito de guerra.

—¡¡¡Ueeeeeeehhhhhhhhhhh!!!

El ejército de los desarrapados, de los pies doloridos y mojados, de los cultivadores de café y milpa por cuatro dólares diarios, de los que pagan "impuesto de guerra" por vender verduras en la calle, está dispuesto a caminar hacia la frontera. Lo harán al dar el mediodía. Su plan: avanzar a través de las cuatro cuadras que separan el centro de Tecún Umán del puesto fronterizo, girar a la derecha para enfilar al puente Rodolfo Robles y seguir caminando, confiados de que las autoridades guatemaltecas y mexicanas abrirán las puertas. Sus únicas armas: la necesidad y la fe.

"¡Somos pobres, estamos necesitados, en nuestra casa nos quieren matar, les prometemos no dar problema!", prometen. "¿Por qué no van a apiadarse?", deben pensar.

—¡¡¡Ueeeeeeehhhhhhhhhhh!!!

* * *

Faltan algunos minutos para el mediodía. El acceso al puente Rodolfo Robles desde Tecún Umán está bloqueado por dos hileras de policías guatemaltecos. A sus espaldas, una verja amarilla de dos metros de altura. Es poco firme: con cuatro zarandeos puede venirse abajo. Habitualmente la verja está abierta y por aquí cruzan quienes tienen visado. Hoy no. Hoy se abre a cuentagotas. Al otro lado, en México, aguardan decenas de antimotines. Distinto uniforme pero mismo color de piel y propósito: impedir que la larga marcha continúe su camino hacia Estados Unidos.

El grueso de la Caravana se encuentra en el parque central de Tecún Umán, a cuatro cuadras y un giro a la derecha. Solo un pequeño grupito se ha adelantado y forma una hilera junto a la verja amarilla. Son los *bienportados*, los que creen que si siguen las indicaciones de las autoridades tendrán un salvoconducto. Los cinco primeros son chicos jóvenes y muestran la bandera hondureña.

—No estamos en nuestro país. Confiamos, primero Dios, en que si no hay *relajo* nos permitirán avanzar —dice Jairo, el más joven de todos, con un gorro calado casi hasta los ojos y su pequeña mochila en la que cabe el kit del peregrino: mudas de recambio, playera, la pasta, el cepillo de dientes.

Un par de horas antes, Raúl Cueto Martínez, el cónsul mexicano en Quetzaltenango, se había acercado al parque central junto a otros funcionarios para negociar con los caminantes. Aseguraba que no habría violencia, pero dejaba claras las condiciones para cruzar: registrarse uno por uno para entrar en el sistema administrativo de México. Es decir, pedir refugio y someterse a las leyes. Estas obligan a permanecer en el estado en el que se hizo la solicitud un mínimo de 45 días que pueden renovarse. Eso es en el papel, porque en la práctica son muchos días más por el colapso del sistema. Hay solicitantes que pasan meses, incluso años, en Chiapas o Oaxaca, los dos estados más pobres de México, esperando un permiso que no llega. Y hay un desincentivo adicional: si uno pide refugio en México ya no puede hacerlo en Estados Unidos. Mal negocio para la mayoría de la caminata, que anhela el sueño americano. Por eso, la oferta del refugio es trampa para quienes solo aspiran a seguir adelante. La Caravana además avala la extendida idea de que, si firmas, entregas tus datos. Como en las películas, consideran que podrán utilizarlos en su contra si quieren entrar en Estados Unidos.

Las palabras de los funcionarios no convencen a la mayoría. La cita no prospera. Concluye al mediodía y sucede lo esperado: la Caravana vuelve a caminar.

El plan es avanzar y rezar para que los funcionarios —y sobre todo los policías antimotines— guatemaltecos y mexicanos se echen a un lado.

Dan las 12 y en la entrada guatemalteca al Rodolfo Robles se puede mascar el aire. Hay policías, militares, periodistas, vecinos de la zona, migrantes. Todos mezclados, todos inquietos, todos esperando qué demonios pueda ocurrir. De repente, comienza a oírse el paso de la masa grande de migrantes que se acerca. Es una sensación poderosa. Como la escena de Jurassic Park y el vaso de agua que tiembla mientras se aproxima el Tiranosaurio. La diferencia es que aquí, quien se encamina hacia la garita no es un animal prehistórico y amenazante, sino hombres, mujeres y niños exhaustos, pobres y doloridos. Su única fuerza radica en su inquebrantable esperanza. Carecen de cualquier capacidad para hacer daño.

Las 12 y uno puede sentir el minutero del reloj corriéndose otro poco a la derecha. Como debe ser, hace un calor insoportable. La masa suplicante de seres humanos deshidratados finalmente se coloca ante las dos hileras de policías guatemaltecos. Predominan, claro, los hombres jóvenes, siempre con más empuje, pero también hay mamás con sus hijos a hombros y señoras y tipos mayores. Alguien enarbola una bandera de Honduras y otro alguien intenta levantar a su hijo lo suficiente para que no se lo trague el océano de cuerpos en el que están atrapados. Uno está en la postura que le dejan los torsos que lo aprietan. Hombres y mujeres, aplastados unos contra otros, no tienen control sobre sí mismos.

La barrera policial no se mueve, pero cada vez entra más gente al pequeño espacio que se abre entre la frontera y la calle que lleva a la plaza central de Tecún Umán.

Tras los agentes, dos carros artillados J8 que el gobierno de Estados Unidos entregó a Guatemala para luchar contra el narcotráfico. No están cumpliendo el papel para el que fueron cedidos, pero seguro que a Donald Trump no le preocupa que sean útiles para frenar migrantes. El presidente estadounidense sigue lanzando amenazas a través de Twitter. A su letanía, aquí, a ras de suelo, no se le presta atención. Los policías desplegados junto a la frontera no llevan armas letales, pero en el interior de los J8 hay militares con armas de guerra. Los veo desde arriba, a través del cristal blindado de los vehículos, y espero que no sean tipos de gatillo fácil en caso de que las cosas se vayan de madre. En Guatemala hay demasiados uniformados acostumbrados a disparar antes de preguntar cuando tienen delante a pobres a los que no controlan.

El calor es intolerable ya. Tanto, que parece que se derretirá el oxígeno y no habrá qué respirar. Ocurren los primeros desmayos en la muchedumbre. Quienes se encuentran cara a cara con los antimotines suplican que los dejen pasar, que van a terminar aplastados. Los policías no se inmutan. ¿Cuántos de ellos tendrán familia en Estados Unidos? Con el salario de mierda que cobran los agentes de la PNC, ¿cuántos de ellos dependen de la remesa del padre, el hermano, el hijo para que sus familias salgan adelante?

Pasan los minutos y nadie da su brazo a torcer. Ni los policías se echan a un lado ni los migrantes dan la vuelta. Podemos pasar horas así, hasta que el sol nos funda.

De repente, en una esquina de la vivienda que ocupamos los periodistas junto al puente, emerge Carlos López Cuevas, el moreno que habló en la asamblea de la mañana, ahora megáfono en mano. Está acompañando por otro hombre que dice llamarse Dennis Omar Contreras. Es un hondureño chupadísimo y chiquito, que pasa por marroquí hasta que abre la boca. Ambos se dirigen a la plaza, donde parece imposible que pueda entrar otro cuerpo más sin que alguien muera asfixiado.

—¡Los migrantes no somos criminales/ Somos trabajadores internacionales! —grita López Cuevas, el discurso bien aprendido, por el megáfono— ¿Por qué nos matan? ¿Por qué nos asesinan? / ¡Si somos la esperanza de América Latina!

La rima es perfecta, calibrada. Y tiene efecto: la gente comienza a repetir las consignas de inmediato. Es una sola voz portentosa.

Estos son los primeros lemas que gritará la larga marcha de los hambrientos. No son nuevos, son herencia de anteriores caravanas, pero tienen su importancia. Es la politización de la Caravana. Si uno los mira atentos, en el griterío ve a hombres y mujeres activos, gente que tomó por los cuernos al destino, no son meros receptores de asistencias o dádivas.

—¡¡Si en media hora no nos abren la puerta, cruzaremos por el río!! —advierte Cuevas.

Ahí está la consigna que todos esperaban. Hay plan B. El plan de siempre: cruzar por el Suchiate y convertirse en migrantes ilegales.

Desde la casa miro hacia abajo para ver el efecto de la arenga de los activistas entre los caminantes.

Son una masa, cuerpos pegados unos a otros, sudando, casi sin aire. Ahora se suceden los desmayos, antes esporádicos. Es la desesperación. Todos empujan. Todos quieren avanzar. Alguien tiene que poner orden porque, si no, otro alguien morirá asfixiado.

De repente, a fuerza de presionar, los obstáculos se vienen abajo: la barrera policial se quiebra.

El ejército de los hambrientos escucha la fractura y empuja y se abre paso entre los antimotines como si nada. Un pequeño grupo trepa a los J8 y exige a los policías tras la valla amarilla que les abran la puerta para cruzar por el puente. Hay unos minutos de diálogo de sordos: la gente pide que les permitan pasar a los tipos encargados de no permitirles pasar. Finalmente, en el extremo izquierdo, alguien encuentra el punto débil de la verja, la quiebra completamente, y corre en estampida hacia la frontera mexicana.

"¡¡México, México!!", claman al pasar el cordón.

Los policías chapines se hacen a un lado, como si obedeciesen una orden superior de no tocar a nadie y dejar ir —como si también para ellos fuera mejor el carácter transitivo: que se arregle México y que se arregle Trump— o como si realmente no les importase nada.

"Feliz viaje. *Have a nice trip*", dice el enorme cartel sobre nuestras cabezas.

Los hambrientos, los perseguidos, los que huyen de una vida de mierda, se desparraman a través del puente Rodolfo Robles como el líquido de una botella rota, como una presa casi a reventar a la que se le abrió una grieta. Las barreras policiales mantuvieron la presión, pero, finalmente, todo se desborda. Es un momento único. La fuerza de la Caravana ha quebrado el par de hileras de agentes mal equipados del cordón policial en Guatemala, sobrepasado la verja migratoria y empieza a encarar a la valla mexicana.

Traspuesto ese bloqueo, una riada humana camina eufórica hasta el siguiente. Entre ellos está Sandy Mejía, casi treintañera, con su niña de la mano y su panza de embarazo avanzada. Detrás viene Alan Medina, su marido, apenas un par de años mayor, que conduce a los otros tres hijos de la pareja atados con un cordelito, para que no se pierdan, cada uno con una vuvuzela en la mano. Caminan obedientes, mochila en la espalda, mirada al frente. Estos cuatro niños —11, ocho, seis, dos años: cuatro criaturas caminando ya por más de 750 kilómetros— y el quinto en camino son la razón, afirman sus padres, de haberse puesto en marcha. Suben desde Tegucigalpa. Trabajaban en el mercado, recogiendo basura.

—Así nos ganábamos la vida —dice Sandy—, pero no ajusta.

Se respira la euforia, es como si los pies pesasen menos y el sol no castigase tanto. "¡¡Sí se puede!!", repiten, orgullosos. Se ven tan íntegros, tan firmes.

—Estamos por una vida mejor. Queremos trabajar para mantener a nuestros hijos —dice entusiasmada Sandra Duarte, de 35, una mujer de Tegucigalpa de rostro amable pero castigado, en el que cada surco es una herida de vida.

Tras el cartel de la frontera chapina —"Feliz viaje. *Have a nice trip*"—, la Caravana está a punto de encontrarse con un momento crítico otra vez. Pero en estos pasos finales en Centroamérica da igual. Caminan con una determinación finalista.

"Bienvenidos a México" dice un cartel al frente. Y es solo eso: un cartel escrito, no una invitación.

* * *

Hasta ahora, la dialéctica había permitido evitar el choque. Y eso que las posiciones eran explícitas. Unos, los integrantes de la Caravana: quieren entrar en grupo, porque es el modo en el que se sienten protegidos, porque así comenzaron la marcha y no quieren que la división les debilite. Otros, los mexicanos, también fueron explícitos: nadie pasa solo porque quiera. Una y otra vez, representantes del gobierno como el cónsul Cueto Martínez han lanzado tres ideas: que no querían que hubiese violencia, que solo se permitiría el ingreso previo registro, como marca la ley, y que si alguien cruzaba de forma ilegal sería detenido y deportado. No aclaraban, y esto será importante, qué ocurriría con aquellos que opten por inscribirse y hacer todo según la norma.

Ambas posiciones eran irreconciliables. La Caravana quería cruzar en bloque y México no lo iba a permitir. Unos y otros podían decir lo que quisieran —forma parte de la batalla del relato— pero estaba claro que iba a llegar un momento en el que serían los cuerpos y no las palabras los que confrontarían.

Ese momento llega pasada la una de la tarde.

Lo que ocurre en los siguientes minutos es un despropósito, una lucha desigual entre seres humanos agotados por cinco días de caminata, malcomer y maldormir, y policías enormes pertrechados con porras, cascos y gases lacrimógenos.

La barrera chapina ya ha caído, así que los más aventajados de la larga marcha corren hacia la frontera mexicana. Creen que se abrirá por efecto dominó. Primero se dan con un portón metálico abierto de par en par, pero apenas 20 metros después hay vallas metálicas atravesadas en la carretera y un tremendo contingente de antimotines. Es extraño, como dos mensajes contradictorios. ¿Por qué abrieron el primer portón si no tenían intención de dejarlos pasar? ¿Fue un error de cálculo o crueldad? ¿Los sorprendió la gente que había desbordado a los antimotines guatemaltecos?

Con un pie ya en México, la Caravana recurre a la estrategia que utilizó minutos antes: empujar hasta que el otro lado se agote. Pero esta vez no tiene el mismo efecto que en Esquipulas, en Guatemala, o en Tecún Umán. Ahora es un cara a cara fiero. Migrante frente a policía. Pueden mirarse a los ojos, olerse, desafiarse o suplicar. Es el Bloque Negro de los desposeídos contra un enorme despliegue de uniformados de una de las mayores potencias de América Latina. Lucha desigual que perderán los más débiles. Hay empujones, gritos, golpes. Cae gente al suelo. Resulta que las barreras metálicas de obra que estaban atravesadas en la carretera para impedir el paso de la Caravana estaban amarradas en zigzag, y comenzaron a caer a medida que el grupo de personas creció. Pero como están atadas las unas a las otras, cuando una cae sigue otra. Así que ahora el suelo está lleno de barras metálicas con las que tropezar.

El choque se huele como la humedad soporífera de la frontera. Por delante, la barrera de antimotines mexicanos que avanza hacia Guatemala, golpeando los escudos con las porras, intimidantes. Detrás de ellos han quedado algunas mujeres con niños: iban las primeras creyendo que tendrían prioridad a la hora de pasar a México, atravesaron el primer cordón policial y se han visto en medio de los primeros golpes. A nuestras espaldas —los periodistas quedamos en medio—, muchísima gente que no quiere dar un paso atrás porque sabe que si cede terreno la policía podrá cerrar el portón blanco, esa enorme barrera que solo Dios sabe por qué demonios la abrieron. Si retroceden, además, hay riesgo de tumulto y avalancha por las barreras atadas y caídas unos metros más atrás.

De repente revienta la primera bomba lacrimógena. Del lado guatemalteco —y desde la vera del río, abajo— responden con algunas piedras. La primera fila de la Caravana, los que quieren hacer las cosas por la vía legal, se queja: no vaya a ser que el ataque contra los policías se vuelva en su contra. Tienen los ojos rojos, llorosos. Les pica la garganta. Varias mujeres emergen de entre los antidisturbios con sus hijos en brazos, entre lágrimas. Sus rostros muestran que no comprenden nada. ¿Cómo no van a dejarlos pasar si tienen hambre, a sus hijos sin pañales, llorando, agotados, cagados y ahora irritados por el gas? ¿Es que no tienen corazón?

Pero esto no va de sentimientos: es un asunto de fronteras. Alta política y bajos negocios. Altos negocios y baja política. Los ricos las cruzan. Los pobres se quedan por el camino. Solo pasan cuando los ricos tienen a bien concederles un salvoconducto porque no los creen amenazantes. Baja política y bajo negocio.

El puente internacional Rodolfo Robles se inunda de olor a gas. La gente se ha dispersado y la policía mexicana ha ganado unos metros, los suficientes para cerrar el portón metálico bajo el cartel de "Bienvenidos a México". Un fotógrafo hace el boca a boca a un hombre que se ha desvanecido. (Se recuperará.) Los últimos que trataron de evitar que la puerta se cerrase dan patadas con rabia. Todo iba muy bien, demasiado bien, casi fácilmente bien, hasta que todo se vino abajo. Hay heridos, gente que tose y un hombre de camiseta azul que clama:

—¡Hay días en los que no comemos nada!

Y luego:

—¡Hay días en los que trabajamos y otros que no!

Y:

—¡Nuestra familia es pobre!

Y finalmente;

—¡Tenemos que hacer este camino para dar de comer a nuestra familia!

Son los gritos desesperados de Pedro Pablo —en apariencia sobrepasa la cuarentena, ojos lagrimosos, gorra blanca— hacia los policías mexicanos. Se ha dado la vuelta y mira hacia a sus compatriotas. A sus espaldas, el portón está cerrado.

* * *

Ha pasado una hora desde que los policías mexicanos empujaron a todo mundo de vuelta a Guatemala. El puente Rodolfo Robles se ha convertido en la primera parada brutal del campo de refugiados itinerante. De la caseta de migraciones salió un tipo del INM y, a voz en grito, reiteró la oferta de México: podrán cruzar quienes se registren y entren de forma ordenada. Pueden pasar en grupos de 50 en 50, inscribirse y subirse a unos autobuses que se ven al otro lado del portón y de la barrera de antimotines. ¿Dónde llevan esos autobuses? Nadie lo sabe, pero las primeras filas del éxodo centroamericano no se fían. No en vano ese transporte y esa supuesta ayuda viene de los mismos que hace unos minutos los golpearon, gasearon y cerraron la puerta en las narices.

Ya dije: hace un calor espantoso. Las camisetas están completamente empapadas, el sudor chorrea y las gargantas están resecas por el gas. Una botella de agua es un bien preciado. El campo de refugiados itinerante todavía está en una fase primitiva, no se ha sofisticado tanto como para que aparezcan tipos vendiendo agua y Coca Cola y cigarros a precios escandalosos.

De repente, alguien reparte bolsitas de agua. No tengo ni idea de quién es el benefactor porque mi propia prioridad, ahora, es beber agua. Al menos, recuerdo, le doy las gracias a la mano que me pasa unos sorbos. Somos cientos los que echamos mano a botellas y bolsitas. El puente Rodolfo Robles acaba de cobrar vida. La ansiedad de minutos anteriores ha desaparecido y la gente entra en una especie de letargo nervioso: ya no importan tanto las fronteras y los antimotines sino tener medio litro de líquido que aplaque la sed y permita lavarse los ojos irritados por el gas.

Quienes se encuentran en la avanzadilla, mantienen la letanía de suplicar a los policías que les abran la puerta. Mientras, en los extremos del puente, hay quienes improvisan tiendas de campaña con plásticos y sábanas para evitar la insolación. La mayoría no tenemos tanta suerte. Estamos ahí, en mitad del paso elevado, sin ninguna esperanza de que se abra la puerta y sometidos a un sol indecente. Avanzar no se puede porque nos esperan los policías mexicanos; retroceder no se quiere, porque para algo hemos llegado acá.

Si la víspera la lluvia castigó la caminata, ahora el sol se ensaña.

Es la imagen estereotípica del trópico que hemos visto mil veces: un aguacero del diablo seguido de un sol del demonio. En la parte derecha del puente, junto a una puertita que a veces abre el funcionario del INM, han quedado las madres que pasaron con sus hijos. Hay un pequeño techo; aprovechan la sombra. La zona donde yo me encuentro, junto al portón pero a la izquierda, es terreno de la chavalería. Jóvenes y preadolescentes se han sentado y discuten el siguiente paso. Hay lugares en los que huele a sudor y testosterona y otros donde el humo de los porros ha terminado por matar cualquier otro aroma.

Frente a la verja están los más ansiosos, los que guardaron cola y todavía creen que México les permitirá entrar sin registrarse. Han tenido que establecer su propio cordón de seguridad. Si no, el empuje de la gente que llega desde Guatemala ahogaría a los miembros de las primeras filas. Estamos a más de 30 grados, no han dejado de desmayarse personas. La deshidratación es constante y la piel quemada, común.

Todo Honduras cabe en este puente entre Guatemala y México. Todo Honduras se asfixia. Bien digo: todo Honduras, medio Guatemala y otro medio El Salvador.

Y sin embargo, lo que más les preocupa a los migrantes es que están parados. Que dejaron de avanzar. La valla no se abre y no parece que vaya a hacerlo. Esto ha activado discusiones en la Caravana. Unos creen que, si esperan lo suficiente, a los mexicanos se les ablandará el corazón. Un grupo en la vanguardia —varias mujeres con niños muy pequeños colgados del hombro y algunos adolescentes con rostro de agotamiento— dice que está por aceptar la oferta de Migración y subirse a los autobuses. Unos terceros, todavía minoritarios pero que terminarán por ser quienes mejor leen la situación, dicen que eso es una pérdida de tiempo y que todavía hay una salida: cruzar a través del río.

Solo será necesaria una noche a la intemperie para que el primer grupo abrace las tesis del tercero.

Esa noche todavía no ha llegado y el portón sigue cerrado. La única alternativa para volver a ponerse en marcha son los autobuses de Migración, que la mayoría rechaza. Pero el tiempo tiene sus formas de horadar y entonces comienza a suceder lo previsible: de uno en uno, hay quien acepta las condiciones mexicanas y sube al bus con incertidumbre. Cinco, 10, 15, 50.

—¿Será que no nos van a vender? —pregunta, con cara asustada, un chico al que la ausencia de barba lo delata como casi un púber. El chico ha claudicado. Sube al autobús con la cara cambiada, ahora de alivio. Esa noche, cree, dormirá en Ciudad Hidalgo. Pero no sabe que acaba de ser engañado: no es un lugar cómodo el que le espera.

Hay otros que siguen en la vigilia, indecisos. Por el momento, confían en la consigna que lanzan algunos tipos que parecen experimentados y que se suben a la verja blanca, la que les impide cruzar a México: "¡No tomen los autobuses! ¡Es un ticket de regreso a Honduras!". Sentado en lo que fue la vía del tren de carga que unía Tecún Umán con Puerto Barrios, en el Caribe guatemalteco, Mynor Chávez no parece tolerar el tropical calor del puente Rodolfo Robles, aunque él venga de Copán, que tiene un clima similar. Suda como si le hubiese brotado rocío de la frente. Está con su papá y su hermano, de 12 años. Su madre se divorció y está en camino hacia Estados Unidos. Sola. Sin coyote y con su hermana de ocho años. Mynor muestra el zapato: la suela se ha levantado. Lleva calcetines azules.

—Caminamos más de 20 kilómetros cuando salimos de Chiquimula. Nadie nos quiere dar jalón.

Mynor tiene cara de chico despierto —unos 19 años muy tiernos— pero también hay un dejo de melancolía en su rostro. Dice que su padre tuvo que dejar de trabajar porque le dispararon en el pie una vez que lo asaltaron en Copán. Dice que está harto de comer una sola vez al día: un desayuno de tortillas y huevo. Dice que solo quiere una oportunidad, trabajar unos años, hacer plata y regresar a su país. Dice que vendieron todo lo que tenían y comenzaron la ruta hacia Estados Unidos. Todo lo que tenían, dice Mynor, era la refrigeradora y la televisión.

Al chico solo le cambia la cara cuando habla de su pasión, el canto. Este domingo, precisamente, tenía un concierto en el bazar del sábado. Su profesora le consiguió una audición con otros dos amigos.

—Hicimos la primera presentación en una noche cultural del jueves. Luego, la Cámara de Comercio de la ciudad de Copán nos quería a nosotros para que cantáramos en el bazar del sábado. Los otros sí se quedaron, pero yo no pude. Por la situación.

La situación.

La conversación se interrumpe antes de que el reloj toque las tres. Es el padre de Mynor, que le habla a dos metros.

—¿Nos tiramos?

El hombre señala a su hijo el borde del puente. Con el portón cerrado a cal y canto y sin demasiadas ganas de dar marcha atrás, algunos migrantes han comenzado a saltar al agua desde las alturas del Rodolfo Robles. Es una sinfonía desacompasada, arrítmica. Caen como bolsas. Chooof. Puf. Pof. Puf-púf. Ahí abajo está el Suchiate con su agua marrón, sus balseros y sus contrabandistas. Como es temporada de lluvias el río baja caudaloso. Si estuviésemos en febrero podrían cruzarlo caminando.

La serpiente marrón es más tentadora a cada minuto. Si cruzar en balsa es fácil, también puede hacerse a nado, ayudados con una cuerda. Así que Mynor y su papá se miran y acuerdan rápido: saltarán. Y con ellos, como si respondieran a una orden telepática, más. Ni uno, ni dos. Decenas. Lanzan sus mochilas y bolsas a los balseros

—cobran poco más de un dólar, entre 10 quetzales y veinticinco pesos mexicanos por cruzarlos en sus precarias barcas— y se lanzan de una altura considerable, 10 o 15 metros. Todo para entrar a México como ilegales, condenados de antemano a la amenaza de la deportación para todo el trayecto. Pero da igual, pues estarán *dentro*.

La güerita de la gorra calada fue de las pioneras y ahora una multitud ha nadado tras ella. Es un gesto de rabia, de impotencia, de rebeldía. Podrían darse la vuelta, caminar hacia la orilla y pagar a un balsero, cruzar secos. Pero no. Todo eso toma tiempo. Saltar es más visible, más directo, más brutal y más divertido. Y están hartos. Así que se mandan. Chooooof. Puf. Pof. Puf-púf. Quieren que los graben. Que se vea. Son el símbolo de una huida masiva. Y, en cierta medida, eso es la migración forzosa: lanzarse al vacío porque cualquier cosa es mejor que el lugar en el que te encuentras.

Esta respuesta tiene que ver con la desesperación, pero también con otro sentimiento: el de aventura. Muchos de los que se lanzan son jóvenes, azuzados por otros jóvenes desde la orilla mexicana que ríen porque, claro, es una hazaña. El éxodo tiene razones muy jodidas para existir. Nadie viene aquí de vacaciones. Pero, una vez llegados, ¿por qué no convertir el puente de la desesperanza donde cientos de personas se hacinan bajo un sol abrasador en la atracción de un parque acuático? Cada salto es celebrado con algarabía. Hay bromas homófobas y machistas contra los que no se atreven a saltar —puto-marica-culero-¿acaso-eres-niña?— y chicos que saben que dando un paso al frente están ganando valía ante los demás. A veces, este pequeño rincón del puente Rodolfo Robles es un patio de colegio.

Pero mientras hay gente que se lanza al agua, también hay otros que no se fían.

—Ellos —me dice un tipo señalando a los adolescentes en la orilla mexicana— no son hondureños, son de aquí. Hacen relajo y el problema nos lo buscan a nosotros. Quienes van con ellos no saben qué están haciendo. Aquí hay mafias. Te piden 5 mil dólares para avanzar y si no los tienes te matan —dice, y simula el gesto de cortarse el cuello.

En realidad, los que azuzan no son coyotes sino adolescentes liantes. Pero el miedo es comprensible. El puente podrá parecer un patio de colegio en este momento, pero México no es un parque de diversiones. Aquí muchos migrantes han sido secuestrados, extorsionados, esclavizados, degollados. El salto al vacío desde el puente puede aterrar, pero más paraliza el salto al vacío que son las carreteras mexicanas.

* * *

Pasan las horas, la situación se empantana. Son las cinco, luego las seis. Ya oscurece. Al menos el calor ha amainado, aunque la humedad sigue crispando nervios. La última valla de seguridad antes de la entrada a México no ha vuelto a abrirse. Pesa el cansancio de cinco días de caminata y hunde la perspectiva de llegar a un punto muerto en la frontera. El agotamiento, la decepción, la rabia, la necesidad, las expectativas frustradas, todo lo que el grupo ha sentido a lo largo de su travesía, se concentra en el puente entre Tecún Umán y Ciudad Hidalgo.

Han pasado ya casi 700 kilómetros de caminata desde San Pedro Sula. Nadie se toma todo ese esfuerzo como un paseo.

—¡Estamos mal, queremos pasar, queremos trabajar! Que nos den un permiso, aunque sea aquí en México. ¡Están matando a la gente en Honduras! —reclama Alba Luz Girón Ramírez, los ojos rojos, lágrimas en las mejillas y un hijo, Emerson, de cinco, el único de sus tres vástagos que esta madre soltera se trajo a la caravana, echando mocos a su lado.

El de Tecún Umán es un puente de angustia. Nada se mueve, excepto el río, que sigue recibiendo a los clavadistas. Arriba, hay tablas. A un lado del portón, los antimotines mexicanos. Formados, pero relajados, esperan. Fuman. Al otro lado, la Caravana. El campamento ya ha sido finalmente establecido. Ambas banquinas del puente en el lado guatemalteco son una sucesión de tiendas de plástico y tela. Eso se llama resignación. Momentánea tal vez, pero resignación. La gente ha bajado al río a lavar la ropa y ahora hay camisas, pantalones y camisetas tendidas de metros y metros de soga. Hizo tanto calor que las prendas hieden.

Por primera vez la fe parece no bastarse para mover a la Caravana. Hasta ahora, la ruta estaba clara. Pero también hasta ahora la marea no había enfrentado a un grupo organizado de funcionarios dispuestos a detenerla como los antimotines mexicanos. Todos sabían que sobre la Caravana pendía, como una espada de Damocles, la incertidumbre sobre qué sucedería al entrar en México y abandonar Centroamérica. Esa incertidumbre ha empezado a quedar despejada con la bienvenida de los antimotines al otro extremo del puente Rodolfo Robles.

Anochece y Alba Luz continúa en primera fila frente al despliegue de policías estirados a lo ancho del camino al otro lado de la reja. La mujer suplica, insiste. Está aferrada a los barrotes del portón blanco. Dice que necesita trabajo, que va con niños, que qué harían ellos en su situación. Los antimotines no responden, miran sin mirar, como si no fuera con ellos. Tal vez están exhibiendo un desinterés entrenado, tal vez nada más no les importa.

Otra mujer con un bebé de 11 meses en brazos se acomoda junto a Alba Luz. Grita que lleva en la mano el último pañal que le queda. En nada su hijo estará cubierto de mierda. Tampoco le responden. Al otro lado de Alba Luz quien ahora se echa a gritar es Juan Ángel Navarrete, gorra calada, bigote de cincuentón.

—¡No tengo cómo pasar la vida! ¡Voy para arriba, pase lo que pase! —se da vuelta hacia mí, sabe que soy periodista—. En Honduras hay mucha delincuencia, no tenemos trabajo, el presidente Juan Orlando Hernández solo apoya a los del partido de él.

Duelen cada una de las personas que tenemos delante. Un hombretón de camisa a cuadros, con su niña aferrada al cuello, clama entre lágrimas, desconsolado:

—¡Miren a esta criatura, ¿no les da pesar?! ¡Qué duros de corazón!

Lloran las madres. Lloran los niños. Lloran los hombres, aferrados a las rejas del portón. Presos en una cárcel al aire libre.

Y nada.

Los antimotines siguen ahí, parados. Fuman, conversan, miran sin ver. Los periodistas no pueden —no podemos— aguantar las lágrimas. Es jodidamente desgarrador. Son seres humanos hundidos que fiaron todo a una carta y se ven impotentes ante una verja metálica que no pueden sobrepasar.

La frontera sur de Estados Unidos —*esta* frontera sur de Estados Unidos— no entiende de hambre ni de pañales que escasean. Este ambiente, de caos, frustración y desesperanza; de gente tirada en el suelo, de mugre, de extraña humanidad y camaradería, es el mismo que se observa en situaciones de guerra, cuando la gente escapa sin mirar atrás. El hambre es violenta, me repito.

Miro hacia arriba.

Exactamente sobre mi cabeza, como burlándose de todos, continúa el cartel: "Bienvenidos a México".

Bienvenidos, centroamericanos, a México.

[6]

La fiesta del balsero

"Si no nos abren la puerta cruzaremos por el río".

—No está muy hondo, está *pochito.*

Darwin José Juárez Calles —19 años, de la minera Santa Bárbara, en Honduras— acaba de convertir un enorme acto político en una anécdota estudiantil: cruzar a nado el río Suchiate entre Guatemala y México para esquivar a la policía, volverse un *ilegal* e intentar llegar a Estados Unidos.

El chico emerge de las aguas marrones tiritando un poco. A su espalda se alza la mole de cemento y acero viejo del puente Rodolfo Robles. A un lado flamean las ropas tendidas en las verjas, las mantas y los plásticos de las tiendas de campaña de la Caravana, el campo de refugiados itinerante.

Darwin ha dejado todo eso detrás. Pasó la noche arriba, en la incomodidad de la puta calle, macerando la conclusión de que nadie les abriría la puerta. Que México no permitiría que miles de indocumentados crucen su frontera solo por tener hambre o porque los quieran matar. Por eso se lanzó al agua. Si les cerraban la puerta, había que cruzar por la ventana.

El joven tiene un cuerpo musculoso y sus manos, amplias y con callos, revelan años trabajando el campo. Nada más salir del río, Darwin se detiene bajo un árbol donde esperan otros santabarbarenses. Algunos llegaron con él en la travesía a nado —es un río dominable para un cuerpo trabajado: 50 metros—; otros pagaron algo más de un dólar para cruzar en las barcas de neumáticos y madera.

—No hay *feria*, todos andamos sin *varo* y mejor nos ajusta para comprar comida — dice Darwin, mientras se pone una playera seca.

El reloj recién ha dado la vuelta a la una de la tarde del sábado 20 de octubre y la orilla del río Suchiate es el escenario de un inmenso desembarco. Llegan familias enteras, bolsas de plástico cubriendo sus mínimas vituallas. Llegan grupos de jóvenes hacinados en las góndolas precarias de los balseros. Llegan señoras mayores a las que sus nietos agarran con firmeza para que no caigan al agua; padres y madres aferradas a sus hijos, que no saben nadar y se tambalean en las barcas; niños que en su vida habían navegado y han de sentirse como el capitán Nemo, surcando los mares en balsitas misérrimas.

Desde las seis de la mañana hay un desembarco constante, primero tímido, finalmente en avalancha, solo limitada por la capacidad de los balseros para ir de una orilla a la otra. El Suchiate es un enorme embarcadero que permite llegar a México a menos de un kilómetro del puente que ayer cerró sus puertas. Ahora hay 15 embarcaciones —llamarlas así demanda una amplia generosidad semántica— atravesando a la vez la frontera natural que separa Centroamérica de Norteamérica. Los gondoleros del contrabando no se dan abasto. Las barcazas avanzan, desordenadas, cruzándose unas con otras, en medio de la excitación de cientos de personas felices, que han logrado superar el obstáculo más duro hasta ahora.

Nada los frena, parece. Después de ser gaseados, golpeados y bloqueados con vallas demostraron perseverancia: han pasado la noche al raso en el puente Rodolfo Robles hasta que alguien vio que el río, el lugar por el que todos los años cruzan decenas de miles de migrantes en situación irregular, era también una opción para ellos. Así que al río fueron. Por arriba —en picada, a los clavados— y por abajo, con el flete de los balseros.

El desembarco en la orilla mexicana es precario. Parece que en cualquier momento alguien dará un mal paso y enfrentaremos un naufragio. Siniestra perspectiva: muchos no saben nadar. Entre los que sí, algunos deciden ahorrarse el trayecto en las balsas y se lanzan al Suchiate a pulmón, enfrentándose a brazadas a la corriente. Como Darwin, el labriego convertido en nadador.

Hay una tercera opción de trasvase y es una especie de corredor de un extremo a otro del río levantado con cuerdas. El sistema es el siguiente: una persona que conoce el trayecto y las partes menos profundas del río avanza con un cordel atado a su cuerpo. Como un guía de expedición. Llega a Guatemala, reúne a un grupo y, detrás, agarrados a la soga, lo siguen hacia México.

No hay drama en el cruce. Ni entre los que nadan —animados por quienes ya cruzaron la serpiente marrón—, ni entre los que saltan del puente —azuzados por los muchachones en la costa, a pura risa—, ni entre los que navegan en las balsitas —serios, pero tranquilos—, ni entre los que cortan la corriente con los cordeles —tan reconcentrados unos como divertidos otros.

El río Suchiate es una fiesta; la fiesta de los balseros. El resultado de la determinación de la Caravana: si no nos abren la puerta, cruzamos el río a nado, en barca, a pie atados a una cuerda.

Ahora se entiende por qué Tecún Umán era el lugar de encuentro. El río sirve, y sirve bien.

La llegada a México es un momento de catarsis, pero, por supuesto, también hay momentos difíciles.

Ahora mismo, cuando los que han cruzado se cuentan por cientos, una joven se queda varada a mitad del río. No sabe nadar y ha logrado llegar hasta ahí caminando con el agua hasta las axilas. Pero la corriente pasa más fuerte por el punto al que arribó. Suficiente tiene la mujer con mantenerse en pie. No sabe por dónde avanzar. La ayuda llegará gracias a que un hombre en la orilla mexicana se lanza a su encuentro. La chica tiene el terror dibujado en la cara. Varias personas lo notan y le advierten a gritos: "¡No te tires derecho que ahí cubre!". Obedece. El hombre mexicano llega hasta ella. Cruzará, sana y salva. El río aprieta, pero, al menos en este caso, no ahoga.

Pasado el mediodía del sábado 20 de octubre, se corrió la voz y, si hace horas eran apenas algunos aventurados, ahora varios centenares recurren al agua del Suchiate para saltarse las leyes migratorias.

Aquí se establece una distinción que marcará el futuro de la Caravana. Los que optan por la vía legal y quienes fían su suerte a una acción de desobediencia civil.

Los primeros siguen en el puente, cumpliendo la exigencia del gobierno mexicano, mirando a los demás echársela a cara o cruz por la serpiente marrón. Los del Rodolfo Robles saben lo que tienen por delante: autobús, registro oficial, estadía en la Estación Migratoria Siglo XXI de Tapachula, y 45 días de espera —o 90, si se demora— para conseguir el asilo político. Es una opción complicada, pues quienes la tomen estarán encadenados a Chiapas; no pueden salir del estado donde piden asilo. Si rompiesen esta norma y siguiesen a la Caravana en su camino hacia Estados Unidos, quedarían en la misma situación de ilegalidad que sus compañeros que cruzan por el río. Pero eso nadie lo ha explicado —ni les han dicho que los trámites pueden tomar muchísimo tiempo más que los 90 días que ahora descuentan como tolerables. Aquí la gente funciona por instinto. El proceso de inscripción, además, es de una morosidad de agobio. En un día solo han pasado trescientas personas a México por la vía legal, según datos del INM. Lo que nadie sabe, y esto es sospechoso, es adónde los han trasladado.

Los segundos, que son la mayoría, los que ya no creen que las puertas del puente se abran, se han lanzado al agua de todas las formas posibles: clavados, barcas, nado, cuerdas. Son, para la ley, ilegales. Indocumentados en México. El gobierno de Enrique Peña Nieto ha sido tajante: todo aquel que entre de forma ilegal será detenido y expulsado. La decisión es de un calibre político llamativo: México está haciendo con los centroamericanos lo mismo que Donald Trump promete a los mexicanos.

La mierda siempre va para abajo, reza un dicho popular.

Los que van por ese río en medio de la fiesta de balseros comprendieron que quien no se la juega no tiene opción de ganar.

* * *

—Se suponía que nos iban a dar el paso. Pero ahora resulta que están diciendo que tenemos que montarnos en un bus en el que nos van a dar un pase para solicitar un permiso. Los requisitos son llevar cédula y pasaporte. A mí me asaltaron dos semanas antes de venirme. No ando más que con una partida de nacimiento, ni cédula ni pasaporte.

Josef Martínez tiene 23 años, pero es tan bajito y tan delgado que parece un adolescente algo avejentado. Viene de La Primavera, en San Pedro Sula, una colonia que es una colección de calles tan destruidas que parecen hechas de hoyos conectados por algo de tierra y asfalto. Martínez está aquí harto de que su trabajo como mecánico automotriz no le alcance. Viene solo; en casa de su madre se quedaron su esposa y su hijo, de tres años. A ella le mintió: dijo que salía a Tegucigalpa. Si hubiera confesado, dice, no estaría aquí.

¿Cuántas de estas personas se han puesto en marcha sin decir a sus seres queridos adónde se dirigían exactamente?

Es el mediodía —otro mediodía con la canícula activa— y el joven camina entre los matorrales que conducen a la orilla del río Suchiate. Una pequeña riada intermitente llega desde el casco urbano de Tecún Umán, que está pegado al borde del río. La ciudad y el río son aquí una sola cosa. De repente caminas por el empedrado, dejas atrás la última casa y ya estás entre los matojos, a pocos metros del Suchiate. Pequeños grupos con la mochila al hombro caminan como dejándose llevar, desgastados, sin el entusiasmo de jornadas previas. Frente a ellos, México sin policía, que es mucho más de lo que ofrece el puente. A su izquierda, a lo lejos, el puente con las tiendas de los que todavía no deciden qué hacer. Un microcosmos de champas, gente deambulando y ropa colgada en las verjas.

Desde el río, Josef alcanza a ver la cabina de Migración del lado mexicano. Rendirse a las autoridades para pedir asilo no tiene sentido para él. Para eso uno tiene que disponer de algún documento, y Martínez no tiene ninguno. En Tapachula hay consulado hondureño, ¿podría ir a pedir sus papeles allí? No parece tener sentido tampoco.

—Están diciendo que las personas que no cuenten con eso [pasaporte o cédula] van de regreso —dice—. Me sacrifiqué desde allá hasta aquí y no me quiero montar en un autobús que me lleve a Honduras.

El río corre, renovando su piel marrón, llevando y trayendo balsas de un lado a otro. Josef va hacia ellas. La orilla, que era una continuidad de la ciudad, ahora es también una extensión del campo de refugiados. Varias mujeres se bañan en el Suchiate mientras algunas familias esperan por sus transportes. El martes, que terminó hace unas horas, sucedió en realidad hace un siglo. Cientos de personas colapsaban entonces en la orilla. Llegaron aquí porque conocían el camino, porque es un trayecto que decenas de miles de migrantes ya realizaron antes de la Caravana. El primer día en Tecún Umán, la mayoría aguardó la llegada del resto, convencidos de que el grupo los amparaba, de que no había barrera que no pudiese sortearse, que caminar en bloque marcaba la diferencia. Que pasarían primero la verja guatemalteca y que la mexicana se les abriría de par en par. Tardaron veinticuatro horas en desengañarse. El río cambió los planes. Ahora la Caravana no camina, nada y navega.

—Tengo dos días de estar aquí por pura mentira. Siempre dicen que van a abrir y luego no ocurre —dice Byron Antonio Bueso, otro barbarense apenas salido de la adolescencia.

Byron también espera la balsa. Cuando llega, él, Martínez y otros tipos a los que no conoce, trepan a la barquita construida con un par de enormes neumáticos y unas tablas de madera. Un minuto atrás, Byron y Martínez dudaban; no de si debían cruzar o no, sino de cuándo hacerlo. El éxodo, en su infinito espacio para la rumorología, había aceptado la idea lanzada por un viejo de que la policía migratoria esperaba escondida en la otra orilla, dispuesta a arrestar a quien pusiese un pie en México.

No era cierto.

—Mirá —dice el viejo—, ahí se les ve —y señala.

Todos asienten, convencidos, de que lo que ven entre los matorrales, al otro lado de la orilla, son agentes migratorios. Pero allí no hay nada. No se ve nada. Solo barcazas yendo y viniendo y migrantes recién desembarcados a los que nadie está arrestando. Gente estrujando las ropas empapadas. Ningún policía. Pero el hombre sigue señalando temeroso, seguro de lo que dice, así que todos afirman creerle mientras buscan con la mirada quién será su patrón para el trayecto de tres minutos.

* * *

México.

Estamos en la orilla mexicana.

He cruzado con Byron, Josef y otra decena de hondureños. La barcaza se mueve porque somos demasiados. Miro a mi izquierda y veo el puente Rodolfo Robles, todavía lleno de gente. En menos de 24 horas, la mayoría de ellos estará transitando el mismo camino que hago yo ahora.

No dejan de llegar las balsas. Hay miedo de que en cualquier momento aparezca la Policía Federal o los temidos agentes del Instituto Nacional de Migración. Pero no dejan de llegar las balsas. El Día D es hoy. La Normandía cuartomundista tiene cabecera de playa en la ribera mexicana del Suchiate. Y no se detiene.

El abordaje es a plena luz del día, a menos de medio kilómetro de una frontera militarizada. Las autoridades mexicanas saben qué está ocurriendo, y dejan hacer. Otra cosa es que los migrantes no se fíen. Desembarcan y se quedan paralizados, mirando en derredor, sin saber hacia dónde dirigirse. Los más aventados empiezan a tomar costumbre. Hay dos lugares emblemáticos que buscar cuando uno llega a un nuevo lugar con la Caravana. Primero, el albergue o la Casa del Migrante. Allí habrá un lugar caliente para dormir, se repartirán víveres y hasta hay posibilidades de tomarse un baño. Segundo, el parque central. Si no hay refugio, la plaza del pueblo será el punto de reunión general. Esta regla, que se impondrá a fuerza de uso, todavía no está asentada el sábado 20 de octubre. Así que los migrantes necesitan un empujón.

Hasta aquí, la Caravana ha operado con una organización mínima. Pero nadie se reivindica como organizador. Algunos coordinadores pastorearon a la gente hasta Tecún Umán, donde apareció Pueblo Sin Fronteras, el primer grupo activista que trabaja con y para la Caravana. Pero no es nada formal. Nada a lo que un agricultor de Olancho pueda aferrarse. Así que la gente se guía por lo que escuchó en la asamblea. O lo que escuchó al vecino que estuvo en la asamblea.

Solo hubo un instante que dejó entrever una organización corriendo por las sombras. El viernes, encaramado a la cornisa de un edificio, David Cuevas, el activista que apareció de la nada y trató de poner algo de orden en medio del caos fronterizo, advirtió por su megáfono a la policía mexicana: "¡O nos permiten pasar o en media hora cruzaremos por el río!".

Aunque con un día de diferencia, está sucediendo lo que Cuevas anunció que harían.

Todo cobra más sentido al pasar algunos minutos de las dos de la tarde. Desde Ciudad Hidalgo han bajado al río Suchiate algunas personas vestidas con petos verdes. El parque central está a tres cuadras del embarcadero, pero la mayoría de marineros de agua dulce no tienen ni idea de dónde se encuentran. Necesitan un guía. Y ahí aparecen, nuevamente, Cuevas y su megáfono. No está solo. Los del peto verde son sus amigos. Y saben exactamente qué hacer. Es un mensaje tranquilizador para muchos de estos desarrapados, labriegos, gente de barrio, personas humildes que están más lejos de sus casas de lo que jamás imaginaron que estarían.

Cuevas reúne a los recién llegados. Algo más de un centenar de personas obedece y forma un semicírculo a su alrededor. El activista, que tiene formas duras, como si siempre anduviese con prisas, explica que en el parque hay gente esperándolos. Que habrá asamblea. Que tienen un plan. No llegamos a la tierra prometida, pero se ha superado el peor obstáculo encontrado hasta el momento.

Cuevas inicia de inmediato la marcha al parque; los recién llegados lo siguen. Recupera las consignas que ya lanzaron un día antes frente a la barrera policial guatemalteca. En el camino, toma el megáfono y canta, como si pudiera escucharlo una multitud en las calles de una gran ciudad.

"¡Los migrantes no somos criminales /somos trabajadores internacionales!"

"¡¿Por qué nos matan, por qué nos asesinan / si somos la esperanza de América Latina?!"

"¡Manchadas de sangre están las fronteras / porque ahí se mata a la clase obrera!"

Cuevas ha armado una manifestación. Van a recorrer cinco o seis cuadras hasta llegar al parque central de Ciudad Hidalgo y fundirse en abrazos con sus iguales. Son suficientes para protagonizar una exhibición de orgullo migrante, de paso firme, de mirada altiva. No se esconden, sino que lanzan consignas y se reivindican. En la primera cuadra, nada más bajar del embarcadero, siguen llegando migrantes que observan a su alrededor con curiosidad y algo de miedo. Han cruzado cientos ya, pero igual no se fían. Ayer los golpearon. Acababan de atravesar un río oscuro y algo acelerado en una precaria góndola. Quién sabe cómo demonios los pueden recibir estos mexicanos. El susto se les quita rápido cuando ven a Cuevas con su megáfono. En las primeras tiendas que se cruzan por el camino se dan cuenta de que los lugareños los miran con la misma curiosidad con la que ellos se adentran en el municipio. Están acostumbrados a los migrantes, pero no a estas expresiones colectivas. Por eso, el grupo de 100100 (¿son ya 200?) gana confianza a cada paso.

Están aquí.

Han cruzado a México.

Y se sienten imparables.

"¡Los migrantes no somos criminales / somos trabajadores internacionales!" —canta Cuevas y los demás ya lo siguen a voz en cuello.

"¡Sí se puede!" —suman luego.

A unos tres metros de distancia de Cuevas y su megáfono va un chico esquelético. No tiene camiseta; la mitad de su cintura está vendada. Lleva gorra, dos collares y calza chancletas en los pies desnudos. Si los fotógrafos hubiesen buscado un cliché de chico-joven-de-barrio para ilustrar la escena no hubiesen encontrado mejor candidato: un menesteroso herido defendiendo las consignas de una suerte de Internacional Migrante.

Tras la avanzada camina el grupo grande. Hay una mujer oronda, de piel muy oscura y pelo lacio, que destaca por su mochila rosa histérico; un tipo con gorra y la playera del Barça —nada destacable, en verdad: hay muchos tipos con gorra y playera azulgrana—; otro hombre de gorra y perilla lleva a hombros a su hija con una menuda cara de susto.

Durante esos escasos minutos rumbo al parque de Ciudad Hidalgo —está apenas a cuatro o cinco cuadras del río— desaparecen el cansancio y la frustración. Estamos ante una caminata de seres humanos orgullosos, que acaban de superar una nueva dificultad.

Toman la calle con paso firme. Les pusieron una barrera, la sortearon y ahora van a reagruparse con quienes los antecedieron. Vuelve el "¡Sí se puede!".

La plaza de Ciudad Hidalgo adquiere un ánimo festivo. Es una plaza presidida por una concha acústica, con un techado en el centro y varias jardineras en los alrededores: el lugar perfecto para secarse al sol tras la zambullida. El suelo está sembrado de colchonetas, mantas y cartones, pero el ambiente es completamente distinto a la desazón que dominaba en el puente Rodolfo Robles. Vuelve a haber esperanza. Se recupera esa confianza en que, si continúan juntos, todo es posible. Algunos se instalan en los albergues. Hay uno, en la misma plaza, completamente colapsado y al que no permiten acceder a la prensa. (Cuando pase el tiempo no nos pillarán en esa. No habrá vigilante que logre imponer su autoridad. Pero todavía somos novatos.) Otros ya están preparados para dormir al raso. Suena la música, porque ha llegado una banda. Reparten comida: frijoles, tortillas, arroz. Un grupo juega al futbol —no es competitivo, solo dar patadones. Vuelve a escucharse, a pleno pulmón, el himno de Honduras, ese país que expulsa a cientos de sus conciudadanos. Gracias Guatemala. Bienvenidos a México. Regresan las oraciones épicas. Regresa El Señor. La narrativa que dice que ésta es una caminata bendecida por Dios y que, como hizo con Moisés en Egipto según la Biblia, abrirá las fronteras a su paso. Tras una jornada funesta, todos necesitaban esta pequeña victoria.

* * *

¿Quiénes son estos chalecos verdes que ahora organizan la logística, acompañan a los migrantes en el desembarco, ayudan a su acomodo y, en ocasiones, vigilan las buenas costumbres? Porque ahora, en medio del parque, lleno hasta reventar, una mujer de mediana edad se ha acercado a un grupo de jóvenes advirtiéndoles, sonriendo, pero con firmeza, que los apoyarán pero que "no fumen cosas raras".

—Ustedes me entienden, ¿verdad?

Rodrigo Abeja es uno de los chalecos verdes aparecidos. Estuvo en el puente y tiene un tobillo herido por golpes de la policía. Los chalecos me han dicho que Abeja es el tipo con quien hay que hablar. Es difícil. Atiende llamadas, hace sugerencias, charla con uno y con otro. A primera vista, parece que sabe de qué va esto. Le persigo por media plaza, aprovechando los instantes de tránsito entre charla y charla con otros voluntarios.

Abeja me cuenta que los migrantes se han organizado, que han nombrado a 10 responsables, cinco hombres y cinco mujeres. A partir de ahora, ésta será una dinámica habitual. Por un lado, el éxodo forma sus comisiones de representación, que van y vienen, se crean y se deshacen, y apenas tienen relación con los periodistas. En paralelo, transitan los acompañantes, como miembros de Pueblo Sin Fronteras y activistas a título personal. Ellos conocen mejor la ruta, sus peligros y tienen más recursos que los migrantes para relacionarse con informadores y autoridades. No hay una estructura piramidal, ni dirigentes con puño de hierro. Hay un montón de seres humanos que están aprendiendo a conocerse.

Por ellos, sabemos que Tapachula es el próximo destino. Es el mismo municipio al que están siendo trasladados aquellos que transigen con las exigencias migratorias, se inscriben en el puente y suben a los famosos autobuses. Unos y otros llegarán en condiciones bien diferentes, aunque no sabemos ni cuántos son ni adónde van los caminantes que cruzaron por la puerta de Migración. Los otros, los que desobedecieron, al menos saben que están libres. Y quieren convencer a los que todavía quedan en el puente de que éste es el mejor camino para seguir hacia el Norte.

—Estamos esperando a que se anime a salir la última persona para iniciar a subir hacia Tapachula para ver qué sigue, si nos van a ofrecer una mesa de diálogo con el secretario de Gobernación o Migración —me explica Abeja.

Minutos después, Abeja estará subido a una especie de escenario improvisado, con el indispensable megáfono, en medio de una asamblea. No es tan multitudinaria como la que abrió la marcha hacia la frontera de Tecún Umán, pero todavía es numerosa. No llegan al millar de asistentes. Propone dar una última oportunidad a quienes no se han sumado a la marcha desobediente. Si no llegan, ellos continuarán con el camino. Saldrán a las siete de la mañana.

"¡Vámonos, vámonos!", grita la audiencia, envalentonada. Este será otro de los gritos de guerra de la Caravana. Nunca dejaremos de escucharlo.

Esa última llamada se convierte en una marcha hacia el puente, donde cientos de personas —muchísimas menos que las que habrá 24 horas después— esperan para cruzar la frontera. Desde la orilla, solo iluminada por la pantalla de algunos celulares, les gritan invitaciones, lanzan consignas, les transmiten entusiasmo. Esto provoca una pequeña conmoción entre quienes aguardan. Algunos caen en una especie de epifanía y salen corriendo hacia la salida, convencidos de que estaban equivocados, y que la única opción es sumarse a las barcas. Otros miran escépticos. Se forman debates en corro. En uno, un tipo fuerte, de barba y camiseta roja, alecciona a sus oyentes: "Están locos. No se dan cuenta de que eso es México. Ahí se secuestra. Están los narcos. Lo mejor es que nos quedemos aquí".

Es un discurso llamativo: personas asustadas que huyen de una violencia brutal en sus países, temerosas de cruzar por otro país cuya violencia aún les aterroriza más.

Subo al puente. Charlo con partidarios de seguir esperando, con gente que ya empieza a cansarse, con algunos que están decididos a lanzarse al río. Muchos me preguntan —porque soy extranjero, porque soy periodista— cuál creo que es la mejor opción. *A mí.* No tengo el valor de contestarles. No me puedo poner en sus pellejos. No he pasado ni por una milésima parte de lo que estos seres humanos exhaustos, confundidos y angustiados han tenido que soportar. Cuando ellos van a pie, yo generalmente tengo un auto. Mientras se apilan en una plaza, yo tengo un cuarto con agua caliente. Tampoco pagaría las consecuencias en caso de errar. Estoy en la cúspide del privilegio y mi pasaporte es un salvoconducto para la mayoría de mis decisiones equivocadas. No, jamás me atrevería a sugerirles nada. Únicamente, ante estos casos, les relataré con todo el detalle que quieran cómo está el panorama que yo he visto.

Aquel día, cerraría mi crónica para *Plaza Pública* con esta frase: "Llegados a este punto, no se puede hablar de una caravana".

Qué equivocado estaba.

La Caravana, la larga marcha centroamericana, el éxodo de miles de hombres, mujeres y niños hartos de una vida que no es vida, acababa de empezar. La fiesta de los balseros había sido un respiro, un subidón de adrenalina. Las puertas de México estaban cerradas y ellos decidieron colarse por el desagüe. Nadie podrá acusarlos de no haberlo advertido.

[7]

Salir de la clandestinidad y morir en la carretera

La nueva Bestia también mata.

Hay policía. Allí adelante hay policía.

Kilómetro 238 de la carretera federal que une Tapachula con Huixtla, próximo destino de la Caravana.

Hay policía. Demasiada. Algo ocurre.

Sobre unos conos, la cinta amarilla. Esa maldita cinta amarilla que nos avisa que alguien ha muerto.

Y ahí está: en el carril de la izquierda, sobre el asfalto, cubierto por una sábana ensangrentada, un cadáver. Es un hombre, de entre 25 y 30 años, me dirá después un agente de la policía municipal de Tapachula, un tipo rollizo, de piel oscura y bigote, el único en la escena con ganas de hablar. Bajo la improvisada mortaja asoman unos tenis grises y unos pantalones vaqueros. Tras el rojo sucio de la sábana, una gorra.

Dicen que cayó del vehículo que lo transportaba. Nadie sabe si fue un picop, un camión o una furgoneta. Lo único seguro es que cayó y que el carro que venía después no alcanzó a frenar y lo arrolló. Dos doctoras de Médicos del Mundo que forman parte de una caravana de acompañamiento trataron de salvarlo. Pero llegaron tarde.

Pero nadie sabe bien qué sucedió más allá de esto:

Hay un muerto en la carretera.

Nadie se quedó para identificarlo.

El vehículo en el que se desplazaba siguió adelante.

El vehículo que lo remató siguió adelante.

Si la Bestia fue, por mucho tiempo, el símbolo de la migración centroamericana, los jalones son el símbolo de la Caravana. Y esta nueva Bestia no es un tren, pero igual va sobre ruedas y mata.

Hay un cuerpo sobre el asfalto y nadie ha venido a reclamarlo. Quizás el hombre viajaba solo. Quizás sus familiares estén más adelante. Puede, incluso, que viesen el cadáver cubierto por una sábana y continuasen porque podía ser cualquiera. Nunca pensamos que la tragedia va a golpearnos a nosotros.

Mientras los policías acordonan la zona, decenas de migrantes caminan por el arcén derecho. Algunos se quedan unos segundos, observan, y siguen. Otros no se detienen siquiera, mirada baja, paso apretado. La policía monta un pequeño retén y baja de los tráileres y camiones a las decenas de personas que se aferran a cualquier saliente para seguir la marcha. Tal y como viajan cargados los camiones, lo sorprendente es que no haya más cuerpos en el arcén. Acción preventiva, al menos de cara a la galería. No quieren otro muerto de hambre caído en la carretera, les echarán la culpa a ellos por no cuidarlos. Da igual. Dos o tres kilómetros después, cuando los agentes ya no estén, los vehículos volverán a llenarse de carne de viaje. Es eso o seguir caminando bajo el sol.

—Este es el sufrimiento que tenemos. Ese hombre se ha dejado la vida. Mire a mi hijo. Lleva calentura, fiebre. Está enfermo. Les pedimos que nos ayuden con transporte.

Javier Alejandro Higuera tiene 30 años, es extremadamente delgado y lleva un niño, el niño enfermo, en brazos. Avanza hacia la gasolinera Pemex ubicada justo unos metros después del cuerpo del migrante desconocido. La gasolinera es como un oasis en medio de la carretera que hierve. La caminata comenzó a mediodía. Tremendo error. El Hades debe ser más templado que este asfalto. Higuera me dice que no tiene dinero, pero que entrará a la Pemex de todos modos. Unos minutos para que el patojo aproveche el aire acondicionado. Hay muchos en su situación. Por suerte, en este lugar nadie te pide la billetera para ingresar.

Media hora después, el cadáver ya no está ahí. Los migrantes que llegan pasan por el lugar sin saber qué ocurrió. Si uno presta atención, observa una mancha de sangre en la carretera. Si uno no se fija bien, no ve más que una mancha oscura. Gasoil, pongamos. Pero es sangre. Es un muerto.

Es la una de la tarde del lunes 22 de octubre y es imposible sustraerse a que hace un calor de mierda.

* * *

Melvin José López Escobar.

La víctima se llamaba Melvin José López Escobar; 22 años, de San Pedro Sula.

Melvin José López Escobar es el muerto en el camino. El cuerpo cubierto por la sábana y rodeado por la maldita cinta amarilla.

Hay costumbre de ver esas malditas cintas amarillas y los cuerpos cubiertos con sábanas en San Pedro Sula, en Ciudad de Guatemala, en San Salvador, en Tegucigalpa. Centroamérica es uno de los lugares más violentos del mundo. La gente convive con las escenas del crimen. De hecho, nadie quiere perderse una buena escena del crimen. Las cintas amarillas sirven para que los curiosos no terminen pisando el cadáver, o los charcos de sangre, o las huellas que dejó el asesino. Son un preanuncio de que algo pasó, para acercarse a echar un ojo y darle al chisme. Que quién es, que si alguien lo conoce, que si andaba en algo, que si no.

En este caso, sin embargo, nadie se detiene a ver el cadáver, a Melvin José López Escobar. Todos saben que es uno de ellos, intuyen que murió por sujetarse mal en un vehículo; certifican que, por pura probabilidad, cualquiera de ellos podría haber ocupado su lugar.

A nadie pareció ocurrírsele en el camino que podría morir gente por acelerar el paso. Que un auto que estaba allí para echar una mano —cobrando, sí, pero todo tiene un precio en una operación como la Caravana— podía ser portador de la muerte. Saliendo de Tapachula, muchas personas se han lanzado sobre cualquier vehículo con cuatro o más ruedas que pueda moverse. Hay carros que parecen un cajón de setas, la gente encaramada una sobre la otra. Otros se extienden todavía más hacia arriba como árboles formados por seres humanos encadenados. No hay saliente de un camión que no sea aprovechada para evitar caminar. He visto a varios jóvenes encajados en el espacio entre la cabina y el tráiler, a un tipo aferrado a la ventanilla del piloto con los pies casi colgando, adolescentes aferrados a una rueda de repuesto en los bajos de un tráiler sobrecargado.

Es una aritmética del riesgo. Han pasado por aquí cientos de camionetas, camiones y autos a reventar de gente. Pensar cuántos pasajeros permite la ley es un ejercicio académico ridículo. El peso duplica, triplica el reglamentario. Hay lugares de los vehículos en los que no está prohibido llevar pasajeros porque nunca nadie pensó que ese espacio podría usarse como cabina de transporte y que hoy no solo llevan pasajeros: van hinchados de ellos.

Las camionetas circulan con el culo tocando el piso y las ruedas delanteras casi saltando por los aires, como *low riders* de Los Ángeles.

Si Melvin José López Escobar está allí, si el muerto está ahí, cualquiera pudo estar ahí.

* * *

Fue esa mañana, el domingo 21 de octubre, cuando el éxodo se mostró en todas sus dimensiones.

¿De dónde salieron? Por la noche no parecían tantos. Según los datos del refugio para migrantes de Suchiate, citados por la agencia Efe, 7 mil 125 personas cruzaron la frontera. De San Pedro Sula salieron 160 caminantes. La necesidad existía. Solo era necesaria una chispa. Puede ser que Bartolo Fuentes considere que este movimiento no concuerde con la idea original que había de la Caravana. Pero la marea sí que se adapta a la verdadera necesidad de la Centroamérica que huye: un corredor humanitario hasta la frontera de Estados Unidos formado por el único escudo del que disponen los desarrapados, sus cuerpos hechos multitud.

Es descomunal. Hombres, mujeres y niños que avanzan bajo un sol de justicia, pero sonrientes, aliviados por haber superado el primer gran obstáculo. A la altura de Metapa me subo a un puente de unos 10 metros de altura: no alcanzo a ver dónde termina la riada humana. Consigo convencer a un tuctuc para recorrer el camino inverso que transita el éxodo. Pasará media hora de ver caminantes de forma ininterrumpida hasta que desisto. No voy a ver dónde termina la Caravana. ¿Son 4, 5 mil, 7 mil? ¿O son 9, 11, 12 mil?

Entre Ciudad Hidalgo y Tapachula se ha instalado un pequeño retén policial. Hay cuatro picops de la Federal y dos o tres autobuses. ¿Pensaban meter ahí a toda la romería? Avanzo desde la frontera de Talismán, al este de Tecún Umán, y busco la cabecera. Es espectacular. Es una riada humana, cientos, miles de almas que caminan por el arcén derecho de la carretera. Ahora apenas pasan camiones o tráileres, así que hay que desgastar suela en el arcén. Los más avispados se suben en alguna de las combis que unen la frontera con Tapachula, aunque son los menos. Hay un par de gasolineras en el trayecto, pero hay desalmados o aprensivos que se han dejado llevar por los primeros mensajes xenófobos y las han cerrado por miedo a posibles saqueos. Los desmanes nunca suceden, pero el miedo y la ignorancia son atrevidos.

Es una marcha alegre, decidida, con paraguas para taparse el sol, bolsas de papas compartidas, botellas de agua que pasan de mano en mano. También es una marcha desconfiada, donde es difícil entablar conversación. Nadie se fía de un periodista. Dos días antes fueron gaseados y golpeados. La víspera desafiaron las leyes migratorias a bordo de góndolas hechas de neumáticos y trozos de madera. Hoy, expandidos e inmensos, caminan con la incertidumbre de si la Policía Federal o el INM tratarán de cortarles el paso y arrestarlos, como tantas veces ha amenazado Peña Nieto.

Pero no: nadie se va a interponer en su camino.

Hay vía libre.

Tal vez tanta visibilidad —la prensa empieza a llegar de todo el mundo— marque la diferencia e inhiba a los funcionarios. Esta gente existe. Podemos verlos. Todos pueden hacerlo. Y son muy humanos: 7 mil personas —la cifra que toda la prensa maneja de manera más o menos oficiosa— llevan varios días en tránsito, juntos, conviviendo, desde una nación en caída libre y nadie puede hablar de vandalismo, violencia, crímenes.. La Caravana es bastante tranquila. Variopinta. Una Honduras —y luego también una Guatemala y El Salvador— en chiquito. Es un padre con su hijo sobre los hombros, protegido del sol por una toalla, como jugando al beduino. Un tipo que camina con una muestra de arreglos florales que trabaja con sus propias manos y que exhibe como prueba de que no es un delincuente. Es una mujer que abronca a un chavalo porque intenta colarse en el último espacio de un tráiler que hace tiempo que superó el aforo.

La Caravana ha sacado de la clandestinidad a los humildes. Parece que para ser definitivamente vista Honduras debía salir de Honduras. Honduras debía salir de su profundidad criminal a la superficie. *Visibilidad.*

Antes también migraban, solo que a escondidas. Hasta hace una semana, este camino se realizaba en pequeños grupos, individuos que se endeudaban para toda la vida intentando cruzar dos, tres, cuatro veces una frontera estadounidense cada vez más militarizada, fiando su vida a un coyote, a expensas del crimen organizado. Ahora, en cambio, se transita a plena luz del día, a la vista de todos. "No somos delincuentes", se reivindican.

Este es el éxodo centroamericano en vivo y en directo, en toda su crudeza, 30 grados a la sombra.

* * *

La Caravana entra a Tapachula, lenta como un gusano satisfecho. Tapachula —los vecinos— la mira desde las aceras y los jardines, por las ventanas de los autos que se detienen a observar, entre sorprendidos y extrañados. El parque Hidalgo es el destino final. Ahí comienzan a llegar los caminantes hasta que se desborda y entonces buscan otras plazas. Llegan caminando, en pequeños microbuses o en picops a los que han pedido *raite.* Esta palabra será clave: es la adaptación al castellano del inglés *ride*, paseo, y significa hacer autoestop, pedir jalón. Así llegan algunos a Tapachula, ciudad migrante, acostumbrada a los forasteros, pero que jamás vio un grupo tan grande como el que llega ahora.

Dice el largo Ayyi Collins, 23 años, de la bella isla de Roatán:

—La verdad, pienso que una parte de Centroamérica acaba de hacer algo que no se va a olvidar y que va a quedar en la historia, porque esto es internacional, todo el mundo lo está viendo y dice: alguien vino, llegó y se paró y tuvo cojones para enfrentarse a Estados Unidos, que es uno de los países más fuertes del mundo.

Dice Jonny Hernández, un grandulón de 30 años nacido y criado en Tegucigalpa:

—Esto es lo que pasa cuando se levanta una nación entera.

Le responde Ayyi:

—No solo los hondureños. Centroamérica, América Latina. Muchas personas tienen mucha ira. Todas las personas que hay aquí, de Guatemala, El Salvador, Honduras. Todos tienen ira hacia el gobierno. Lo que estamos haciendo es bien grande, quedará en la historia.

El primero es un moreno espigado, de pómulos marcados y orejas pequeñas pero aladas. Habla mucho, tiene carisma, parece un cantante de rap con su gorro de lana calado. Jonny Hernández es oscuro, rotundo, viste camiseta negra y podría ser el guardaespaldas de su amigo rapero. Al final del intercambio, el grandote Jonny da la razón al flaco Ayyi. Los más pobres de una de las regiones más pobres e ignoradas del mundo sienten que están haciendo algo importante. Ahora sí, por fin, los están mirando. Es imposible no verlos.

Cientos, miles de seres humanos exhaustos, hambrientos, con llagas en los pies, quemados por la brasa del sol, esquivan las leyes migratorias y caminan, a pecho descubierto, por las carreteras mexicanas. La larga marcha centroamericana, ya de lleno en México, ha transitado los primeros 37 kilómetros entre Ciudad Hidalgo y Tapachula y de allí enfilado a Huixtla. Van subidos en las palanganas de los picops, en tráileres hacinados, camionetas de las que cuelgan piernas y brazos. Maleteros abiertos que llegan a albergar hasta cuatro personas. Y en el arcén, los que no alcanzaron a subirse a un vehículo. Mucha, muchísima gente. La mayoría. Lo que todos llamamos, en sí, la Caravana.

Al mediodía del domingo 21, Ayyi y Jonny caminan por una de las calles principales de Tapachula en las inmediaciones del Parque

Hidalgo, convertido en la nueva parada del campo de refugiados itinerante. Al trasiego habitual en la ciudad chiapaneca se le suman las gestiones vinculadas al éxodo. Hay que comprar ahora porque no sabemos cómo será el municipio en el que se acampe. Las tienditas se llenan de personas. Bienes básicos: chips, *frijolitos*, baterías Energizer. Llevar el celular con datos es uno de los fundamentos básicos de la Caravana, así que pronto se acaban las tarjetas SIM de Telmex. Para el resto, Dios proveerá.

Ayyi y Jonny caminan con pasos rápidos, dando saltitos. Están excitados. Preguntan por las otras caravanas. Se ha extendido el rumor de que hay más gente saliendo desde Honduras, de que otro grupo se organizó en El Salvador. Se sienten pioneros. A la caminata se le suma ahora otra de madres. Buscan a sus hijos desaparecidos mientras realizan el mismo trayecto que la romería del hambre. La caminata de madres es antigua, data de 2002, cuando un grupo de mujeres de El Progreso, en Honduras, comenzó a recorrer Centroamérica en busca de sus hijos a los que se los tragó la tierra rumbo al Norte. Esta es una ruta de sangre, *levantones*, secuestros, gente que salió y a la que no vuelves a ver. México es una jodida fosa común y los centroamericanos tienen un lugar reservado en sus necrológicas.

Nada es nuevo en esta ruta de la muerte. Aunque sí hay incógnitas. La tragedia, de hecho, es una.

Nunca antes un grupo tan numeroso había intentado cruzar Honduras, Guatemala y México. Conocemos los peligros habituales, pero no los que se derivan de la larga marcha de los pies doloridos.

Ajenos a esos peligros, Ayyi y Jonnis siguen exhaustos pero orgullosos: han avanzado varias millas en México y la policía no los detuvo. Por ende, tampoco los deportaron: están más cerca que nunca de tocar el sueño americano con las manos. Pasar México —queda mucho, pero son entusiastas— era crítico. Y siguen aquí. A pesar de que el presidente Enrique Peña Nieto había asegurado, como si fuera un mandadero de Donald Trump, que la expulsión sería el destino de quienes entrasen de forma irregular.

—Nos conocimos en Esquipulas, Guatemala, el día en el que cruzamos la frontera. Le ayudamos a conseguir hotel al compañero.

—Venía con mi primo, pero ese jodío se me quedó atrás.

—Llegó él y, como los dos somos de color, creo que nos pudimos entender...

Los dos ríen.

—Usted ya sabe, que la sangre... —y siguen riendo.

Tienen historias jodidas Ayyi y Jonny.

El primero lleva 13 años sin ver a su mamá, que vive en Carolina del Norte con sus seis hermanas. Trece *añazos*. Para un chaval de 23 años, más de la mitad de su vida consciente. A su padre lo desaparecieron en 2015. El tipo llevaba apenas seis meses en la calle después de una temporada a la sombra. No tuvo una relación muy estrecha con Ayyi. Quizás por estas carencias el joven se presenta como un tipo entregado, extrovertido y cariñoso. Se presenta como escritor, pintor y peluquero. Un puto hombre del Renacimiento.

El Norte: tercera vez que lo intenta, Ayyi. En la primera, en 2014, se volvió en Chiapas. No le quedaba una lempira, "y yo no soy de andar pidiendo". En la segunda lo agarraron en Tamaulipas. Todavía tenía ánimos para otro intento, éste, por aquello de que a la tercera va la vencida.

Jonny comparte algarabía, aunque es más reservado que su compadre. Viene de la colonia 21 de Febrero, un arrabal de Tegucigalpa donde manda la Mara Salvatrucha. Tiene "tres cachorros" que viven en casa de la mamá de su exesposa. Ella está en España, la otra ruta del éxodo centroamericano. Su motivo para huir: económico. La violencia pesa, pero es secundaria. Tampoco es su primer intento. A mediados de 2018 fue arrestado por la policía mexicana en Ixtepec, Oaxaca, uno de los puntos donde los centroamericanos trepan a La Bestia. Las autoridades lo devolvieron de inmediato a Honduras.

Horas antes de encontrarnos, ambos abandonaban el parque de Ciudad Hidalgo cuando todavía era imposible ver nada sin linterna. El grupo había anunciado que saldría a las siete, pero a las cuatro de la madrugada la plaza ya estaba vacía. Salieron antes, dicen, *por si acaso*. Era un nuevo momento crítico. Desde 2006, el Convenio Centroamericano de Libre Movilidad permite a los habitantes de Guatemala, Honduras, El Salvador y Nicaragua transitar por estos países sin más requisito que su DPI. (Un número indeterminado de los integrantes de la caravana ni disponen de identificación ni la han tenido nunca.) Pero eso servía unos kilómetros atrás, cuando aún no caminaban por México.

Ese trayecto entre Ciudad Hidalgo y Tapachula permitiría ver, por primera vez, el éxodo centroamericano desplegado en toda su extensión. Cientos, miles de personas caminando por el arcén derecho de la carretera. Una larga marcha de hombres, mujeres y niños enfrentándose al cansancio, las dudas, el hambre y el sol, que calienta como si alguien en el firmamento se divirtiese lanzando bolas de fuego.

* * *

Visibilidad.

Lunes 21 de octubre. Diez de la mañana. Plaza Central de Tapachula. Anoche cayó una tormenta enviada por el diablo *más* Neptuno. La gente dormía en el piso y tuvieron que apretarse para aprovechar las áreas techadas. En la mayor parte del Parque Hidalgo, como en el puente Rodolfo Robles, han surgido las improvisadas tiendas de plástico negro. Las conversaciones han variado: de explicar por qué dejaron su casa hemos pasado a preguntarnos cuál es el siguiente paso.

Estamos ante la primera conferencia de prensa de miembros de la Caravana. Los periodistas necesitamos algunas respuestas. En realidad, aunque eso no lo sabemos ahora, estamos ante una conferencia de la periferia de la Caravana. La larga marcha muta con los kilómetros. Fue una cosa entre Honduras y Guatemala. Ahora que ha entrado en México cambia su carácter. Tiene nuevos acompañantes. Es más *política*.

Habla Rodrigo Abeja, uno de los voluntarios. El tipo que conocí en Ciudad Hidalgo. Es un hombretón que se quiebra. Antes de que la voz se le haga pedazos tiene tiempo de relatar la historia del Parque Hidalgo, donde nos encontramos. Habla de la obligación de "violentar nuestros cuerpos por un techo o un plato de comida", los abusos sexuales que se producen en Tapachula a mujeres migrantes obligadas a prostituirse, y denuncia la responsabilidad de "criminales, policía municipal y autoridades migratorias". No llega a terminar su discurso. Se retira entre sollozos. Todos aplauden.

Habla Elena Lourdes Urbina, una migrante hondureña con voz angustiada. Su hijo y su nieto están en alguna estación migratoria. Separados. Dice que los engañaron, que les prometieron una visa y terminaron encerrados. Pero eso es lo que dicta la ley migratoria. Quienes están en la plaza y avanzan por la carretera están rompiéndola.

Habla Denis Omar Contreras, un chaleco verde, 32 años. Contreras participó en iniciativas similares hace unos meses. Vive en Tijuana y dice haber sido deportado siete veces. Estaba en la frontera con Guatemala, megáfono en mano, arengando a la masa exhausta. También en Ciudad Hidalgo. Y en Tapachula, una localidad que conoce bien. Aquí está la Estación Migratoria Siglo XXI, la más grande de América Latina. O, hablando con más propiedad: aquí está la cárcel para migrantes más grande de América Latina.

Habla Irineo Mujica, director de Pueblo Sin Fronteras, arrestado en Ciudad Hidalgo el viernes y con prohibición expresa de abandonar el estado de Chiapas. "¿Quieren saber quién está detrás de la Caravana?", grita. "¡El hambre y la muerte!".

Se suceden las historias terribles. "En nuestros países si nos rebelamos, nos matan", dice Contreras. Para él, esto también es un levantamiento. Están escupiendo sobre las leyes migratorias de México. Al margen de la Caravana, cada día entran en México cientos de migrantes centroamericanos. Antes se ocultaban. Ahora duermen en la plaza, dan ruedas de prensa, hablan con una avalancha de medios internacionales. En esa nueva visibilidad radica su fuerza.

"¡Alerta, alerta, alerta que camina / la lucha del migrante por América Latina!", claman. La consigna tiene mucha carga de profundidad. Tres décadas atrás, quienes coreaban una frase similar glorificaban a las guerrillas que combatieron en Centro y Sudamérica: "Alerta, alerta, alerta que camina / la lucha guerrillera por América Latina". No hace mucho el chavismo la tomó para sí —"la espada de Bolívar por..." —e incluso el feminismo— "la lucha feminista..." y los estudiantes —"la lucha estudiantil...". Ahora es el propio éxodo el que se reivindica. Han dado por desahuciados a sus países.

Visibilidad, entonces.

Estamos en la plaza central de Tapachula y la larga marcha se despereza. Ha tocado el mediodía. Es la peor hora que podían escoger para ponerse en marcha. Como mirar al sol a la cara y retarle con los ojos bien abiertos. Parece que los edificios fuesen a derretirse y que el olor de todos estos seres humanos obligados a enfrentarse a los elementos sin un techo o un baño haya formado un smog ácido.

Avanza Omar Contreras con el megáfono, rodeado de caminantes. El Parque Hidalgo de Tapachula se ha inundado de seres humanos con pequeñas maletas y mochilas. Veo a un grupo de menores de edad atados con un cordel, todos detrás del único hermano que supera los 18. La postal ya clásica de padres montando a sus hijos en los hombros. Jóvenes ayudando a viejos. Mujeres auxiliando a madres. De repente, una mujer se desmaya. El primer desfallecimiento de la jornada y la caminata apenas lleva 100 metros. Hay tanta gente que los servicios médicos no tienen por dónde acceder. La mujer está en el suelo y la gente pasa a su lado, sin detenerse. Nadie, absolutamente nadie, ha hecho ademán de quedarse. Solo una periodista. Pienso, extraviado, que es como la primera línea de combate en la Primera Guerra Mundial: sigue caminando; eso quiere decir que no eres uno de los caídos.

Ya en las afueras de Tapachula, la Caravana se expande. El monstruo en toda su extensión, otra vez. Son cientos, miles de hombres, mujeres y niños a lo ancho de la carretera. Provocan un caos en la circulación. No parece que los policías hayan previsto esta locura. Hay vías de acceso colapsadas y una carretera casi intransitable en la que se cuelan los camiones que serán utilizados como plataformas de transporte. Por ahora nadie se niega a dar jalón. Poco a poco, el éxodo se ordena a sí mismo. Los caminantes, por la derecha, buscando la sombra. Por la carretera, vehículos donde no cabe un alma. Siete personas en un taxi. Treinta en un picop. ¿Cuánta gente puede llegar a colonizar un camión de mercancías?

* * *

Unas horas de marcha y el calor es abrasador, apenas se ven nubes. Por la carretera, ni una sombra. El sol cae en picada como si quisiera matar a todos con hervores o con hartazgo.

Visibilidad. Caminata. El Norte como destino. El sueño.

De lanzarse al "sueño americano" sabe Nerly César Padilla, 20 años, de Trujillo, un enclave turístico en el caribeño departamento de Colón, la ciudad más antigua de Honduras. El chico camina en chancletas —"Los zapatos pesan mucho, esto es más desahogado".

Nerly no tiene un gramo de grasa y camina como si en lugar de una marcha migrante se tratase de un paseo dominguero en el Caribe. Todo tranquilo. Siempre tuvo el sueño americano en la cabeza. Una obsesión recurrente. Le ocurre a muchísimos centroamericanos. La espinita que no se quita hasta que has hecho la maleta. Nerly ya intentó cruzar al Norte hace cinco años, a los 15. No llegó: lo agarró la *Migra* en Sinaloa. Los niños de la crisis de 2014 son ahora jóvenes en edad de trabajar y en Honduras no tienen chamba. Así que vuelven a realizar el mismo camino, esta vez, en caravana.

—¿Cómo se siente formar parte de un movimiento que hace historia? —pregunto.

—Por una parte, decepción, porque tener que salir de su país no es muy bueno, pero ni modo, tenemos que hacerlo porque allá no podemos vivir. Echarle ganas, unirnos entre todos, darnos fuerzas, ayudarnos. Sí, la larga marcha puede ser todo lo épica que uno quiera, pero, al final, dejar atrás tu casa no es algo que le agrade a nadie.

El pobre Nerly no la pasó bien en su anterior ocasión en México. Dice que la zona estaba "caliente". Sinaloa, nombre irremediablemente asociado con el narcotráfico, era entonces dominio de Joaquín Guzmán Loera, *El Chapo*, todavía al frente del mayor cártel del país. México es una sangría desde 2006, cuando el entonces presidente Felipe Calderón declaró la guerra contra el narcotráfico. Una guerra sin trincheras que sembró de cadáveres la nación. Al menos 200 mil muertos y más de 35 mil desaparecidos. Y ahí estaba Nerly, en medio de la tierra caliente.

—Vine en puro tren. Me golpearon, ¿sabe? Y me agarraron. Aún pude trabajar un mes —dice.

Trabajo infantil de un niño centroamericano de 15 años a cientos de kilómetros de su casa. Trabajo infantil en tierra del narco. Muy jodidas tenían que ser las condiciones en Trujillo para que el trabajo infantil en la tierra del Chapo Guzmán en mitad de la guerra entre cárteles y el Estado fuera mejor opción.

Me quedo con ganas de preguntarle más.

La conversación se interrumpe.

"¡Se desmayó alguien, se desmayó alguien!"

Otra mujer está desvanecida, ahora a una orilla de la carretera. Es delgada, casi pelleja, entrada en años, o eso creo. Un grupo de hombres se acerca a echar una mano. Uno la sujeta, pero su cabeza se ladea. "¡Denle aire, denle aire!" El primer desmayo del lunes había tenido lugar un minuto después de que la Caravana saliese del parque de Tapachula. Habrá muchos más. Caminar 30 y tantos kilómetros durante las horas en que más pega el sol —cuando ese disco dispara balas y no rayos sobre la cabeza— quizás no era tan buena idea.

Para el caso, tampoco lo es subirse a una camioneta repleta y acabar con el cráneo roto a la vera del camino. Pero ¿qué de todo esto es buena idea? La Caravana es lo que hay, porque todas las otras ideas —quedarse en Honduras, enfrentarse a Honduras— eran peores. Como Nerly de esclavo infantil en la Sinaloa del Chapo.

De hecho, no es ninguna buena idea caminar por México, una fosa común. Ni siquiera sabemos cuántos centroamericanos se han dejado la vida en el peligrosísimo tránsito hacia Estados Unidos por las carreteras de este país. Las amenazas son inenarrables: perder un miembro o dejarse la vida en la Bestia, ser asaltado, que te secuestre un grupo criminal, que un cártel te convierta en esclavo, que ese mismo cártel te ejecute, te meta en una fosa común o te haga desaparecer en ácido en alguna de las cocinas ideadas para que no quede rastro de los cuerpos.

En la Caravana he escuchado historias de levantones de 100, 200 migrantes. Pero esto es mastodóntico. Si el Cártel de Sinaloa, o los Zetas, o el Cártel Jalisco Nueva Generación quisiese probar un levantón general debería desplegar un ejército. No es que no lo tengan, sino que deben desplegarlo. Esta visibilidad parece una buena protección ante determinadas amenazas. Claro, no contra todas.

Melvin José López Escobar, por ejemplo, pensó que viajaría más seguro en un picop y se convirtió en el primer mártir de la Caravana.

* * *

Marvin Hernández camina por el arcén entre Tapachula y Huixtla empujando un carrito donde viaja sentado su hijo Ezequiel, que pronto cumplirá tres años. Con una toalla ha improvisado un toldo para evitar que el pequeño se queme. Se le escucha llorar. Hace muchísimo calor y el niño se resiente. Normalmente, los padres que empujan carriolas con sus niños se encuentran en los parques, y no avanzando por una carretera que hierve, con la certeza de que la próxima parada será para dormir en el suelo.

Hernández repite el discurso común:

—Pedimos un camino solo para recorrer. No somos criminales, seguro que se cuelan dos que tres, pero somos personas que queremos tener derecho de sobrevivir.

El hombre, con perlas de sudor bajo la nariz, dice que existe una gran diferencia entre cómo se ha migrado hasta ahora y la Caravana, que lo ha cambiado todo.

—Aquí me siento seguro. Con coyote nos exponemos. La cantidad de dinero que ellos piden no está a nuestro alcance.

A su paso, un colectivo mexicano ha instalado una especie de mercadillo de ropa para que los migrantes agarren lo que necesitan. La gente pasa, agarra una prenda, si es que realmente la necesita, y sigue adelante. Nadie se va del mercadillo con las manos llenas. Por delante hay sol y kilómetros y es imprescindible caminar ligero. Útiles imprescindibles: paraguas, para el sol; silletas, para cargar con los niños. Ese mismo día, domingo 21 de octubre, mismo tiempo que Hernández empuja la carriola del pequeño Ezequiel, el presidente estadounidense Donald Trump incendia Twitter diciendo que en la Caravana viajan criminales y gente de Medio Oriente.

Lamentablemente, parece que la policía y los militares de México no pueden detener a la Caravana que se dirige a la frontera sur de Estados Unidos. Delincuentes y desconocidos de Oriente Medio están mezclados. He alertado a la Patrulla Fronteriza y al Ejército de que es una Emergencia Nacional. ¡Deben cambiar las leyes!

No hay un solo viajero desconocido de Medio Oriente en esta marcha. Ellos ya tienen su propio éxodo desde 2011, cuando comenzó la guerra en Siria. No necesitan llegar hasta aquí. Y también caminaron, por cientos de miles de kilómetros a través de Europa en el verano de 2015. ¿Recuerdan al pequeño Aylan, el niño de dos años ahogado en el mediterráneo? No, no hay criminales y desconocidos de Medio Oriente en la Caravana: aquí también se huye. No de las bombas, sino de la extorsión, el sicariato y el hambre, otra forma de violencia.

Hay un ejército de silletas en los arcenes de la carretera de Chiapas, eso es lo que hay.

Caminando junto a un padre abrasado que carga con su hijo y que se ha dejado a otros tres en Tegucigalpa, pienso que salir de la clandestinidad es lo mejor que podía haber pasado.

Hernández, con su gorra y su paso tranquilo y una forma de expresarse tan clara, deja una reflexión universal.

—La idea de todo migrante es llegar. Sea como sea. Nos detienen y volvemos. Nos detienen y volvemos.

En esta ocasión lo hacen a la vista de todos.

Visibilidad.

[8]

Edwin Connor: engañado, encerrado, deportado

Cómo México convirtió un palenque en cárcel para migrantes.

Lo dicen las leyes, las constituciones, los manuales de derecho penal, los códigos, cualquier juez: una cárcel es un edificio destinado a la custodia y reclusión de los presos. Lo dicen las leyes, las constituciones, los manuales de derecho penal, los códigos, cualquier juez: un preso es alguien que está en prisión o privado de libertad.

Lo dicen las leyes, las constituciones, los manuales de derecho penal, los códigos, cualquier juez. Y, sin embargo, los centroamericanos que aceptaron las condiciones del gobierno mexicano para atravesar legalmente la frontera entre la guatemalteca Tecún Umán y la mexicana Ciudad Hidalgo se encuentran en un limbo que no se aleja de estas definiciones. Al contrario que sus compañeros, que protagonizaron el desembarco de Ciudad Hidalgo, ésta es la rama mansa de la Caravana. Todos cruzaron a través del portón en la frontera del puente Rodolfo Robles. Se registraron ante los agentes del INM, como pedían las autoridades. Presentaron su documentación. Subieron, dócilmente, a los autobuses dispuestos por las autoridades mexicanas. Todo, como demandaba el gobierno.

Un total de 1 743 migrantes, la mayoría hondureños, se encontraban en los predios de la Feria Internacional Mesoamericana, en la chiapaneca Tapachula, en la tarde del 26 de octubre. Todos decidieron aceptar la oferta del gobierno mexicano de hacer las cosas, por decirlo de algún modo, de la manera correcta.

La Feria es un complejo que sirve para todo, desde conciertos hasta exposiciones. Tuvo un palenque, que es el recinto en el que se celebran peleas de gallos. Es un lugar pensado para el esparcimiento, no para el encierro. En cualquier día regular el visitante puede encontrarse con una muestra de artesanía tradicional llegada de Siria, Japón, Ecuador y Guatemala o asistir a un concierto de La Bandononа del Rancho, el Show de Chuponcito o José Ángel Ledezma *El Coyote* y su Banda Tierra Santa.

El 19 de octubre, el día de los golpes y el gas en el Rodolfo Robles, el INM de México habilitó la Feria como extensión de la Estación Migratoria Siglo XXI. La Siglo XXI es una instalación cuya sola mención provoca escalofríos entre los centroamericanos que tratan de cruzar a Estados Unidos y son arrestados por el INM. Es un siniestro edificio ubicado en las afueras de Tapachula. Pocas personas tienen permiso para entrar. Apenas algunas organizaciones como el Servicio Jesuita al Migrante o el Centro de Derechos Humanos Fray Matías. Los testimonios hablan de celdas hacinadas, de víctimas de las pandillas encerradas con pandilleros, de gente aterrorizada y traumatizada, a la que la experiencia no les permite otra opción que regresar al lugar del que escapaba. Las cárceles son lugares horribles. Esta cárcel es todavía peor: encierra a gente que no cometió ningún delito y los prepara para regresar al sitio que querían dejar atrás.

Centro de detención. Cárcel. Lugar en el que uno entra, pero del que no le permiten salir, a pesar de que exprese su deseo de abandonarlo. En teoría, el complejo de espectáculos no es una cárcel. En teoría, los miembros de la Caravana no son presos. Pero permanecen recluidos y no pueden salir hasta que las autoridades migratorias lo permitan. Encerrados en una arena de pelea de gallos. Como animales. Como, vaya, gallinas.

A Siglo XXI llevan a los migrantes detenidos en tránsito ilegal desde 2006, cuando fue inaugurada, sobre el final del mandato del presidente Vicente Fox. Allí han acabado cientos, miles que trataron de alcanzar Estados Unidos antes de la Caravana. Pero nadie esperaba ahora terminar en este estadio de gallos.

Todo parte de un engaño original. El gobierno de Peña Nieto decidió que la única vía para regularizar a los centroamericanos sería a través de la petición de asilo. La legislación prevé otras fórmulas que podían haber sido utilizadas, como la tarjeta de visitante humanitario, pero alguien, quién sabe quién, las descartó. Quien quisiese cruzar a México de forma ilegal debía registrarse y pedir refugio, lo que implicaba ser encerrado.

—No sabíamos que íbamos a estar encerrados. Nos dijeron que nos iban a dar un trato justo. Como entramos normal, sin guardias, caminando por un espacio ancho, abierto, pensamos que teníamos libertad para salir para cualquier lado.

Quien habla en la gallera es Edwin Emilio García Connor. Tiene 40 años y viene de la isla de Roatán en el Pacífico hondureño.

Conocí a Edwin el 19 de octubre, minutos antes de que la muchedumbre desbordase a los policías guatemaltecos y tratase de cruzar la frontera con México. Edwin estaba en la fila de los *bienportados*, los que temen más al relajo que a la policía, los que creen que si obedecen serán recompensados con algún tipo de salvoconducto. Edwin tiene la piel casi negra, la barba mal afeitada y una frente que va comiéndole terreno al cabello. Viste una camiseta de la selección alemana de futbol. Es un tipo salsero, busca las oportunidades. Nada más tenerme a tiro intenta venderme las imágenes que filma con su celular desde San Pedro Sula. Le explico que no me interesan y, a cambio, como si nada, se ofrece a relatarme su historia.

Edwin llegó irregularmente a Houston hace siete años, donde están sus tres hijos, ya casi unos texanos. Me explica que tomó una mala decisión, que fue a México a recoger a un hermano y, en lugar de entrar los dos en Estados Unidos, terminó deportado a Honduras por la *Migra* mexicana.

Eso ocurrió en julio y, desde entonces, se encontraba en San Pedro Sula. Allí vio, por televisión, las noticias de la Caravana. Era una oportunidad, pensó, y se lanzó a la carretera grabando todo lo que ocurría a su alrededor. Ahí está Edwin atravesando la frontera de Agua Caliente, entre Honduras y Guatemala, entre gritos de "¡Sí se puede!". Ahí va subido a un tráiler. Y cargando un niño sobre sus hombros. Y en la frontera mexicana, esperando turno, confiado en que las autoridades no podrían mentirle.

Ese fue su error. Confiar. No leer la letra pequeña.

A pesar de haber sido deportado por México dos meses atrás, Edwin García Connor pensó que cruzar por el puente y seguir las indicaciones de los funcionarios ofrecía la mejor posibilidad para atravesar el país de forma segura. Por eso guardaba fila aquel 19 de octubre.

Migrar no es delito en México. Uno puede cruzar ilegalmente todas las veces que haga falta, lo máximo que pueden hacerle es deportarlo. Claro, que si le deportan, pueden aplicarle una alerta migratoria. Y ésta dificulta mucho pedir asilo, aunque no lo imposibilita.

Edwin no sabe nada de estos tecnicismos. Él solo guarda fila convencido de haber elegido el camino correcto. Cree que México le concederá algún tipo de "salvoconducto" para atravesar el país.

Edwin acompaña a Christian Romero Martínez, un chico de 12 años de Cofradía, un pueblito a media hora de San Pedro Sula. Christian tiene otros 10 hermanos —aunque a uno lo mataron en un ajuste de cuentas un tiempo antes— pero no tiene documentación. En Honduras nació, pero Honduras no sabe que existe, al menos oficialmente. Su padre es un *bolo* —borracho— que jamás se ocupó de él. Ni siquiera registró su nacimiento. De hecho, el chico dice que se llama Christian Romero Martínez —Romerito— y que tiene 12 años, pero si uno busca en el Registro Nacional de Personas de Honduras, no encontrará a nadie que responda a esas señas. Así que con él no aplica ninguna oferta de "entrada ordenada", porque no tiene nada que demuestre quién es. Oficialmente, Christian Romero Martínez, de 12 años, no existe.

A los problemas que Romerito se trae de casa se le suma otro directamente relacionado con la romería y sus posibilidades de seguir adelante: es un menor no acompañado. Eso es sinónimo de deportación. Cuando son arrestados, los migrantes que no llegan a los 18 años y viajan sin familiares son expulsados siguiendo un procedimiento distinto: "por su bienestar", los entregan a las autoridades del país del que querían huir, para que éstas lo lleven de nuevo con su familia o los encierren en un centro infantil.

Eso es lo que le pasará a Romerito si termina en manos de la policía mexicana.

Edwin y Romerito se conocieron encima de un camión en los primeros kilómetros de viaje en Guatemala.

—Me di cuenta de que es muy joven y que viene solo, así que me he hecho cargo de él. Viene donde voy. Duerme donde duermo —dice Edwin—. Si él no tiene sitio, yo tampoco.

Así estaban los dos, como padre e hijo adoptivos en la Caravana, cuando la multitud rompió la barrera de policías guatemaltecos. En medio del caos, Edwin aprovechó para ponerse el primero de la fila con la idea de que, desde ese lugar y por su buena voluntad, podría acceder más rápido al salvoconducto. Ahora recuerda cómo le decían que no se montase en esos autobuses, que eran una trampa, que estaba comprando un billete directo para Honduras. Pero entonces creía.

A los días me envió un video en el que se le ve sentado. Aun lleva su playera de la selección alemana y tiene puestas las gafas de sol. En principio, tanto las autoridades mexicanas como los migrantes que estaban frente al portón acordaron que las mujeres y los niños tendrían prioridad de uso de los autobuses. Pero este vehículo del video de Edwin está lleno de hombres. Y uno de ellos, el que está junto a Edwin, refuerza su decisión, criticando a los que se quedan. "Estamos en otro país, hay que respetar a la gente y sus leyes, que son distintas".

Ese autobús acabó en minutos en la Feria Mesoamericana. Edwin y sus compañeros estaban felices.

Solo faltaba algo: el niño.

En algún momento, entre la carga de los antimotines y su entrega a las autoridades se perdieron. Edwin no volverá a encontrar jamás a Romerito.

* * *

"Nos han tratado como a delincuentes", me dice Edwin en un audio por WhatsApp, ya desde el interior de la Feria Mesoamericana. "Nos han revisado todo. Nos han sacado un montón de cosas de nuestras pertenencias. Perfumes de espray, desodorantes, plumas, lapicero, objetos que se veían punzantes. Como si fuera una prisión y no un albergue".

Edwin dice que había escuchado a las autoridades mexicanas en el puente decir que los enviaban a un albergue. Él estaba cansado, tenía la certeza de que esa puerta no se abriría para todos, y les creyó. "Son autoridades, no pueden andar engañando a la gente", pensó. Pero ahora, encerrado, no tiene las cosas tan claras. Firmó la documentación que le pusieron enfrente y ha caído en la cuenta de que lo engañaron. Mientras que él no puede abandonar la Mesoamericana, cientos de sus compañeros que no creyeron a las autoridades avanzan por el sur de México.

El hondureño crédulo se aferra a las palabras que escuchó a Luis Manuel López Moreno, el embajador de México en Guatemala, cuando se presentó ante las primeras filas de hombres y mujeres que querían atravesar la frontera en el Rodolfo Robles. "México es respetuoso con los derechos humanos de los migrantes. Respetamos la libre movilidad de los migrantes y, con base en la ley de migración mexicana, estamos recibiendo a las personas que han optado por dirigirse a Migración para pedir una solicitud de refugio o de visa humanitaria, según el caso. Hemos pedido que sea de manera ordenada", dijo.

Antes de saber que Edwin era uno de los que se había subido a los autobuses y de tener información sobre el hacinamiento y el encierro de cientos de centroamericanos en Tapachula, pude preguntar al embajador qué estaba ocurriendo con quienes aceptaban sus condiciones.

—Seguramente estarán yendo a un albergue en el que esperarán una decisión sobre el proceso de refugio —me dijo.

No era verdad. O, al menos, no sucedió como López Moreno dijo. Una definición muy laxa puede considerar albergue un recinto donde pelean gallos y del que las personas no pueden salir; del mismo modo que "esperarán una decisión sobre el proceso de refugio" tiene fronteras semánticas diplomáticamente tramposas: esperar se puede esperar una hora o, como ha sucedido en la Feria, días.

"Esperamos tardar menos de 10 días para el dictamen sobre su petición", afirmó el embajador.

Pero tampoco eso fue verdad.

Lo que Migración resuelve en esos 10 días es una primera solicitud, tras la cual el demandante recibe una constancia de que ha pedido refugio. Posteriormente, la Comar tiene 45 días, ampliables a otros 45, para resolver cada caso. Y esos casos no son dos ni cinco: son cientos y, si el ritmo siguiese, tal vez miles. Excepto que la Comar tuviera centenares de funcionarios dedicados exclusivamente a la emergencia de la Caravana, el análisis consistente de los casos podría tomar meses y hasta años.

La petición de asilo, además, tiene sus reglas. Quien la requiera debe ir cada semana a una oficina de la Comar a estampar su firma para confirmar que sigue en el país. Eso, si está en libertad. A la dificultad de que cada siete días cientos de personas deban moverse a cumplir con un trámite que puede durar horas, se añade que solo hay tres oficinas de la Comar en el país, en Acayucan, estado de Veracruz; en Ciudad de México, y en Tapachula. Y hay otro truco en la manga migratoria: un viajero de la Caravana no puede intentar agilizar su trámite, por ejemplo, yendo a Veracruz para evitarse las colas de la oficina de Tapachula. Al firmar el pedido de asilo está obligado a permanecer en el estado donde realizó la solicitud.

¿Fin del calvario? No. Pedir asilo nunca es garantía de obtenerla. El sistema está colapsado.

—La ley prevé que las personas que no entren de manera documentada tendrán que ser retenidas y van a ser retornadas —me dijo el embajador López Moreno.

La realidad es una paradoja. Quienes obedecieron están encerrados. Quienes se lanzaron al Suchiate, siguen libres.

Mientras la gallera mantiene encerrado al grupo de *legales*, el éxodo de más de 7 mil *ilegales* no ha dejado de avanzar por México. La marea ha dormido en Ciudad Hidalgo, donde secaron sus pertenencias empapadas tras cruzar el río; descansaron en Tapachula, tristemente conocida como punto de arresto y devolución de migrantes; desenvolvieron sus petates en Huixtla; convirtieron la pequeña Mapastepec en un inmenso campo de refugiados al aire libre, y repitieron la operación en Pijijiapan y Arriaga. No van solos. Nunca. La Policía Federal ordena el tráfico con pequeñas dotaciones de agentes que conducen sus picops lentamente al frente y en la retaguardia de la Caravana. Los oficiales de Migración merodean, pero no arrestan. Son los mismos que hasta anteayer los habían hostigado, perseguido, detenido y deportado. Ahora caminan junto a ellos para evitar que los atropellen los camiones.

* * *

Edwin no sabe hasta qué punto cometió un error al escuchar a las autoridades mexicanas en aquel puente. Por ahora, se resigna. No ha abandonado la idea de salir de la cárcel de los gallos y retomar la Caravana. Pero está atrapado por la dinámica interna del refugio, por las obligaciones burocráticas. Ha firmado papeles y no tiene muy claro de qué se tratan.

Me los envía por WhatsApp.

Son los documentos de una solicitud regular de refugio. No es lo que esperaba. Lo que estipula ese papel es que quienes cruzaron el portón del puente, quienes atravesaron el cartel de “Bienvenidos a México”, no pueden seguir con la Caravana. Acaban de rendirse a la policía.

Hasta el miércoles 24 de octubre, la Feria no tenía agua para ducharse. Los caminantes dormían en tiendas de campaña, primero de dos en dos y luego individuales. No es cómoda la estancia en ningún campo de refugiados, pero en este caso, hay muchos que, además, dicen lo evidente: están encerrados contra su voluntad. “Hay incertidumbre. La gente está incómoda, agobiada por la situación. Esto es como una bomba de tiempo. Puede ocurrir cualquier cosa en cualquier momento”, me advierte Edwin.

El hondureño no quiere quedarse en Chiapas. Su objetivo, insiste, es conseguir su salvoconducto. Pero los salvoconductos no existen y nadie le ha explicado eso a Edwin, que sueña con un imposible. Está obligado a quedarse en el estado hasta que se resuelva el trámite, por meses o años. Así que su objetivo sigue lejísimos. Si escapase y continuase adelante, buscando a la Caravana, se convertiría en migrante ilegal, habría de moverse a escondidas, como los demás. Pero estos, al menos, van en grupo, y el número los blinda: tienen los focos de los medios internacionales encima y eso permite eludir la presión de los agentes migratorios.

En Tapachula, Edwin comienza a darse cuenta de que los cantos de sirena en el Rodolfo Robles no eran más que un cuento chino, palabras endulzadas para gente desesperada que ha terminado enclaustrada en un palenque.

Eso no era lo que les habían prometido.

* * *

Andrea Villaseñor, la directora del Servicio Jesuita al Refugiado en México, tiene claro qué sucedía dentro de la gallera:

—Es política de agotamiento.

El Servicio Jesuita al Refugiado es una organización católica que acompaña a víctimas de desplazamiento forzoso. Villaseñor es una mujer acostumbrada a lidiar con el complejo laberinto construido para disuadir a los migrantes centroamericanos de permanecer en México. Muchos de ellos terminan desesperados, como el protagonista de *El proceso* de Franz Kafka y piden la devolución voluntaria. No es deportación en sentido estricto —los gringos le llaman *autodeportación*—, pero las instituciones que deberían acogerte han hecho todo lo posible para que te largues.

—No ha habido transparencia —se queja Villaseñor—. No sabemos cuándo van a salir, ni si les van a aplicar las alternativas a la detención.

En circunstancias normales, Migración utiliza esta figura para que los solicitantes de asilo no tengan que esperar encerrados en un albergue/cárcel. Pero la Caravana no representaba una situación habitual y el Estado mexicano no sabía cómo actuar.

Los periodistas tampoco teníamos información. No había nadie al otro lado del teléfono.

Los voceros de la Secretaría de Gobernación y de la Comar eludían las preguntas, como si no les correspondiese a ellos responder. La oficina de comunicación de la Secretaría de Gobernación, el organismo del que depende la cuestión migratoria, se limitó a decir que solo ofrecerían información a través de la web. No admitirían preguntas de nadie. Cuando llamé, las personas al otro lado del teléfono se negaron en cada ocasión a dar su nombre. El Instituto Nacional de Migración repitió el mismo argumento, y le devolvió el balón a Gobernación: solo ellos, que no quieren conversar con la prensa, pueden hablar sobre el asunto.

Todos pasaban la pelota a otra oficina y nadie quería decirme qué demonios ocurría con los cerca de 2 mil centroamericanos que permanecían encerrados en Tapachula, muchos de ellos en contra de su voluntad.

Sí que habló conmigo Pierre-Marc René, oficial de Información Pública de ACNUR en México. La conversación telefónica, de apenas cinco minutos, me dejó más dudas que certezas. René me dijo que ACNUR había recomendado que los migrantes no siguiesen el proceso encerrados, sino en libertad, pero que esa decisión era potestad de las autoridades mexicanas. Me preocupó la falta de previsión sobre cómo podía evolucionar la Caravana. Fuentes oficiales hablaban en las agencias de un primer grupo de más de 7 mil caminantes. La mayoría de ellos aseguraba que su destino final era la frontera con Estados Unidos. Era obvio que tratarían de llegar a algún lugar de esa frontera y que, ante el bloqueo, terminarían por establecerse allí. Pero el vocero de ACNUR no quiso entrarle al trapo. Respondió que no entraba en "especulaciones".

La ley del silencio se había impuesto en torno a la Feria Mesoamericana. Una táctica exitosa para el gobierno de México. La noticia urgente seguía avanzando en forma de Caravana a través de Chiapas y Oaxaca. ¿Quién se iba a preocupar por la suerte de los 2 mil caminantes más dóciles que habían entrado en el sistema de protección legal mexicano?

* * *

Diariamente, recibo audios en mi WhatsApp de Edwin o de alguno de sus compañeros, enojados.

"Ellos lo que quieren hacer es deportarnos. Los derechos humanos no son internacionales, son de México. Nos están tratando como si fuéramos delincuentes, nos toman fotos. Esto es un abuso".

"No aguantamos el calor. Están violando nuestros derechos".

"Lo que quieren es separarnos".

"Nosotros no somos prisioneros".

Según Edwin, la mayoría de los migrantes encerrados asume su destino con resignación. Completan los papeles que les presentan en el refugio, no protestan. Aceptan lo que les viene. Tal vez ésta no era la idea que tenían en mente cuando decidieron acordar con el gobierno de México, pero, Primero Dios, es la que tienen.

Pero la incomodidad y molestia crecen con los días. "Dicen que esto es normal, que es el proceso. Con esta situación está fastidiado todo el mundo. Esperábamos un salvoconducto, pero cuando se trata de hablar con ellos, nos esquivan. Prometen muchas cosas y no pasa nada", me explica Edwin en WhatsApp. "Si sales eres deportado, te llevan al centro de migración. Pedimos salir para seguir con la caravana y no nos lo permitieron. La situación está bien difícil, es malísima".

Lógica política: un gobierno no libera a cientos de personas controladas para que se sumen a un grupo que avanza saltándose la normativa. Es de cajón de madera de pino, pero Edwin no repara en ello, como tampoco pensó que salir de Estados Unidos para volver a entrar como si nada fuera a ser problemático. Él solo sabe que quiere llegar a la frontera norte para cruzar, como sea, a Estados Unidos. Que allí tiene a sus hijos. Una colega llama a uno de ellos al teléfono que me ha facilitado Edwin. Lo corta inmediatamente: "Mi papá no me deja hablar con desconocidos", dice el chaval.

Edwin llevaba días advirtiéndome sobre posibles problemas. Y eso ocurrió el 25 de octubre, cuando se produjo un conato de motín. El origen, según Edwin, fue un incremento de las restricciones dentro de la Feria. Una medida razonable, pero que no calzó bien en el ánimo contrariado de los detenidos: prohibieron fumar en el interior. El *motín* no pasó de algunos gritos, palabras fuera de lugar, empujones con los guardias. Pero no hay uniformado que tolere la insubordinación y menos de custodiados a los que observan tan por debajo en la escala de poder. Como castigo, un grupo de hombres (30, según Edwin, que se encontraba entre ellos) fue trasladado a Siglo XXI, el paso previo a la expulsión.

Antes de todo, le dio tiempo a mandarme dos últimos mensajes de audio.

"Nos llevan a Honduras, deportados. Nos engañaron".

"Nos llevan a Honduras contra nuestra voluntad".

Son las ocho de la noche del viernes 26 de octubre. Edwin escribe esos mensajes dentro de una camioneta policial. En comunicaciones previas, alega con varios compañeros contra su traslado. Se oyen quejas, palabras gruesas, algún grito.

"Nos llevan como que fuéramos delincuentes". "En el Siglo XXI es donde tienen a los mareros, son los que controlan ese lugar". "Me dijeron en Siglo XXI: tengan cuidado porque ahí están los pandilleros, los mismos policías me dijeron eso". "Nos llevan a un camión de la policía". "Nos dieron a firmar tantos papeles para nada". "Nos van a deportar obligatoriamente".

Edwin no volverá a conectarse hasta una semana después, en la tarde del sábado 3 de noviembre, a punto de ser deportado:

"Estoy preso en la estación Siglo XXI. Necesito un abogado para salir. Te mensajeo luego". No lo hará hasta que se encuentre en Honduras, el lunes 5.

Durante todo este tiempo traté de ponerme en contacto con él. Pregunté en Migración, pregunté en Gobernación, al ACNUR. Nadie sabía nada de los hondureños trasladados a la Siglo XXI como castigo por su modesta rebelión. Integrantes del equipo del Servicio Jesuita al Refugiado preguntaron por Edwin, con nombres y apellidos, en la estación migratoria. Fue en dos ocasiones, entre el 27 de octubre y el 5 de noviembre. Les dijeron que no estaba allí. Les mintieron.

Un funcionario del gobierno de Chiapas me ofreció algo de luz sobre el caso. Me dijo que a la Estación Migratoria Siglo XXI habían sido trasladados tres tipos de personas: las que firmaron su regreso voluntario, las que tenían antecedentes penales o se encontraban en alerta migratoria, y aquellas que no relataron la verdad sobre sus circunstancias, especialmente quienes habían sido previamente deportados. Ahí, probablemente, esté la alerta migratoria... No obstante, el funcionario vinculó el traslado a los desórdenes de las jornadas previas. Es decir, fue un castigo a los revoltosos y el castigo aceleró la deportación.

Él, que durante días envió fotografías de todo lo que pasaba ante sus ojos, dice que no tiene copia de los documentos que firmó para que le diesen la vuelta. Que no se lo permitieron.

Edwin García Connor fue deportado. Pasó la primera noche en la calle. Solo. Enfermo. Agotado.

"Nos dimos cuenta de que todo era una farsa, de que Comar estaba mintiendo, no estaba haciendo el proceso correcto", me escribiría un tiempo después, ya desde Honduras. "Llegaban personas que habían salido y no estaban recibiendo ayuda (se refiere a personas que pasaron de la Mesoamericana a régimen abierto). La gente, al no recibir ayuda, al no recibir empleo, no tuvo otra opción que regresarse. De una u otra forma acorralaban a la gente".

Lo engañaron, se dejó engañar. El resultado es el mismo.

La paradoja es que intentó hacer las cosas siguiendo la ley y fue devuelto a Honduras. Quienes ignoraron las normas y directrices del gobierno mexicano iban, en su mayoría, avanzando hacia Tijuana. Él creyó que habría un "salvoconducto", una excepción, un premio por acomodarse a las condiciones que las instituciones planteaban en el puente convertido en símbolo de la Centroamérica que huye.

Por eso su historia es cruel. Porque confió.

No creer a las autoridades. Protegerse junto a los suyos. Estas son las dos grandes lecciones que el éxodo centroamericano aprendió en su primera semana de romería.

[9]

Palos a los pobres

Bienvenida policial en Oaxaca: "Estás en tu casa".

Un helicóptero militar sobrevuela el río Suchiate. Las hélices provocan que el agua se eleve, como abriendo un surco. Tratando de cruzar ambas orillas hay hombres, mujeres, niños, jóvenes y viejos. Han formado una cadena humana, se agarran los unos a los otros para no permitir que nadie pierda pie o se ahogue. Y ahí está el puto helicóptero, amenazando sobre sus cabezas. ¿Qué es lo que pretende el piloto? ¿Una desbandada? ¿Qué se desate el sálvese quien pueda entre cientos de personas que ni sabemos si pueden nadar?

La segunda Caravana quiere entrar en México y hay un helicóptero sobrevolando el río. Si sacase una ametralladora sería como una escena bélica de las películas gringas de Vietnam. En realidad, ya es lo suficientemente indecente. Hay un helicóptero militar intentando frenar el paso de migrantes desprotegidos

Esto es cazar moscas a cañonazos.

La segunda Caravana, que partió el 18 de octubre de Honduras, se encontró con un fuerte despliegue en la frontera entre Guatemala y México. Una exhibición de fuerza aún mayor que la que enfrentaron sus compañeros. Encima, eran menos, un grupo de entre 1 500 y 2 mil caminantes.

No.

No se puede.

No se debe.

Retroceda.

Pero la determinación del éxodo fue mayor que la advertencia de las autoridades. En un momento, como si fuera un animal vivo único, la Caravana pareció reaccionar al unísono, mil almas súbitamente unánimes, y a pura fuerza derribó el portón del lado guatemalteco.

La muchedumbre avanzó con euforia —eran los gritos de victoria militar de las legiones de la antigüedad que aprendimos en el cine—, pero esta vez los agentes guatemaltecos hicieron dos pasos atrás, amartillaron y dispararon. Un racimo de bombas lacrimógenas cayó entre las primeras filas del éxodo. La respuesta fue una súbita dispersión —los ojos pronto heridos por los pinchazos del gas— sucedida por una inmediata reacción: piedras, palos y botellas en contra de los policías, que se abrieron y acabaron dejando pasar al primer grupo. Como saldo, un par de decenas de heridos —entre ellos varios agentes y muchos migrantes— y una gran satisfacción al interior de la Caravana: habían vencido el primer obstáculo de la jornada en su intento por entrar a México. Troya caerá, aqueos.

El segundo obstáculo —las fuerzas de seguridad mexicanas— no fue tan fácil. El portón de rejas blancas que custodia la puerta de ingreso a México esperaba en la mitad del puente Rodolfo Robles y presentaba un desafío mayor. Para empezar, había decenas de agentes antidisturbios de la Policía Federal mexicana —muchos más que los pocos antimotines chapines— y un helicóptero militar de apoyo. El helicóptero tenía sentido: México había aprendido del cruce de la Caravana grande unos días antes, y esta vez, como si realmente lidiaran con una invasión, traían reconocimiento aéreo.

Apenas vieron la marea que había superado a sus pares guatemaltecos, los policías mexicanos no demoraron en actuar. Más gases pimienta —ahora acompañados de ráfagas de balas de goma— cruzaron el puente, el aire y el agua en contra de los centroamericanos. Esta vez la épica se acabó: no había ninguna Troya que tomar, no eran guerreros bajados del Olimpo ni semidioses sino una multitud de pobres muy vulnerables. Si antes la fortuna o una policía comedida solo dejó heridos en el grupo, ahora las balas mexicanas dejarían un muerto. Un hondureño de unos veintipocos años, identificado por sus compañeros como Henry Díaz Reyes, murió en la ambulancia camino a Oatepeque, adonde iban a tratarle las heridas que dejaron en su cabeza las balas de goma lanzadas por los guardias mexicanos. Al menos 30 migrantes más fueron atendidos por los cuerpos de socorro guatemaltecos con síntomas de intoxicación por los gases y heridas y golpes causados por esos mismos proyectiles.

La Caravana retrocedió hasta la plaza de Tecún Umán, el pueblo guatemalteco donde se habían concentrado desde el viernes y en el que tomaron fuerzas para continuar el viaje hacia México. Este último incidente que afectó al segundo grupo de caminantes de la Caravana fue el más lamentable registrado desde el 13 de octubre, cuando el primer grupo salió de San Pedro Sula.

Tras la carga de la policía mexicana en la frontera siguió fue un inesperado toque de queda en Guatemala. "Para hacer prevalecer el orden constitucional", el gobierno, en Ciudad de Guatemala, decretó "alerta amarilla institucional" en Tecún Umán, y dejó "la seguridad y el orden del municipio" en manos del Ejército y la Policía Nacional Civil. Además, ordenó el cierre de los comercios y la venta de gasolina "a migrantes hondureños"; y recomendó a los lugareños no salir de sus viviendas y "evitar la confrontación con los migrantes". Con esas medidas, los hondureños fueron convertidos, primero, en una fuerza de invasión —con su estado de sitio informal sobre Tecún Umán— y, luego, en una fuerza de invasión de menesterosos.

Primer aviso del discurso xenófobo: hablar de los hondureños como si la Caravana no tuviese nada que ver con Guatemala, como si no hubiese cientos de chapines en ruta y otros cientos haciendo las maletas. En realidad, Centroamérica está en un punto de desborde. La primera Caravana, de un par de cientos de personas, fue seguida por una segunda, ya con cerca de un millar de individuos, apenas una semana después. Otros 300 espartanos partían en estos días de San Salvador. Y se multiplicaron los grupos de WhatsApp y los llamamientos a salir en nuevas caravanas. Aquellos días parecía que Centroamérica entera iba a quedar vacía, tras formar una enorme fila para caminar hasta Estados Unidos.

* * *

No eran días fáciles para los hambrientos en tránsito. El segundo grupo había conocido hasta dónde estaban dispuestas a llegar las policías guatemalteca y mexicana para impedirles el paso. Gases y balas de goma no casaban con la promesa del embajador en Guatemala de las "puertas abiertas". Al mismo tiempo, cientos de sus compañeros, los que escucharon a las autoridades y cruzaron la frontera caminando por el puente Rodolfo Robles, acabaron encerrados en la Feria Mesoamericana, en Tapachula.

Ahora es turno de la cabecera, de los más aventajados, que va camino de encontrar el próximo obstáculo.

En la madrugada del sábado 27 de octubre dan con un retén de la Policía Federal acompañado por agentes del Instituto Nacional de Migración. La Caravana llevaba dos horas de caminata iluminada únicamente por las luces de las patrullas que dirigen el tráfico. Buscaba unir Arriaga, el municipio chiapaneco en el que nació La Bestia, ahora vacío por el Plan Frontera Sur, con San Pedro Tapanatepec, un pueblito que parece una maqueta de juguete apisonada por los destrozos del sismo de 2017. En medio está el puente Arenas, elevado sobre plantaciones de maíz y un riachuelo que parecerá de plata cuando amanezca. Tras ese puente, como insólito comité de bienvenida, una bien pertrechada barrera de antimotines.

Si esa presencia es extraña más lo son sus razones. El comisionado de Policía Benjamín Grajeda, que comanda al grupo de agentes, dice que su presencia allí es para explicar el plan "Estás en tu casa" a los caminantes. Denle una oportunidad más al surrealismo: un comandante de policía rodeado de antimotines para dar la bienvenida con un clásico mexicano —tu casa es mi casa.

Entre los primeros en encontrarse con el despliegue policial, dos investigadoras que acompañan a la caravana: Margarita Núñez, a quien todos llaman Magui, y Amelia Frank Vitale, la antropóloga estadounidense residente en San Pedro Sula que terminaría como taxista de la familia de Jorge Alexander, asesinado en Tijuana. Se habían adelantado para comprobar el panorama en la garita migratoria y chocaron con la barrera de antimotines que venía con su oferta.

Es la oportunidad de comprobar hasta qué punto las figuras representativas tienen que ver con la casualidad. Ambas, Magui y Amelia, acompañan a la Caravana, pero no forman parte de ningún grupo organizado. Sin embargo, quedaron en mitad del jaleo. Como con los migrantes también caminan miembros de la Comisión Federal de Derechos Humanos de Chiapas, la Defensoría de los Derechos Humanos de Oaxaca y la Comisión Nacional de Derechos Humanos, la Caravana acuerda sentarse a dialogar con la policía. Pero hay un inconveniente: los sujetos principales, los migrantes, no están allí. Así que, entre todas las instituciones y organismos, deciden pedir a la Caravana que envíe una delegación de representantes.

Hasta estos días, las capacidades de organización de los caminantes han sido precarias y cada intento de crear un liderazgo se ha venido abajo conforme avanzaban los días. La figura más reconocida al momento eran los chalecos verdes que aparecieron por primera vez en Ciudad Hidalgo. Pero no son orgánicos, no provienen de la Caravana. (Y este es un problema capitular: inexperto y sin canales de representación, el éxodo no ha sido capaz de articular liderazgos duraderos. Vive en una anarquía pacífica, sí, pero inoperativa para conducir una masa enorme de personas, o al menos para mantener una interlocución con las autoridades, acostumbradas a otro tipo de jerarquías.)

La petición de crear una comisión enfrenta un segundo problema, ahora coyuntural: son las cuatro de la mañana, todavía no hay luz y en este punto de la carretera ni siquiera hay señal de celular. No son las mejores condiciones para elegir a nadie.

Magui y Amelia llegan a la cabecera de la marcha, que todavía no se ha encontrado con los policías, y piden voluntarios. Al mismo tiempo, sugieren que el grupo se siente para evitar que los policías se pongan nerviosos con tanta gente en movimiento en plena noche. Nadie quiere disturbios. Estamos en mitad de la nada, en la jodida mitad de la nada. Con cientos de personas sobre un puente y rodeados por plantaciones en las que ni siquiera podrían esconderse si la policía atacase. El lugar elegido para el retén no es casual.

Después de un par de horas de conversaciones, finalmente, tres hombres y tres mujeres se suman al diálogo con las instituciones.

¿Cómo fueron elegidos? Pidiendo voluntarios con un megáfono. Así se construyen los liderazgos en la Caravana. No hay un plan participativo. De hecho, no hay plan; el único objetivo es llegar a la frontera con Estados Unidos como sea. La madrugada está avanzada, mucha de esta gente no cenó y tampoco desayunará, el agua escasea y lo único importante es avanzar rápido en la penumbra para evitar el sol que todo lo funde.

La marcha vuelve a detenerse y el éxodo se rearma de paciencia en el arcén. Se cumple una máxima: anoche, cuando todo el mundo se acostó, parecían menos, como si el grupo hubiese menguado. Un efecto engañoso. Se reanuda la caminata y salen hasta de debajo de las piedras. Ahora ocupan toda la calzada durante un gran tramo. ¿Cuántos son? Ni idea, no consigo alcanzar la cabecera. La Caravana da la impresión de desdoblarse, reducirse, multiplicarse, como un cardumen en danza. Conforme avanzo no veo más que a hombres, mujeres y niños sentados, tumbados, recostados. Está amaneciendo y se presiente la amenaza de una nueva jornada de caminata con un sol que hierve el cemento.

Al final, la negociación solo sirve para que se reabra el paso. Las autoridades decían que solo querían informar y los migrantes que está muy bien que los informen, pero que no lo hagan en mitad del camino. La representación sugiere que, puestos a negociar, mejor que sea con autoridades con mando en plaza, en Ciudad de México, y no con subalternos sobre el terreno. Han perdido mucho tiempo, y no es un dato irrelevante. Dos horas en la madrugada, cuando el sol todavía no quema, son dos horas con menor riesgo de deshidratación e insolación. Dos horas de caminata a partir del mediodía son dos horas a 40 grados, sin sombra para cobijarse. Con niños, embarazadas, algunos viejos.

* * *

"Estás en tu casa", aquello que el comisario Benjamín Grajeda quería explicar, es el nombre del plan propuesto por el Ejecutivo de Enrique Peña Nieto para que los centroamericanos abandonen la Caravana, desistan de seguir hacia Estados Unidos y se entreguen en Migración. En teoría, tendrán acceso a sanidad, vivienda y trabajo temporal. Pero el problema es que, para hacer efectiva la oferta, deben pasar antes por Migración. La misma institución que mantiene encerrados en la Feria Internacional Mesoamericana de Tapachula a más de 1 700 personas, un grupo vasto que comprende a los migrantes que creyeron las promesas en el puente más los rezagados. Esos pequeños grupos que trataron de alcanzar la cabecera, desprotegidos fuera de la gran marcha, acabaron interceptados y gentilmente invitados a entregarse.

"Estás en tu casa" con una barrera policial impidiendo el paso no es precisamente una alegoría de hospitalidad. Una oferta de acogida cortando la vía con decenas de agentes con cascos y escudos muestra posición de fuerza. Amenaza. El gobierno mexicano pudo *informar* sobre el programa en Arriaga, donde la caravana pasó la noche, o en San Pedro Tapanatepec, el punto de destino, pero no: optó por bloquear el paso y exhibirse. Nadie llega a su casa ni se siente en ella y tiene en la puerta de entrada un antimotines que le pide documentos. Es un aviso. Que nadie esté tranquilo. Que sepan que, en cualquier momento, la policía puede interrumpir el camino con su mera exhibición, *convencerlos* de que mejor es rendirse, *entrar al sistema*, y ver qué.

Además del símbolo del comité de bienvenida, "Estás en tu casa" es una oferta limitada. Se limita a Chiapas y Oaxaca, los dos estados más pobres de México. "Estás en tu casa" es una pequeña casa con dos habitaciones en mal estado. Por lo demás, claro, resulta una barrera práctica, un dique para contener el avance de la Caravana y evitar que llegue a la capital y, sobre todo, prosiga su tránsito hacia Estados Unidos. Ese parece el verdadero objetivo, que la larga marcha no siga hacia Estados Unidos. Desde hace demasiado tiempo, México, el exportador de migrantes hacia el Norte, se dedica a ejercer de contención en el sur. Washington ha externalizado su frontera.

—No entendemos por qué no la podían dar en Arriaga —me dice Juan José Zepeda Bermúdez, comisionado de los Derechos Humanos en el estado de Chiapas—. Están poniendo en riesgo a niños, niñas.

Zepeda Bermúdez, un tipo de gafitas, incipiente calvicie y aire sacerdotal, explica que las organizaciones de derechos humanos que acompañan a la Caravana —en realidad, un reducido contingente, la mayor parte de oenegés no harán acto de presencia sino hasta Ciudad de México— consiguieron al menos un acuerdo. Ambiguo, por cierto. Por ese acuerdo, el gobierno podrá instalar una mesa informativa en cada lugar donde acampe la Caravana explicando las bondades de "Estás en tu casa". Es un disuasivo sistemático, por supuesto —cuanto más agotamiento acumule la Caravana, puede resultar más tentador encontrar refugio oficial—, y por eso los migrantes quieren que cualquier diálogo se desarrolle en Ciudad de México donde está el gobierno central, evitándose a los funcionarios de provincia.

La cuestión de la representatividad en la Caravana es un asunto serio. La Caravana es un ser vivo porque muta, se enmienda y contradice. Hay dos niveles de representación. Por un lado, el de los acompañantes. Ahí están Pueblo Sin Fronteras y los activistas individuales. Son identificables. Sus roles están claros. El otro, el verdaderamente importante, es el de los cientos de hombres, mujeres y niños que salieron de San Pedro Sula o se han ido sumando a la caminata. En un primer momento, al partir de Honduras, la Caravana tuvo 14 coordinadores nombrados según los lugares de origen de los participantes. Pero esos eran coordinadores que respondían a la organización de 160 personas que pretendían llegar a Tapachula. Ya no se corresponden con este movimiento centroamericano.

La inorganicidad de una Caravana tan masiva, compuesta por voluntades espontáneas, entonces, es determinante. La gente es militante únicamente de su propia necesidad. Los caminantes no toleran jerarquías ni liderazgos. Aceptan a algunos acompañantes porque resuelven cuestiones logísticas, como unas raciones de comida o un lugar para dormir. Pero que un par de ellos haga recomendaciones, por muy bienintencionado que sea, eso sí que no cuela. Que se lo pregunten si no al pobre Walter Coello, el extaxista, siempre intentando mantener el orden, que en ocasiones se ve obligado a retirarse ante expresiones poco conciliadoras como "¿quién te crees tú para mandarme?".

Por eso, cuando los migrantes no están de acuerdo en algo, es en realidad un pequeño grupo que asume la representatividad en un momento dado y luego lleva las reflexiones a una asamblea. El problema siguiente es la asistencia a esas asambleas: no tienen mucha participación. Y si bien es cierto que es escaso el bagaje de legitimidad que cargan, ¿habría otro modo de pastorear a miles de personas que no se conocen entre ellas, que desconocen el terreno y que proceden de una de las regiones más violentas del mundo?

Esta premisa es el punto de partida clave para hablar del "no están de acuerdo". Cuando la Caravana *no está de acuerdo* no es una decisión adoptada democráticamente con un quórum y una representatividad testada. Pero es la forma más democrática que se encontró teniendo en cuenta las condiciones sobre el terreno. No ha habido otro modo de plantearlo. El único acuerdo mínimo es una idea casi inercial: avanzar. El plan para postergar al menos hasta Ciudad de México cualquier tipo de diálogo sí que casa con ese espíritu de la Caravana: nadie quiere escuchar nada que no sea seguir adelante.

Sin nada en la mesa de acuerdos, entonces, a las 8:30 de la mañana del sábado 27, la Caravana reanuda su tránsito. El sol se ha elevado, y comienza a picar. Será otro día odioso.

* * *

Cae la tarde y ha sido, sí, otro día de sopor satánico. La marcha toca San Pedro Tapanatepec, el primer poblado en Oaxaca, repleto de calles escarpadas y cuestas que desembocan en un quiosco en la plaza central. Los suertudos que agarraron jalón se instalan en los mejores lugares, ante la iglesia, una vieja construcción que servirá de centro de operaciones. Ahí se cocina, se reparten alimentos, se atiende a los enfermos y se celebra misa. La iglesia es como el ágora. El municipio es humildísimo. Uno debe hacer un esfuerzo para distinguir qué son ruinas de la pobreza y cuáles los edificios dañados por el terrible sismo de 2017.

San Pedro Tapanatepec es una muestra de que las victorias del gobierno mexicano no se cuentan solo en la carretera, captando migrantes cansados a cuentagotas para que la aplanadora burocrática de Migración decida su destino. Según organizaciones de derechos humanos, algún rumor ha corrido en la población y muchos comercios están cerrados. No porque sea sábado, sino porque no se fían de los migrantes. El ambiente en la Caravana, además, es más pesado que en jornadas anteriores. Se percibe hastío. Es odioso, pero normal, muy normal.

La larga marcha ya tiene su propia dinámica. Los primeros, quienes llegan en aventón, levantan sus champas con plásticos negros tensados por cuerdas en un punto de reunión, por lo general en las cercanías de un espacio abierto. En unos minutos, el parque, la cancha de baloncesto, la iglesia, se convierten en la nueva estancia del enorme campo de refugiados itinerante. Hay gente durmiendo, gente haciendo cola para recibir un plato de comida cocinada por decenas de lugareños amables, gente aguardando para ducharse. La Caravana es un pueblo móvil. (Aquí, en San Pedro Tapanatepec, acaba por ocurrir algo inquietante: al terminar de montar el campamento, quedaron repentinamente confundidos los plásticos negros de las tiendas de campaña de la Caravana con el plástico negro que cubre el techo destruido de un edificio demolido por el sismo de 2017. Parecían hermanos de la misma desgracia.)

Cuando ha caído la noche, la Caravana finalmente decide hacer su asamblea diaria en la plaza.

Margarita Núñez toma el megáfono.

Núñez es bajita, algo chele, y tiene una perseverancia heroica que pondría de rodillas a un sindicalista de Chicago. No abulta mucho, nunca es la que más grita, pero siempre estará en los lugares más jodidos.

Ahora, sin embargo, con el megáfono en la mano, ha tomado a su cargo la asamblea. ¿Acaso Núñez pertenece a alguna organización? No. ¿Representa a alguien? Tampoco. ¿Cómo llegó aquí? Por casualidad. Sin embargo, tiene megáfono y ese símbolo es automático: la gente le reconoce una cierta autoridad a quien lo porta. Es lo que te da quedarte con la banda cuando todo el mundo ha seguido hacia adelante.

Núñez pregunta si el grupo quiere continuar o si prefiere descansar un día.

"¡Seguimos!", es la respuesta unánime —una respuesta masculina.

Núñez está contrariada por esas voces graves. Recuerda que hay mujeres caminando solas con sus hijos. Dos, tres, cuatro chiquillos. Que no tienen tanta facilidad para subirse a los tráileres o camiones para apiñarse en posturas inverosímiles. Que hay hombres que se adelantan, toman los carros y dejan a las mujeres en la carretera, caminando. Que los doctores dicen que al menos 1 200 caminantes tienen llagas en los pies y deberían guardar reposo. Esto es, al menos, cerca de 10% de la Caravana que camina en carne viva.

"¡Seguimos!", insisten algunos

"¡El lunes!", responden otros.

Una asamblea nocturna, sin apenas luz, con hombres y mujeres exhaustos, no es el lugar más eficaz para tomar decisiones. Pero entonces sube una voz, extraña voz:

"¡México sí! ¡México no!"

En mitad de la discusión —debate, no hay acritud, solo cansancio—, se escucha la voz de una niña. Repite frases que ha escuchado antes, que no vienen al caso, pero que a ella le divierten. Tiene tres años y medio, dice María Joaquina, su mamá, una adolescente de 19 años de Choluteca, zona pobrísma del corredor seco que atraviesa Centroamérica. Esto es muy serio, pero para ella, aferrada a los hombros de su mamá, con una cara pícara para ganarse al mundo, todo suena a juego. Cualquier momento, por trágico y miserable que sea, puede verse con los ojos juguetones de esa niña que se divierte en medio del desorden y la desazón.

Al final, la asamblea alcanza un compromiso. Saldrán a las tres de la madrugada del domingo. Varias furgonetas, donadas por unas religiosas, estarán disponibles exclusivamente para madres con sus hijos. No podrán ir los maridos. Si quieres que tu marido te acompañe, deberás caminar. Los recursos son escasos. La alternativa es andar seis, ocho, 10 horas, bajo el terrible sol de Oaxaca. Con los pies llagados.

La asamblea continúa con un nuevo asunto: qué hacer al llegar a Ciudad de México, de la que están a 800 kilómetros, al menos una semana de marcha al ritmo actual. La sola aparición de este ejército de derrotados caminando por las grandes avenidas de la capital de México es un espectáculo de nota. Un shock emocional. Una serpiente muy extensa de migrantes clandestinos transitando a plena luz del día en una de las ciudades más grandes del mundo.

Pero para ello hay que organizarse.

De repente, aparece el padre Alejandro Solalinde, fundador del albergue Hermanos en el Camino, en Ixtepec. Todos se abren paso para que alcance el frente. Estará un rato aquí. Solalinde es un hombre que se ha ganado el respeto por su labor de defensa de los migrantes. Ahora es muy cercano a Andrés Manuel López Obrador, presidente electo de México. No se sabe si Solalinde habla en su nombre o el futuro presidente le ha encargado que sondee el terreno. A su lado, Ginna Garibo, de Pueblo Sin Fronteras, y Roberto Valdovinos, colaborador del sacerdote que ganará protagonismo cuando el éxodo llegue a Ciudad de México.

Solalinde insiste en la bienvenida. Sugiere que hay que pedir al arzobispo de México que los reciba con una misa en la Basílica de Guadalupe. Reitera una y otra vez que el gobierno ha cambiado, que pronto tomará posesión López Obrador, que terminaron los días en los que los centroamericanos eran tratados como basura. El sacerdote bien sabe cómo México ha maltratado, exprimido y violentado salvajemente a los migrantes. Estaba allí, de mierda hasta las orejas. Que sea él quien se presente en San Pedro Tapanatepec prometiendo un trato diferente tiene mucha carga política. Porque no es cualquiera. Es Solalinde, el cura que conoce La Bestia, que se enfrentó a los narcos, que fue amenazado. Y ahora es el tipo que pone toda su imagen al servicio de una promesa: el nuevo gobierno va a cuidar a los migrantes.

Ahora no lo sabemos, porque no lo dice, pero Solalinde insiste en el recibimiento en México porque no ve con buenos ojos que el grupo siga hacia el Norte.

Por el momento, se abre un debate sobre cuál es la mejor manera de instalarse en la capital. Sobre cuánto tiempo permanecer allí.

En realidad, es una discusión estéril. El sentir mayoritario se acerca más al "vámonos" que se grita al alba que a las discusiones entre activistas. El consenso resultante es pedir a Carlos Aguiar Retes, el arzobispo de México, una homilía en la Basílica de Guadalupe, tal y como sugería Solalinde. Esto sí sería hospitalidad y no los antimotines. Todos votan a favor. Hombres y mujeres, sin distingo. También acuerdan que no quieren separarse. Que no aceptarán ir cada uno a una iglesia. Que hay que buscar un lugar que dé cobijo a todos.

En ese momento todavía era imaginable la imagen de este ejército de los hambrientos ocupando el Zócalo para que todo México pudiese ver su hambre.

La asamblea concluye. Saldrán a las tres.

Pero todo está a punto de trastocarse, una vez más.

* * *

En algún momento de la noche comenzó, pero nadie explica bien cómo fue que el relajo se extendió. Pasadas las ocho había ya ambiente agitado, gente corriendo, confusión. Los medios se habían marchado. Las organizaciones de derechos humanos se habían marchado. Esto ocurría: un hombre fue acusado del robo de un bebé, perseguido y golpeado. Logró ponerse a salvo. Un médico, el doctor Valenzuela, se puso en medio y evitó, con la autoridad y respeto que otorga una bata blanca, que la turba consumase su ira.

No hay versión oficial, pero hablé con varios caminantes y concuerdan en el mismo relato.

Al parecer, hubo un pleito por un plato de comida. Alguien no quiso guardar la fila. Otro alguien se lo recriminó. Amago de pelea entre los álguienes. Un tercer alguien gritó entonces, de la nada, que intentaron robarse un bebé. Y se organizó el caos.

El campo de refugiados itinerante es un universo de hombres y mujeres exhaustos, doloridos, hambrientos. Los recursos son escasos. Vienen con el dolor cargado desde casa. Proceden de contextos muy violentos. Son víctimas con dos semanas de tránsito a sus espaldas. Hay frustración y no son bienvenidos por las autoridades, que hacen esfuerzos permanentes por limarles la paciencia.

Decisión de urgencia: un grupo echa a correr la voz de que la Caravana no caminará el domingo. Hay que reorganizarse. Evitar nuevos conflictos. O, al menos, prepararse para gestionarlos. Es imposible que no estallen crisis en este microcosmos de hombres y mujeres con los nervios crispados por la extenuación.

* * *

Domingo 29, 10 de la mañana.

"No hubo robo de niños ni niños perdidos", dice María Amparo Ramírez, una caminante de Ocotepeque que hoy ejerce como portavoz. Duran poco las vocerías. Son personas que llegan por casualidad, dan la cara un día y desaparecen, como si se los hubiese tragado la tierra. Es volátil la caravana e ingrata la labor representativa de gente que no quiere que nadie lo represente A pesar de todo, ahí está María Amparo, vocera por un día. Habla ante la prensa frente a la parroquia convertida en refugio. En el interior comienza la misa. Su intervención viene acompañada por los primeros cánticos religiosos.

"Lo de anoche no fue parte de la Caravana".

¿Y eso? ¿Infiltración? Infiltración, dicen.

"Fue un caos mandado. Se provocó el pleito. Pasó por un chisme y golpearon a un joven. Se logró controlar la situación y no pasó a más", dice a la prensa el nicaragüense Alexander Martínez. Tras eso, cuenta, la Caravana creó un comité de seguridad. Su primera medida: identificar a los responsables y ponerlos en manos de las autoridades.

Ramírez y Martínez son integrantes de la comisión formada el día antes para dialogar con las autoridades en el bloqueo carretero a la salida de Chiapas.

Cuando hay un relajo siempre se habla de infiltrados. Que los hay, es un hecho. O, al menos, debería haberlos. Casi podríamos decir que es obligación de los diferentes gobiernos hacer ese sucio trabajo de inteligencia. Pero el recurso argumental de que cuando ocurre algo malo es siempre responsabilidad de un ente extraño es también infantil. Como si un migrante no pudiese darse vergazos con otro. Como si un migrante no pudiese ponerse bolo. Como si un migrante fuese todo lo pulcro e incorruptible que no somos el resto de los seres humanos.

Hay una explicación para este afán exculpatorio: hay miedo de que el relajo pueda traer más complicaciones. La Caravana tiene presente el puente sobre el río Suchiate. Saben que la confrontación los perjudica. Creen, con razón, en la lógica de que si se portan mal tendrán mala fama. Y creen que eso puede provocar que los habitantes de los pueblos siguientes sean cada vez menos amables. Hay notas, como una del periódico *El Universal*, donde los acusan de "romper la tranquilidad" en Niltepec. Si los ven como un invasor indeseable, la caminata se hará más difícil. Además, están los medios gringos. Todavía creen que si proyectan una buena imagen alguien se apiadará de ellos en la frontera.

En realidad, existe un hecho inapelable: poco, muy poco —malo— ha pasado, para el volumen de este éxodo. Este es un campo de refugiados itinerante de personas al límite de todo. Y, sin embargo, los muertos vinieron por la desesperación —el chico que cayó del picop— y la represión —el que murió por las balas policiales en Tecún Umán. Y otra vez: los heridos los crearon los antimotines. La convivencia, más allá de algún rifirrafe menor como la comida en San Pedro Tapanatepec, ha sido ejemplar. *Es* ejemplar.

Jeff Valenzuela, integrante de Pueblo Sin Fronteras, me dice que el servicio de seguridad es un éxito. No es poca cosa: más de 300 personas se han propuesto como voluntarias para mantener todo en orden. Dentro y con los de afuera. Ante cada nueva dificultad, diferentes modos de estructurarse. Sorpresa.

Próximo destino: el istmo de Tehuantepec. Tal vez entonces haya calma, tiempo para dormir, recuperar fuerzas. Si tan solo, dicen algunos, la calor bajara.

[10]

El hambre no entiende de calendarios

Culebras antes de la tormenta.

—Ojalá no llueva.

Ginna Garibo parece una tipa severa. Es de complexión fuerte y tiene unos grandes ojos negros, negrísimos. Ginna es mexicana y tiene los 30 recién cumplidos. Termina un doctorado sobre migración y género en una universidad de Puebla y es profesora en la Universidad Iberoamericana. Y es, para más, integrante de Pueblo Sin Fronteras, la organización que acompaña a la Caravana desde que puso un pie en México. Ginna es uno de los rostros visibles en las asambleas en las que, cada tarde a las siete, poco después de que el sol muere, el éxodo centroamericano toma las decisiones operativas para la próxima jornada.

—Ojalá no llueva —suplica con un hilo de voz, adentrándose en la cancha de futbol Emiliano Zapata, donde ahora está el campo de refugiados al aire libre.

Esto es Matías Romero, un municipio de unas 40 mil almas en el estado de Oaxaca, primera parada rumbo a Juchitán de Zaragoza. Si hacía calor antes, la Caravana ha llegado a su clímax en el tórrido istmo de Tehuantepec.

Desde que salió de San Pedro Sula, el éxodo se ha estirado como una serpiente sorprendente. Casi 500 kilómetros ya en territorio mexicano tras 800 entre San Pedro Sula al puente Rodolfo Robles sobre el río Suchiate en la frontera norte de Guatemala. Y falta, más del doble: 662 kilómetros hasta la Ciudad de México, según la ruta más corta, y otros casi 3 mil más hasta Tijuana, el destino que todos todavía tienen en mente para saltar, si pueden, a Estados Unidos. A estas alturas no sabemos qué ruta adoptará la Caravana en el norte, pero Baja California comienza a sonar como la mejor opción.

Casi 5 mil kilómetros de ruta. *Cinco mil kilómetros.*

—Que no llueva —dice Ginna.

Está empezando a caer la noche con ganas. Para llegar al lugar donde cientos de personas han establecido su campamento en Matías Romero —otro municipio mexicano cuyo nombre viene ligado al trayecto de La Bestia—, hay que atravesar una cuesta de hierba y tierra abierta entre matorrales a un costado de la carretera, sin entrar al centro del pueblo. Hay que dejar a la izquierda los sanitarios portátiles y caminar a oscuras, únicamente iluminado con la linterna del celular, a través de un manto de seres humanos, hombres, mujeres y niños que intentan dormir para retomar la marcha al alba. Su exigua protección son los ubicuos plásticos que forman negras tiendas de campaña con unos palos temblorosos clavados en la hierba.

Si llueve, todo el terreno quedará enfangado. Apenas hay dónde guarecerse.

—Ojalá no llueva.

Por ahí se pierde Ginna, entre los restos de este movimiento de derrotados que mantienen la fila por un plato de comida antes de acostarse. Voluntarios del municipio, iglesias y oenegés reparten los alimentos. Vecinos que llegan con el carro lleno de tortillas, algo de frijol, bolsitas de agua y algunos sándwiches de jamón y queso. Hay jornadas de abundancia y días de rancho escaso.

"Ojalá no llueva", repetimos todos los presentes, mientras observamos con desazón los rayos que amenazan con la tormenta. Aún no han dado las ocho.

Nuestras súplicas no serán escuchadas.

A las 10 de la noche comienza la tormenta. Una puta tormenta.

Caen gotas gordas como canicas durante minutos, seguidas de una lluvia fina, acosadora. Un calor pesado crece desde el suelo y toma a todo el mundo por el cuello. La cancha comienza a embarrarse, brotan charcos repugnantes por el centro del campo. Son todavía más repugnantes cuando nos enteramos de que antes de que comenzase a llover habían tenido que evacuar uno de los extremos del césped porque detectaron un buen número de culebras. Por si no fuera poco con las serpientes, llega la tormenta y obliga a un nuevo éxodo hacia el interior de Matías Romero. Soportales llenos de gente. El porche de un Oxxo, esa cadena de tiendas que se reproducen como iglesias por todo el territorio mexicano, lleno de gente. Un bar de carretera en el que suena el reguetón, lleno de gente.

Llueve y es una maldición bíblica. En el arcén, cientos de personas cubiertas con capas, protegiendo sus exiguas pertenencias —botellas de agua, la ropa (sudada, mojada) de días previos—, niños de la mano y en carritos, deambulan buscando una estancia seca. A las cuatro de la mañana tocará diana y a las cinco comenzará la ruta hacia Donají, el último municipio de Oaxaca antes de entrar al estado de Veracruz.

El campo de futbol que minutos antes albergaba a cientos, miles de personas, es ahora un escenario apocalíptico. Las botas chapotean en los charcos que ya no son charcos sino una laguna creciente. El olor de las aguas fecales impregna el acceso a la cancha. La lluvia ha desbordado desagües y baños. Los caminantes, exhaustos, mojados, hambrientos, enfermos, van y vienen sin rumbo. A ratos, enormes rayos iluminan el terreno. Son dos, tres segundos en los que vuelve a hacerse de día. Truena el cielo y pareciera que puede desplomarse sobre nuestras cabezas. Pero vuelve a caer la oscuridad y la gente avanza otra vez, perdida. Caos.

—Estaba durmiendo en el campo de futbol, pero comenzaron a evacuarnos. Dijeron que habían encontrado culebras —me dice Anahí Laguna Ramírez, una mujerona rechoncha de Tegucigalpa. Anahí está a la vera de la carretera. Como muchos, no sabe adónde ir. Solo sabe que no pasará la noche sobre la hierba, como tenía pensado. Como muchos. Lluvia y culebras: ni borrachos.

Hemos entrado en un momento crítico. Por delante, la peligrosísima ruta a través de Veracruz, territorio donde las bandas criminales son dueñas de los caminos y los pueblos. Y aquí y ahora, mientras tanto, la lluvia, la noche, el desamparo. Y culebras.

* * *

Horas antes de la tormenta, decenas de personas habían tomado las instalaciones de un antiguo hotel abandonado que colinda con el campo de futbol Emiliano Zapata. Hotel Real El Istmo se llamó en sus buenos tiempos. Parecía un lugar acogedor. Decenas de habitaciones con cama. Mucho mejor que el campamento al aire libre donde se desparraman los caminantes sin ningún techo donde cobijarse.

Quien no compartió la idea de tomar el antiguo parador fue el dueño, que hizo acto de presencia armado con un pistolón y llegó a disparar al aire, clamando que habían asaltado propiedad privada. Pero el hombre no logró hacer desistir a los caminantes, entusiasmados ante la perspectiva de pasar una noche a cubierto. Volvió por donde había venido, derrotado, incapaz de mover de su refugio a cientos de centroamericanos. "Hagan lo que quieran", dicen que dijo.

Al principio, las familias ocupan el espacio. Luego, algunos chicos jóvenes, de esos que dentro mismo de la Caravana son acusados de mariguaneros. Entonces salta una pelea. Alguien contra otro alguien. Quién sabe cómo empezó —lo usual entre miles de personas: alguien dijo algo a otro alguien y el alguien se exasperó, los nervios picados por el agotamiento y *la calor*. Las personas con las que hablé me dijeron que el lío empezó porque, caramba, hubo trago antes de la trifulca. Entonces apareció un machete, y apareció un cuchillo. Un chico resultó herido y otros tres acabaron detenidos cuando desde los fondos asomó la Policía Federal —que nunca dejó de acompañar y rodear a la Caravana—, que se los pasó a los agentes del Instituto Nacional de Migración.

—Los hemos entregado a las autoridades. Si crean relajo, nos perjudican a todos —dice con astucia política Walter Coello, responsable de seguridad de la Caravana. El bueno de Walter. El antiguo taxista que pagaba hasta cuatro extorsiones para sobrevivir en Tegucigalpa convertido ahora en la ley y el orden del éxodo.

—Cuando uno no es *relajero* no tiene qué temer, pero hay gente que viene cagando la vara —me dice Neptalí Barahona cuando ve a los federales llevarse a los peleadores.

Neptalí —32 años, antiguo albañil de la colonia Torocagua, en Tegucigalpa, el barrio cuya calle principal recién conoció el pavimento en 2018—, ha pasado la noche en el hotel abandonado, resguardado en sus soportales. Viaja con su esposa y sus tres hijos. Los críos tienen 13, 12 y cinco años, y tienen tos. Como todos, absolutamente todos los niños de la Caravana, van enfermos de uno u otro modo. Los medicamentos escasean, a pesar del despliegue de la Cruz Roja —que tiene una ambulancia—, de los comités de salud locales —que atienden cuestiones básicas cada vez que los migrantes ponen un pie en un municipio— y de voluntarios como el doctor Manuel Valenzuela, un tipo omnipresente, que lo mismo está ordenando a quienes esperan para subirse a los jalones que atendiendo a pequeños como los hijos de Barahona.

Neptalí tiene su propia carga médica. Lleva una prótesis en donde solía estar la pierna izquierda. Camina ayudado por muletas. Hace cuatro años sufrió un accidente trabajando como albañil, un empleo de esclavistas en cualquier país del lado equivocado del mundo —cobraba menos de cinco dólares diarios. Por supuesto, nadie le pagó por su pierna perdida y él siguió trabajando. Pero más que eso, dice Neptalí, lo que le movió a dejarlo todo —lo poco que era ese todo— fue la violencia. Otra terrible historia de violencia. A mediados de 2018 mataron a su padrastro por no pagar el "impuesto de guerra" a la mara. También mataron a su hermano. Y a su primo. Y a un tío. ¿Quién los mató?

—No se sabe. No vas a averiguar para que te maten a ti también —dice, y se acomoda su gorra del Partido Revolucionario Institucional.

En la colonia Torocagua quien manda es la MS pero Neptalí dice que "no sabe" quién descerrajó varios disparos a sus familiares. Y se entiende: mejor no saber. Ahora, con tres niños a la cola, le da miedo el paso por Veracruz. Todos han escuchado relatos terribles sobre las estructuras criminales que operan en el estado. Saben que aquí se secuestra, se mata, se extorsiona más que en la media del país, que de por sí es una sangría desde 2006.

A Neptalí lo extorsionaban en Tegucigalpa, tenía un riesgo real de ser asesinado. En su desesperada romería para encontrar un lugar a salvo, ahora transita una ruta que se ha tragado a cientos de compatriotas.

—La clave es seguir pegados a la Caravana —dice, sentado al borde de la carretera en Matías Romero.

Todavía no sabe que el grupo se ha roto por primera vez. En Donají, a 46 kilómetros al norte, la avanzada no ha respetado el acuerdo tomado en la asamblea de la víspera. Debían esperar en Oaxaca al resto, pero consideraron que el municipio era muy pequeño y que habían caminado poco, así que siguieron hacia Acayucan, en Veracruz, a más de 100 kilómetros.

Esta es la etapa más larga transitada hasta la fecha por territorio mexicano. Se realiza con improvisación. El momento en el que la Caravana debía permanecer más unida ha sido el momento en el que el grupo más se ha fracturado. Unos, los que lograron aventón, siguen por la propia hacia Acayucan. Otros permanecen detenidos en Sayula, de camino. Un tercer grupo, los que no se subieron a ningún carro, en Donají, el lugar donde estaba originalmente previsto pernoctar.

La gran certeza de la Caravana es que nada es inamovible. Lo que se había decidido en asamblea ha sido revocado por la fuerza de los hechos. La decisión crea un terreno pantanoso: ¿hasta qué punto será fiable lo que se debata en próximos encuentros? Por otro lado, la fractura demuestra que el éxodo no es un peregrinaje teledirigido. Tiene sus propias pulsiones. Y muta. Mientras que el primer grupo avanza por México, otra caravana de hondureños le sigue por el estado de Chiapas, y otra, mayoritariamente integrada por salvadoreños, cruza el Suchiate como antes lo hicieron sus compañeros: nadando.

* * *

Antes de llegar a Matías Romero, la Caravana venía de un par de jornadas tranquilas en Juchitán de Zaragoza. En 1868 este fue el escenario de una de las grandes batallas entre el ejército mexicano y los invasores franceses. Su gran tragedia llegó en 2017: fue el municipio más afectado por el terrible sismo que sacudió el sur del país. Hoy pones un pie y parece que el temblor hubiese sido ayer. Todas las casas están derruidas, agujereadas, derrumbadas. Al igual que ocurre con las improvisadas tiendas del campo de refugiados itinerante, hay casas protegidas por plásticos y tiendas que funcionan en el exterior de lo que antes fue su local y que delimitan su perímetro también con plásticos negros.

No es el mejor lugar del mundo para acampar. Por eso la Caravana se ha instalado en un predio municipal ubicado en los extramuros del casco urbano. Así evitan posibles choques con los lugareños. Si estos perciben que los recién llegados reciben más ayuda de la necesaria puede haber conflictos. Oaxaca es pobre, terriblemente pobre, y los habitantes de Juchitán tienen que malvivir con las consecuencias del sismo, esperando a que el Estado les envíe las dádivas prometidas. Si se sienten agraviados, puede haber problemas.

El predio municipal tiene una zona techada bajo la cual se han instalado decenas de personas. Son unos 100 metros cuadrados de sacos de dormir y esterillas. Pero no es suficiente, así que la gente se reparte en los jardines cercanos. Paradojas de la vida: al acceder a este terreno, en una pared hay un enorme *placazo* del Barrio 18. Ha de ser de una clica local. Estaba aquí antes de que el éxodo centroamericano llegase. Gente que huye de las pandillas termina durmiendo apoyada en un muro en el que esa misma pandilla, o su ramificación mexicana, le recuerda que está presente.

Hoy es un día de reflexión. La Caravana ha tocado uno de los puntos que deseaba alcanzar en camino a Veracruz. Y en eso está Ginna Garibo. Si a ella le hubiesen preguntado cuál era la fecha idónea para que la Caravana de hambrientos se pusiese en marcha en San Pedro Sula, seguro habría escogido otro momento. Pero esa opción jamás existió y tampoco estaba en su mano empujar esa decisión.

Primero, porque estas cosas no se preguntan: más allá de lanzarse a caminar, no había un plan.

Segundo, porque Ginna tampoco tendría voz ni voto para decidir el futuro de la Caravana, pues ella no es una migrante.

Los acompaña, pero no es *una de ellos*, en el sentido más estricto de la palabra. Come con ellos; duerme con ellos; padece con ellos;

parece una de ellos. Pero no es *una de ellos*. Acompaña. Esa es la palabra que utiliza para denominar el trabajo de su organización. Solo comiendo, durmiendo, padeciendo exactamente lo mismo que tus compañeros, se gana uno el respeto de la larga marcha centroamericana. Acompañando.

Pero la fecha no fue la mejor. No, todo lo contrario:

—Fue el peor momento —me dice cuando llegamos a la carpa instalada por la Comisión Nacional de Derechos Humanos en un predio cedido por la municipalidad de Juchitán.

El miércoles 31 de octubre el campo de refugiados itinerante acampa una jornada extra en uno de los municipios más castigados por el sismo de 2017. Juchitán forma parte también de un siniestro ranking: el de las ciudades mexicanas con un mayor número de asesinatos. Con una tasa de 95.1 muertes violentas por cada 100 mil habitantes, el municipio oaxaqueño casi cuadruplica el promedio de muertes de México.

Tiene motivos Ginna para reflexionar sobre la mala oportunidad, consciente de que nada estaba en sus manos, que los hechos se han sucedido así y nada podía haberlos cambiado. Cuando dice lo que dice —"el peor momento"— Ginna habla de política. Porque la política está en el centro de esta marcha.

Aquí va.

En Estados Unidos, el martes 6 de noviembre se celebrarían elecciones de medio término para renovar parte del Senado y la totalidad del Congreso. Era una oportunidad para que el Partido Demócrata recuperase fuerza en las Cámaras, dominadas por el Partido Republicano. La coyuntura venía sobrecalentada. El presidente Donald Trump aprovechó la explosión de la Caravana para relanzar su mensaje antiinmigración, que tan buenos resultados le dio en la campaña electoral a la Casa Blanca. El éxodo es gasolina para el fuego xenófobo que tan bien maneja.

En México, la administración estaba en un momento de transición y presionada por Estados Unidos. El presidente saliente todavía no había abandonado su despacho, mientras que su reemplazante, Andrés Manuel López Obrador, recién tomaría posesión el 1 de diciembre.

La papa caliente de la Caravana atraviesa el país por tramos, pidiendo *ride* a cualquier vehículo —político— que se cruce en su camino. Nadie la quiere tomar. Avanza entre una administración que se marcha mientras improvisa qué hacer con los centroamericanos y otra que todavía no ejerce ni se ha posicionado. Lo más cerca de una posición oficial del futuro gabinete son las palabras del sacerdote Solalinde, íntimo amigo de López Obrador, que en una entrevista con el periódico salvadoreño *El Faro* dijo que la voluntad del futuro mandatario es absorber a toda la Caravana en territorio mexicano.

Definitivamente, no parecen las mejores fechas para iniciar esta larga marcha. Aunque, en realidad, si se pregunta a cada migrante, seguro que hubiesen preferido no tener que dejar su país. Jamás. Este no es un éxodo al que uno se sume alegremente. Ningún éxodo lo es.

—El hambre no entiende de calendarios —dice Ginna.

La antropóloga me cuenta un detalle interesante. Bartolo Fuentes, el periodista hondureño que había pedido a los migrantes que caminasen en grupo, e Irineo Mujica, el presidente de Pueblo Sin Fronteras, hablaron por teléfono el 12 de octubre, cuando apenas un puñado de personas se habían juntado en San Pedro Sula. Mujica pidió a Fuentes que parase la caravana, que les dijese que no comenzasen la marcha, que no era buen momento. "No puedo hacer nada, yo no mando sobre nadie", fue la respuesta de Fuentes. Él mismo me confirmó esta conversación meses después, cuando nos reunimos en El Progreso.

—Entonces, ¿por qué llegaron a pastorear una marcha con la que ni siquiera estaban de acuerdo? —le pregunto a Ginna.

—Gran parte de nuestro grupo son migrantes, actuamos con puro corazón. "Yo quiero bajar a acompañar a mi gente, a mis compatriotas", decían. Así que, cuando llegaron a México, los acompañamos.

Si el hambre no entiende de calendarios, tampoco las oportunidades, y eso simboliza el movimiento: la oportunidad de avanzar, arropado, por los peligrosos caminos que hasta hace dos semanas se transitaban en la clandestinidad. Ninguno de los miles de integrantes de esta romería de los desesperados tenía en su cabeza las elecciones en Estados Unidos o el proceso de cambio de presidente en México cuando se trepó al gusano. Lo que sí tenían, y bien claro, eran la pobreza y la violencia. La certeza de que no aguantaban más.

Cuando cobras unos miserables dólares al día, si la extorsión te tiene ahogado, si un pandillero ha puesto precio a tu cabeza o la sequía ha devastado tus cultivos, no tienes tiempo para detenerte unos minutos a reflexionar si retrasas el éxodo un par de semanas hasta ver qué pasa con las elecciones en Washington.

Ginna no puede darse el lujo de pensar mucho tiempo sobre cuestiones políticas cuya respuesta no está a su alcance. Tiene que resolver y, en este momento, todavía abriga esperanzas. Dice que hoy es una jornada clave. Espera una llamada. Asegura haber logrado un compromiso para contar con 71 conductores de autobuses que permitan transportar a la mitad de la Caravana hasta Ciudad de México. Según el cálculo de Pueblo Sin Fronteras, es la mitad de los que necesitaban: 150 buses con 46 pasajeros a bordo cada uno se bastarían para transportar a los 7 mil integrantes del primer bloque de la Caravana.

Ginna me dice que cree que alguien más —organizaciones sociales, el gobierno de la Ciudad de México, el estado de Oaxaca— puede completar sus demandas y agilizar el tránsito. Pero es mucho dinero. Muchísimo dinero. La Caravana de los que no tienen para pagar un coyote se autofinancia pidiendo monedas en los municipios que atraviesan. No serán ellos quienes puedan soltar la lana para pagarse un *megaride.*

—Hay dos opciones —dice Ginna—: o logramos el transporte y vamos en autobús a Ciudad de México o seguimos caminando.

La Caravana no puede mantenerse demasiado en un mismo lugar. Porque la gente, ansiosa, no está para perder el tiempo y porque los lugares donde recalan no tienen recursos ilimitados para atender la presión demográfica del grupo.

* * *

Jueves 1 de noviembre. Día de Todos los Santos. Hoy es el día en que la Caravana llega a Matías Romero. Esto implica que, para seguir hasta Ciudad de México, tendrán que atravesar Veracruz. La capital mexicana es el próximo punto rojo en el mapa. Por delante, casi 700 kilómetros. Está previsto —en esa incerteza permanente— que allí se instalen, reagrupen, tomen fuerzas y traten de negociar con las autoridades asilo para aquellos que quieran quedarse y una visa de tránsito para quienes deseen seguir hacia Estados Unidos.

La Caravana creó una comisión de gestión y negociación para hablar, cara a cara, con las autoridades mexicanas. De las primeras seis que negociaron con el retén policial al salir de Arriaga pasaron a un cuerpo de personas: cuatro hombres, tres mujeres y un integrante de la comunidad LGTBI. Hablo con dos de ellos: Anger Odamir Godoy González, de veintiséis años, residente de la Zona 1 —el mero centro— de Guatemala, y Ana Luisa España, de la árida Zacapa. Él huye de las pandillas y tiene cortes de autolesión en los brazos, ella busca una vida mejor en Estados Unidos.

No quieren dejar nada al azar. Por eso, su propósito es sentarse con el gobierno saliente y el entrante, con sus equipos de transición, con las comisiones de Migración del Congreso, con el INM y con la Comar, esa institución colapsada que tramita las solicitudes de asilo.

A través de las comisiones de Derechos Humanos que acompañan, la Caravana ha enviado un mensaje a las autoridades y espera el acuse de recibo.

Los acucia un temor: que México decida cortar el paso cuando los caminantes enfilen hacia Veracruz.

Ya lo hizo cuando abandonaron Chiapas, en un extraño ensayo de la política del palo y la zanahoria: mientras el presidente Peña Nieto ofrecía un plan de ayudas para aquellos que pidiesen regularizar la situación en Oaxaca o Chiapas —"Estás en tu casa"—, su gobierno enviaba a decenas de policías para oficializar la propuesta en mitad de un puente ubicado en la mismísima nada. Apenas un centenar de personas aceptó la oferta, según la Secretaría de Gobernación. El resto siguió adelante.

La idea de que nada es permanente se refuerza con cada día y acción. Decisiones en apariencia firmes se convierten en papel mojado pasadas las horas. Propuestas avaladas en asamblea son revocadas por otra junta extraordinaria. Cambia el contexto, llega nueva información, se trastocan las expectativas, se modifican las propuestas. Por eso, solo sabemos que ahora, en este momento, 1 de noviembre de 2018, estamos en Matías Romero. Veinticuatro horas antes nadie hubiera vaticinado que el destino sería este pueblo. Había dos planes, y ninguno pasaba por Matías Romero. Pero la ley de la Caravana se impone —esto es, moverse, fluir— y hoy los exhaustos integrantes de la romería de los pobres descansan en el estadio Emiliano Zapata de Matías Romero, a un kilómetro de la entrada al municipio.

Y ahora va a llegar la lluvia que Ginna no quiere ver.

[11]

Engaño, caos y muertos vivientes en Puebla

Una frustración mayor rompe la Caravana.

El gobernador de Veracruz pudo ser un héroe. Y lo fue, de hecho, por dos horas de la tarde del viernes 2 de noviembre. Fue el tiempo durante el cual Miguel Ángel Yunes sostuvo su oferta de facilitar unos 150 autobuses para que los miembros del éxodo centroamericano llegasen hasta Ciudad de México. Aquel día entraban en uno de los estados más peligrosos del país, el suyo, y la idea sonaba increíble. Significaba olvidarse de pedir *ride*, de colgarse de forma inverosímil sobre un picop, de jugarse la vida aferrado a una cisterna poniendo a prueba las exiguas fuerzas de los brazos agotados, de asfixiarse junto a 100 compatriotas en un camión lleno hasta reventar. Sonaba tan bien que los hombres y mujeres exhaustos y enfermos que acampaban en el mercado de Sayula de Alemán, un municipio anodino del estado de Veracruz, recibieron la noticia eufóricos. Sonaba tan bien, ¡tan bien!, que *creyeron*, sin dejar resquicio a la duda, sin caer en la cuenta de que era demasiado bueno para ser verdad.

Así les fue.

La Caravana apenas había arribado a Sayula de Alemán ese mismo día desde Matías Romero, 129 kilómetros de paliza en las piernas. Los migrantes se instalaron en el interior y los alrededores del mercado del pueblo, una especie de búnker de cemento en el extrarradio. Allí crearon estancias, unos compartimentos cuya privacidad consiguieron colgando toallas, plásticos negros, mantas o la ropa a secar entre un *cuarto* y otro.

Sayula es una pequeña población en la planicie de Veracruz, un municipio de paso. Aquí no vienen turistas, sino transportistas y migrantes. Y fue aquí, en este lugar de paso, donde todos escucharon las promesas que Yunes les envió desde Xalapa, la capital del estado, donde se encuentra su despacho de gobernador.

Cuando despertaron, el dinosaurio ya no estaba allí. Dos horas después de prometer que solucionaría grandemente la vida inmediata de la Caravana, Yunes se desdijo. El héroe pasó a la historia como un mentiroso, un vendedor de humo. Triste rol que comparte con muchos políticos de la región.

La cronología de la crueldad de Yunes es la siguiente:

17.30 horas

El gobernador anuncia en un video de 1:21 minutos que cuelga en su cuenta de Twitter que Veracruz va a proveer ayuda humanitaria a la Caravana. Agua, alimentos, servicios de salud. Le dan retuits y *favs* a mansalva. También lo atacan e insultan —no es sencillo ser político en México.

"Es muy importante", sigue, "que puedan moverse pronto de Veracruz hacia otro lugar. Por eso, ofrecimos transporte para que, si es posible, el día de mañana, 3 de noviembre, puedan trasladarse a la Ciudad de México".

19.00 horas

Asamblea frente al mercado de Sayula de Alemán. La gente está nerviosa. Los jóvenes, en especial y de modo reiterado, creen que el avance es muy lento. El plan inicial era dormir en Donají, un poblacho en Oaxaca, pero en el camino el grupo decidió mantener el paso y seguir a pulmón hasta las ciudades veracruzanas de Sayula y Acayucan. Otro síntoma de fractura creciente de la Caravana.

La oferta del gobernador de Veracruz ha venido a cambiarlo todo, reduciendo las tensiones.

Transporte. Transporte. Transporte.

Es crucial atravesar rápidamente uno de los estados más peligrosos del país, donde secuestran, explotan sexualmente y matan a más migrantes que en otros territorios de México, en los que también secuestran, explotan sexualmente y matan.

—¡Lo logramos! ¡Vamos a tener autobuses! ¡Luchamos, pero lo logramos! —se pone eufórico Francisco Suazo, un dominicano cincuentón radicado en México, piel oscura, pelo corto y canoso, tatuaje del Che Guevara en el brazo izquierdo, muy activo en las asambleas megáfono en mano.

La Caravana es un imán para tipos de procedencia dudosa. Este es uno de ellos. Es migrante, aunque tiene tarjeta de residencia para un año. Como todos, anhela llegar a Estados Unidos; se encontró con la Caravana preguntando por aquí y por allá. Por eso tampoco es activista, aunque le gusta implicarse y se acerca mucho a los chicos con megáfono, el aceptado símbolo de autoridad.

Las dinámicas de organización de la caminata siguen explicándose por prueba y error. Al entrar en Chiapas surgieron los chalecos verdes, voluntarios de Pueblo Sin Fronteras que trataron de poner orden en el caos. Pero nadie puede imponerse a una caminata de heridos y desconfiados. Nadie salvo Dios. Y como Dios no lleva chaleco verde, los voluntarios de PSF dieron un paso atrás. O al lado. Básicamente, estaban hartos de que los tratasen como el silbato de un sereno. O de que les hiciesen bullying.

Pero todavía se necesitaba un modo para dar información y cohesionar. Aún hay tareas que hacer: hablar con las autoridades para anunciar la siguiente parada, dirimir los pleitos dentro de la Caravana, organizar a los voluntarios que llegan con comida o ropas. Así aparecieron los megáfonos. Los megáfonos son los nuevos chalecos verdes. Intentan transmitir decisiones adoptadas en asambleas a las que poca gente acude. El éxodo es injusto. Si el megáfono llega con buenas noticias nadie le dará las gracias. Si lo que anuncia es negativo, será considerado culpable. Y si se le ocurre sugerir una directriz será alegado: "¿y tú quién eres para darme órdenes a mí?"

Ningún migrante dura mucho en el intento de coordinación. Es un trabajo duro e ingrato.

Ahora es Suazo quien lleva el megáfono y da la buena nueva. En una placita exterior del mercado, la asamblea se vuelve celebración cuando oficializan la oferta del gobernador. Llueve, pero da igual. Los mismos dioses que vienen poniendo a prueba a los caminantes, imponiendo condiciones climáticas cada vez más difíciles, saludan la buena nueva con una lluvia fina, que moja pero no golpea.

Ginna Garibo, incrédula, me cuenta los términos de la oferta: habrá autobuses que partirán en grupos, de diez en diez. Prioridad para niños y mujeres. Habrá escolta de todo tipo. Un vehículo de la Comisión Nacional de Derechos Humanos, uno de la Comisión Estatal de Veracruz, la Defensoría de Oaxaca y otro de la Policía Federal. Se harán dos paradas, en Córdoba y Puebla. Está previsto que cada caravana llegue a Ciudad de México en 10 o 12 horas.

"¡Manchadas de sangre / están las fronteras / porque ahí se mata a la clase obrera!", clama una voz que se deja escuchar entre un centenar de personas bajo la lluvia.

Estamos en un momento de excitación. Hay gente que baila bajo la lluvia, otros se dejan llevar por una oración, esa que dice que Dios negoció con el gobernador de Veracruz para tener autobuses. Los más místicos están desatados con sus "Primero Dios", "gracias a Dios" y "la voluntad de Dios". Hay, también, mucha ansiedad. A las cuatro de la mañana tocarán diana. A las cinco se formarán las primeras filas para subir a los ansiados autobuses. Parece mentira que mañana estos miles de personas vayan a estar cómodamente sentados de camino a Ciudad de México.

Por supuesto, eso no sucederá —mañana ninguna de estas miles de personas va a estar cómodamente sentada de camino a Ciudad de México—, pero ellos no lo saben y bailan y gritan y se abrazan. Hay fiesta en Sayula de Alemán gracias a una mentira.

19.30 horas

Todo se viene abajo. El gobernador Yunes emite un segundo video, ahora de minuto y medio. Se contradice. Antes quería a los migrantes fuera de su estado lo antes posible. Ahora les pide que se queden en Veracruz. Alega que no habrá transporte porque hay problemas de abastecimiento de agua en la Ciudad de México, que cortó el suministro entre el miércoles y el domingo por la realización de unas obras.

"Se trata de un problema institucional, que hay que resolver de fondo", dice Yunes. "No se trata de pasar la papa caliente de una mano a la otra o de un estado al otro. Se trata de ir al fondo del tema. Ofrecí darles apoyo para trasladarse a la Ciudad de México. Pero la Ciudad de México enfrenta hoy, todo el fin de semana, y probablemente hasta el lunes o martes de la próxima semana, un problema grave de abasto de agua que afecta a más de siete millones de personas. No sería correcto que agraváramos aún más esta situación. Por eso quiero ofrecer a los migrantes que, mientras los problemas se resuelven, y a la espera de una solución de fondo a este asunto, acepten la invitación para ir a alguna ciudad de Veracruz más al sur, una ciudad grande, donde podamos tener instalaciones adecuadas".

"Solución de fondo" suena a burocracia, a engaño, a trampa, a proceso larguísimo y migrantes varados.

Tremendo barril de agua fría.

Son horas frenéticas. Integrantes de Pueblo Sin Fronteras, migrantes y algunos activistas tratan de hablar con Yunes, con el gobierno federal, con quien sea. Es en vano. Al final, para cuando sale el video, pasadas las nueve de la noche, han dado todo por perdido. A no ser que Dios intervenga, pero Dios está perezoso últimamente. Toca informar a la romería. Muchos ya duermen, confiados en que al día siguiente tendrán su espacio reservado en el autobús. La gente lo va a tomar a mal.

Solo el gobernador de Veracruz puede responder a las preguntas fundamentales: ¿qué ocurrió entre las 17:30 y las 19:30 horas para que cambiase de opinión de forma radical? ¿Por qué empleó un vacuo argumento que todos conocían de antemano —el corte de agua en la capital— para retirar su oferta? ¿Por qué los miembros del puente humanitario organizado por Ciudad de México se enteraron a través de un comunicado y no por información directa de las autoridades de Veracruz? ¿Acaso telefoneó algún miembro del gabinete del presidente Enrique Peña Nieto a Yunes para obligarlo a dar marcha atrás?

Esas respuestas explicarían por qué, pudiendo convertirse en un héroe, Miguel Ángel Yunes, del Partido de Acción Nacional (PAN), opositor al gobierno del PRI, decidió quedar como vendedor de humo a menos de un mes de abandonar su cargo.

* * *

Sábado 3 de noviembre. Seis de la mañana. Ginna Garibo y Alex Mensing, de Pueblo Sin Fronteras, suben a un camión cisterna megáfono en mano. Junto a ellos, Arturo Peimbert Calvo, defensor de los Derechos Humanos del Pueblo de Oaxaca, y Juan José García Ochoa, de la Comisión de Derechos Humanos de la Ciudad de México. Casi todos acompañan la Caravana desde San Pedro Tapanatepec, en Chiapas; han recorrido unos 500 kilómetros con el grupo. No es tanto, pero en tiempo-caravana, es suficiente para que todos los reconozcan.

Es uno de los momentos más dramáticos del trasiego. Nadie querría estar en su pellejo. Los cuatro tienen delante a una masa de seres humanos agotados, ansiosos y hartos. Llevan entre dos y cuatro horas bajo la lluvia y se sienten estafados. Deben comunicarles que la esperanza se ha esfumado, que regresan al punto cero, que no hay más alternativa que seguir caminando a través del peligrosísimo estado de Veracruz. No habrá autobuses.

Antes de que Ginna cuente el drama, emite a través del megáfono los dos comunicados del gobernador Yunes, a modo de vacuna. El primero, el de la oferta, y el segundo, el del desengaño. Y pronuncia las terribles palabras que nadie quiere escuchar: hay que seguir caminando. Juntos. En el difícil Veracruz. Próximo destino —anuncia pronto, como para evitar que la multitud se quede colgada en la frustración—: el municipio de Isla.

Los rostros de los cientos de hombres y mujeres que observan a Ginna, Alex, Peimbert y García reflejan una decepción absoluta. Es cruel manipular su esperanza. Estas personas están acostumbradas a que jueguen con sus necesidades y deseos, a ser los últimos de la fila, a no contar para nadie más que para ellos mismos. El jefe, el pandillero, el matón del barrio, el padre ausente, el político, el gobernante. Todos los decepcionaron, abusaron, los pisotearon. Ahora se sienten engañados por las personas que, al menos durante dos semanas, les han ofrecido algo a lo que aferrarse, una puta guía en medio de un terreno desconocido y amenazante. Culpan a Ginna y compañía de la promesa incumplida de Yunes.

—¡Basta de pajas! ¡Nos están engañando! ¡No pueden jugar así con la dignidad de esta gente!

En la primera fila, un hombre bajito de gafas con un abrigo abrochado hasta el cuello para cubrirse del agua, habla directo a Ginna Garibo.

—¡Si no estaban seguros, no debieron dar esa información! —protesta.

—Era seguro. A nosotros también nos han engañado —responde la mexicana.

Ginna tiene el gesto descompuesto. A ella también la estafaron, pero tiene que dar la cara.

—Emitió un comunicado en televisión. Nos aseguró que tendríamos los autobuses —explica—. No lo comunicamos hasta que estuvimos completamente seguros. Ustedes han podido escuchar al gobernador.

El hombre se queda pensativo. Da la razón a la activista.

—Entonces... ¿habrá que organizar una rueda de prensa, verdad? —responde—. No se puede quedar así. ¡Hay que denunciarlo!

Su indignación ha cambiado. Como si no le cupiese en la cabeza que una autoridad pueda decir una cosa y luego hacer lo contrario. Como si no recordase todas las veces que en Honduras, El Salvador o Guatemala sus gobernantes han engañado a sus votantes. Es conmovedora su confianza en los resultados que puede lograr una denuncia pública. Su inocencia. Como si eso fuese a cambiar el estado de las cosas.

La Caravana seguirá, está claro. El gran ejército de los derrotados centroamericanos inicia mañana otra etapa de su larga marcha. Los espera Isla, a 80 kilómetros de Sayula de Alemán. Algunos, los menos, se desgajan. Han perdido la paciencia. Observo a unos 40 separarse. No seguirán ya en la Caravana. Quizás lo intenten con un coyote. Es injusto, pero la pérdida de la fe a menudo es hija del desengaño.

* * *

Sábado 3 de noviembre. Mediodía. Gasolinera Pemex de Isla. Margarita Núñez, Magui, la investigadora que por casualidad terminó negociando con la policía en medio de la carretera en Chiapas, avanza rodeada por más de una docena de personas. Carga con un megáfono y tuerce el gesto, con hastío. Recuerda a quien quiera escucharle que el pacto al que llegaron hace menos de seis horas, en Sayula, era dormir en Isla, donde hay un salón social habilitado. El albergue está vacío: es una gran nave con una colección de goteras.

Cientos de personas se encuentran en el cruce con Núñez. Tienen dos opciones. Tomar el camino de la izquierda y adentrarse en este municipio de calles cuadriculadas y 40 mil habitantes, o seguir. Allá, más lejos, al final de esta carretera, está Puebla: 370 kilómetros. La otra opción era el objetivo final al que debían arribar con los autobuses de Yunes: Ciudad de México, casi 500 kilómetros al oeste, parteaguas para la romería de los hambrientos.

¿Qué hacer? ¿Jugársela en la carretera o esperar al grupo? ¿Acaso no están avanzando demasiado lento? ¿Cuánto falta para la frontera con Estados Unidos?

Minutos antes, toda la frustración, la ira y la desesperación han estallado junto a la gasolinera de Pemex. Dos tipos subidos a un camión comenzaron a pelear con un grupo de personas que querían treparse. El chofer los desalentaba. Se negaba a arrancar con gente encaramada en los costados del vehículo. Alguien dijo una palabra más alta que la otra y entonces los dos tipos, catrachos ellos, bajaron armados con palos. Midieron mal sus fuerzas. Por mucho que uno cargue un palo, si enfrenta a una multitud siempre tiene las de perder. Así que apenas el grupo encaró, intentaron huir. Uno consiguió escapar. El otro no. Recibió tremendos golpes. Cuando intervino la Policía Federal se llevaron al tipo sangrando por la nariz en la palangana de un picop. En medio del lío, alguien también empujó a un camarógrafo de Telesur que viajaba cubriendo la Caravana. Los ánimos se encendieron aún más. No tocar a los medios forma parte del consenso de acuerdos mínimos del grupo. Ellos los han hecho visibles. Ellos filmarán si alguien los abusa, los detiene o trata de deportarlos. Conviene llevarse bien con los medios.

—¡Si alguien te toca, por favor, nos lo comunicas! —me grita un hombretón alterado—. Nadie puede tocarte. Tienes derecho a grabar lo que quieras. ¡Nos estás ayudando!

Todo en la Pemex es un caos. Hay corrillos. Algunos toman aventón y no miran atrás. Otros deambulan preguntando qué hacer. No hay nadie identificado como líder. Todo se ha descontrolado. La extenuación y la frustración han hecho mella.

—Les recuerdo el pacto al que habíamos llegado —dice Magui, agotada, al grupo que amenaza rebelarse.

—¡¿Dónde están los autobuses? —responde un joven, airado, como si la mexicana tuviese algo que ver con la traición de Yunes.

—¡Avanzamos muy lento! —reclama otro.

—¡Si no seguimos con la Caravana, no somos nada! —opina un tercero.

El extravío es general. Los tipos con megáfonos, antes conocidos como chalecos verdes, dan órdenes contradictorias. La tensión se romperá al menor malentendido. Rabia, frustración, el horroroso calor del trópico, policías armados a dos pasos, dos carros del Ejército mexicano a media distancia.

Al cabo, un pequeño grupo va hasta el albergue que mencionaba Magui, pero, al verse en soledad —no había nadie allí: colchonetas apiladas, no hay comida y parece que tampoco vayan a caber todos—, regresa por donde habían venido.

"¿Qué hacemos ahora?" es la pregunta más reiterada.

De repente, llegan Ginna Garibo y Alex Mensing. Bajan de un camión lleno hasta reventar. Hay que caminar con la gente si quieres que te respeten. Se ven tan agobiados como el grupo de caminantes. No puedes estar en todos los sitios.

La joven mexicana toma el megáfono subida a los hombros de un hombre. Frente a ella, más de un centenar de personas. Dice que su papel es acompañar, que ellos no son organizadores, que no mandan, y que deben estar con el grupo mayoritario. Lleva días preocupada por los diferentes ritmos de la Caravana. Los hombres jóvenes, sin cargas familiares, quieren y pueden avanzar más deprisa. Son ágiles, veloces, trepan a cualquier vehículo en marcha y se acurrucan para el *ride* en el recoveco menos esperado. Las personas mayores, las madres y los niños —las decenas de niños enfermos que caminan de la mano de los adultos— no pueden seguir ese ritmo. La Caravana se ha visto confrontada con un fenómeno común ante la ausencia de normas y líderes: la ley del más fuerte. Hay demasiados hombres jóvenes y muchas madres solas. No hay hombres solos con sus hijos. Eso nos dice algo de la sociedad que se exilia. Y nos dice quiénes inclinarán la balanza al momento de gritar más fuerte.

—Si aquí somos muy pocas personas, los acompañantes deben ir donde está la mayoría. En algún punto nos tenemos que reunir —proclama Ginna Garibo—. No podemos entrar a Ciudad de México desorganizados. Esto se va a volver nada. Y le vamos a dar gusto al gobierno federal. De eso no se trata.

Hay algún aplauso, pero también, como nunca antes, llegan reclamos desde la lejanía. "¡¿Dónde están los autobuses?!" Los activistas se han convertido en paganos del engaño del gobernador Yunes. Es injusto, pero es así. Si pones la cara, corres el riesgo de que te la partan.

—¡Hay que seguir juntos, hombro con hombro, como hemos venido! —demanda Ginna—. Ésta es su caminata, ustedes la hicieron desde Honduras. Considero que antes de entrar a Ciudad de México es importante reagruparnos. Eso se puede hacer en Puebla. Si deciden avanzar nos vemos en Puebla. Ahí está el padre Gustavo Rodríguez Zárate. El padre está en la parroquia de La Asunción. Ahí es el punto de reunión para los que decidan avanzar.

Ahora sí hay aplausos. Ginna ha pronunciado la palabra clave: avanzar. Como si les diese su bendición. Los enfadados querían que los activistas otorgaran el visto bueno a su deseo de adelantarse. Igual que un niño que pide a sus padres que aplaudan su rabieta. Pero la Caravana no funciona así. Ni Ginna ni ningún otro ha venido a decir qué hay que hacer. Si hay una mayoría que quiere avanzar, los acompañantes se dividirán, algunos con la cabecera y otros con los rezagados, las familias, los que caminan más lentamente. No les queda otra. Eso es acompañar. Por ahora, Ginna Garibo y los chalecos verdes/tipos con megáfono han salvado el temporal. Pero ya saben que la multitud tiene los nervios a flor de piel.

—No me fío de esta gente. Ya nos han engañado en dos ocasiones. ¿Por qué aparece y desaparece? ¿Quién le dio autoridad? —dice Mauricio Mancilla, un treintañero de San Pedro Sula.

Discute con otros compañeros. La decepción por los autobuses está demasiado presente. Mancilla sabe —y lo dice a los demás— que los activistas no fueron responsables, que a ellos también los engañaron. Pero en situaciones extremas la ira, el enfado, la decepción pueden apuntar las culpas contra la persona que tienes más cerca.

—Estamos vacunados contra la paja —dice al final, y se retira a pedir jalón.

Insistiré en el tópico: nadie parece querer entender los riesgos de la división. Si todo se disgrega definitivamente, si esta gran romería de hombres, mujeres y niños se convierte en pequeños grupos dispersos, dejarán de tener la visibilidad del éxodo centroamericano para regresar a la oscuridad del anonimato de los individuos. Volverán a ser migrantes ilegales en el país que más migrantes centroamericanos deporta y donde más migrantes y personas son secuestradas, vejadas y asesinadas por el crimen organizado. Un *target*.

Cuando se encontraban a las puertas de México, en aquel puente lleno de seres humanos desesperados, el presidente Enrique Peña Nieto les dijo que si cruzaban por el río serían detenidos y devueltos a sus países. Hoy, la Policía Federal escolta su marcha. Pero los policías pueden dejar de hacerlo si la multitud pierde su poder grupal. Cuando lleguen a la capital todavía faltarán cientos de kilómetros hacia Estados Unidos, atravesando algunos de los territorios más peligrosos de una de las rutas migratorias más peligrosas del mundo. La ley del más fuerte debilita a la Caravana. Es un suicidio.

* * *

Sábado 3 de noviembre. Noche avanzada. Parroquia Nuestra Señora de la Asunción, Puebla. Un hombre se cubre con varias mantas.

Parece un fantasma que ha decidido asomar su cabeza humana. Arrastra los pies con pasos cortos, la mirada perdida. Es la sombra de lo que fue. Camina hacia la parroquia Nuestra Señora de la Asunción, en Puebla. Carga sobre sus espaldas seis horas agarrado a un camión, primero encerrado en el tráiler, luego subido al techo. Está tan agotado que no puede hablar con claridad. Es un muerto viviente que ha logrado cumplir la etapa más larga de todas las que la Caravana ha desarrollado en México. Se pierde de vista al entrar en el albergue. Hoy dormirá caliente.

El albergue está ubicado en el interior de la parroquia y se accede a él a través de un largo y estrecho pasillo. Los feligreses han acomodado hasta el propio templo, ya que no hay espacio para las quinientas personas que hoy arribaron con rostros muy parecidos a los del fantasma humano que acaba de entrar a dormir. Cuerpos doloridos que avanzan por inercia. La gente agarra unas galletas, una botella de agua y se echa a descansar casi de inmediato.

Todos en este centro religioso están exhaustos, perdidos, derrotados, enfermos. La tos es parte de la penosa banda sonora. Repicará toda la noche en una sinfonía sin ritmo. Desde hoy y por muchas noches más.

—Nos han engañado tanto. Juegan con la dignidad de las personas.

Jenina Díez, salvadoreña de San Salvador, es una abuela que apenas supera los cincuenta, pero tiene el pelo grisáceo y la piel muy cuarteada. No escuchó las recomendaciones de Ginna Garibo en la gasolinera de Isla, pero el instinto la ha conducido hasta aquí. Tiene fiebre. Su voz es un hilillo aflautado, como si sus pulmones protestasen. Su piel arde. Se cubre con una manta, sentada sobre un pequeño banco alargado, derrotada. Viene con tres nietos, su hija, el yerno. Llegaron en camión hasta el acceso a la ciudad, donde decidieron pagar un taxi. Ella no podía más.

Junto a Jenina está Marvin Andrade, también salvadoreño, al borde de los cuarenta. Hace dos semanas, el sábado 20 de octubre, Andrade fue de los últimos estacionados en el puente de Tecún

Umán, en Guatemala, esperando a que México abriese su portón metálico. Decía entonces que no quería relajo.

—La idea es entrar legal aquí porque hay ventajas que nos pueden dar la oportunidad para pelear el caso, que nos dejen pasar o nos den albergue. En cambio, nos han informado de que, si uno cae y no está registrado, directamente va deportado o hasta preso puede ir —decía entonces.

Horas después, toda su filosofía se hundió en el agua del río Suchiate cuando decidió cruzarlo como ilegal.

Andrade es otra fotografía común del viaje. La Mara Salvatrucha le arrebató la casa, asesinó a su esposa —quiso oponerse a que reclutaran a un hijo de 12 años— y lo dejó hundido.

—Allá no se puede, está todo topado de pandilleros. Se han dividido todos, hay un solo revoltijo.

Me dice que entre las pandillas —sureños, revolucionarios...— hay una pelea declarada y que cualquiera que se meta, porque entró a la colonia que no debía, acaba baleado o apuñalado.

Las fronteras invisibles que marcaron la vida de Jorge Alexander y doña Fanny, el chico asesinado en Tijuana y su mamá, tienen su equivalencia en San Salvador. Toda Centroamérica es un inmenso campo de batalla con trincheras que solo conocen los combatientes y los civiles que han tenido la desgracia de vivir al lado de la barricada.

Mientras Andrade relata sus últimas horas de tránsito rumbo a Puebla dentro de un camión, tembloroso de agotamiento, llegan unos ruidos desde el exterior. Acaba de estacionarse un camión repleto. En el techo, un pequeño grupo cubierto por mantas. En el interior, decenas hacinados. Solo se les ven las manos, que asoman entre los tablones de la puerta. Gritan. Dicen que no tienen aire, que les abran ya, que no aguantan más. Uno de los voluntarios del albergue responde que no tienen espacio para ellos, que tienen que esperar 15 minutos. Un tipo, desesperado, sale del interior rasgando la tela de la caja. No hay tiempo. Desata las cuerdas. Da igual lo que le digan, la gente se está asfixiando. Por 15 minutos más no va a permitir que algún compañero termine cadáver.

Los hombres y mujeres que descienden se ven tan demolidos como el fantasma humano de las cobijas, pero si uno pregunta a estos cuerpos exhaustos, doloridos y enfermos si permanecerán otro día en Puebla para recuperarse, encuentra una respuesta unánime:

"Mañana, temprano, a Ciudad de México".

Son indestructibles.

[12]

Un campo de refugiados a 30 minutos de Polanco

Tijuana es el camino más seguro.

—Esperaremos un poco más, pero si no nos ponemos en marcha, nosotros salimos. No estamos aquí de paseo.

Eddy David Pineda tiene 34 años y ha montado su tienda de campaña en el exterior del estadio Jesús Martínez "Palillo", en Ciudad de México. El estadio está en la colonia Granjas México, en la delegación de Iztacalco, al sureste de la capital, muy cerca del aeropuerto internacional Benito Juárez. En realidad, toda el área de recreo, delimitada por una verja, se llama Ciudad Deportiva Magdalena Mixhuca. En su interior se encuentra el estadio, que lleva el nombre personal y artístico del cómico que lo financió.

El espacio deportivo es un vergel en mitad del monstruo: hay algo de verde cuidado. Para acceder hay que caminar bajo el puente de una enorme autopista, al lado de otra gran carretera. El Palillo es un estadio modestísimo, apenas 6 mil localidades. Por ahí nunca pasó Diego Armando Maradona ni su mano de Dios. Tiene gradas de cemento y su pista de atletismo bordeando el césped, pero pareciera incluso que este sea un campo del que la gente huye. En 2016 acogió a cuatro equipos de la Liga de Futbol Americano Profesional: los Condors, los Mayas LFA, los Mexicas LFA y los Raptors LFA. Dos años después, todos habían buscado un mejor acomodo. Como en el caso de los migrantes, el estadio era un lugar de tránsito.

Pineda ha montado su tienda en uno de los jardincitos que rodean los caminos al estadio. Plásticos negros atados a unos árboles y toallas y mantas en el suelo: precariedad pura. Pero el campo de refugiados itinerante se está sofisticando. Los primeros que llegaron, en la noche del sábado 3 de noviembre, se encontraron con un estadio vacío y hostil. No había nada. Un grupito, un centenar, se plantó en la ciudad deportiva, que todavía no había sido aclimatada por el gobierno de la ciudad —que ofreció el Palillo a última hora—, y dijo que de ahí no se movía, que no tenía dónde pasar la noche y que en las noticias estaban indicando que ese era el punto. Así empezó a levantarse el campamento.

El arribo de la Caravana a Ciudad de México no fue una entrada épica de cientos de almas agotadas y hambrientas caminando a través de grandes avenidas como el ejército de los derrotados rodeada de transeúntes que aplaudían su coraje. Eso nos habíamos imaginado los periodistas, pero los periodistas nos movemos con códigos diferentes. Para nosotros era importante el heroísmo del arribo a la meta de miles de almas exhaustas que se hacen visibles en la inmensidad de una ciudad de 22 millones de habitantes. Para ellos, en cambio, era importante dormir bien para seguir avanzando. La capital solo tiene algún significado para quien no está pensando en llegar cuanto antes a la frontera de Estados Unidos.

Venía la marcha rota, y así alcanzó la capital: como un goteo. El domingo 4 de noviembre llegó la avanzada, aquellos que lograron aventón desde el caos de Isla. Luego, en camiones, buses, picops, tráileres, arribaron los miles de personas que ahora acampan en la cancha. Más de 5 mil 500 almas, según la Comisión de Derechos Humanos de Ciudad de México. Pero el conteo es engañoso. Ya hay gente que se ha lanzado hacia el Norte, desgajándose del grupo. La mayoría está a la expectativa, pero igual se moverá. El éxodo tiene todavía cierta cohesión, pero le quema la piel si permanece demasiado tiempo en un lugar.

La idea era descansar en la capital unos días y que los integrantes de la Caravana reciban información sobre sus alternativas: pedir asilo en México o seguir hacia Estados Unidos. Pero eso es lo que quieren las oenegés y las instituciones. Otra vez: la gran mayoría de estos hondureños, guatemaltecos, salvadoreños y nicaragüenses no piensan en otra cosa que no sea alcanzar el Norte. Y no hay argumento que pueda desviarlos de su objetivo. Quieren Estados Unidos. Se plantarán en el puente migratorio, se entregarán pidiendo asilo y fiarán su futuro a las autoridades estadounidenses. Otros tienen pensado separarse cuando se acerquen a la frontera; recurrirán a un coyote. Los hay que ya tienen apalabrado con sus familiares el pago al llegar al Norte. Otros se emplearán en alguna zona industrial, como Nuevo León o Baja California, y ahorrarán hasta completar la cifra astronómica que cobran los guías del cruce ilegal. Sea como sea, matar el tiempo en Ciudad de México no es algo que contemplen.

Es comprensible, por otro lado. Ciudad de México simboliza la burocratización del éxodo. O, al menos, un intento de ponerle coto que tuvo poco éxito. El movimiento tiene sus propias reglas y en ocasiones se vuelve caótico, pero aprende a cada paso y en varias ocasiones ha demostrado que no se deja pastorear. Ante la estancia en Ciudad de México, esa determinación dispara las preguntas fundamentales. ¿Cuándo reiniciarán la marcha y cómo? ¿Qué ruta escogerán? ¿Tijuana, Tamaulipas? ¿Volverá a ser una caminata compacta o se impondrá la ley del más fuerte que los disgregó desde Veracruz?

El interior fue la primera estancia prontamente ocupada en el Palillo. Un grupo colonizó las gradas, otro el campo. Pasadas 24 horas, la antigua cancha de los Cóndors, los Mayas, los Mexicas y los Raptors era ya una pequeña ciudad. En el césped, se amuchan varias decenas de personas bajo tres grandes toldos que levantó la alcaldía o quien demonios sea que se encargó de los migrantes durante esos días. Colchoneta para no dormir sobre el suelo y sacos de dormir y mantas para combatir el frío. En las gradas que son de un cemento jodidamente frío de noche, lo mismo, pero al raso: colchonetas, sleepings, mantas y, en algunos casos, improvisadas tiendas con plásticos negros. Entre la L que forma la estructura y el plástico, un ángulo de 90 grados bajo el que cobijarse. Algo es algo.

Fueron duras las noches en el Palillo. La caída del sol significa frío. Y la gente no está preparada para el frío de la meseta del altiplano de la antigua Tenochtitlan. La máxima era caminar con la menor cantidad de ropa posible. Así que la larga marcha es ahora de hombres, mujeres y niños que tiritan en la noche y se mojan con el rocío en la madrugada. Eso, quienes lograron su espacio dentro del estadio o en las carpas fuera de la cancha pero todavía dentro del complejo Magdalena Mixhuca. Quienes no lograron ni una ni otra cosa, debían dormir con el cielo negro por techo, como siempre.

Por primera vez, la larga marcha va a detenerse por varios días. Y aunque la estadía en la capital cambia el escenario, la dinámica de los migrantes se mantiene: instalarse en un precario rincón, desempacar la mochila, acomodarse al clima, hacer fila para todo.

El ser humano siempre se aclimata. A pesar de las adversidades, cada uno de estos individuos tiene una vida. Juega, come, ríe, se enamora, disfruta, toma un jugo, coge apasionadamente con su pareja o con la persona que conoció anteayer. La Caravana me recuerda un poco al cuento "La autopista del sur", de Julio Cortázar. Completos desconocidos obligados a convivir se convierten en familia. Hay noviecitos, romances fulgurantes, pleitos a muerte, enfados momentáneos, amistades eternas y todo lo que la vida junto a otros seres humanos puede ofrecernos. Hay reguetón y a veces se baila y otras se perrea y algunos fuman mota y otros se toman sus chelas y algunos van a misa y otros celebran el culto y hay quien no hace nada de todo lo anterior y todo el mundo forma esta inmensa familia ambulante de más de 5 mil almas.

El campo de refugiados se sistematiza. A la gente no le gusta que le den todo hecho. Necesitan sentirse útil. Así que hay migrantes que deciden hacer cosas. Hay negocios improvisados de venta de cigarrillos, peluquería y hasta tatuajes montados por los mismos viajeros. Hay mentalidad de emprendedor. La venta de cigarros es el negocito más visible. Mucha gente fuma y no siempre hay una abarrotería donde comprar un *piti*. Al principio aparecían, casi clandestinos, los vendedores ambulantes, pero ya el grupo tiene sus propios proveedores. El precio varía. Un cigarro puede costar entre un peso y cinco. Depende de la calidad del cigarro (hay unos de fabricación china que saben a hierbas secas y tierra) y de la ley de oferta y demanda.

No vale lo mismo un Marlboro en la puerta del Palillo, con tiendas a tres minutos, que en la soledad de Tapanatepec. Los vendedores de cigarros van a imprimir carácter al grupo. Ellos serán quienes popularicen la consigna "fúuuuuuuuuuuuuumele banda" que terminará adaptada por todos los caminantes como una especie de grito de guerra de la romería.

La peluquería es otro de los emprendimientos. Ayyi, el chico alargado y carismático de Tapachula, ha montado su pequeño "salón" en un lateral del Palillo, junto a una carpa que sirve de dormitorio a decenas de personas. En Pijijiapan, Chiapas, hace una eternidad, Ayyi pasó por un barbero y le contó que él también se dedicaba a las tijeras. Al tipo le sobraba una maquinilla y se la dejó por unos veinticinco dólares a cambio de que Ayyi le ayudase a cortar el pelo durante toda la tarde. Así se convirtió en el peluquero de la Caravana.

En medio de todo este microcosmos, también han florecido las oenegés. Muchas oenegés. ¿Diez, veinte, treinta? Muchas, en comparación con la soledad con que la romería atravesó el sur de México. Están en la entrada, donde han instalado sus camionetas y puestos, y caminando alrededor de la gente, con sus petos. Están Médicos del Mundo, ACNUR, el Servicio Jesuita. Otras mucho menos conocidas: como el Programa Casa de Refugiados, Instituto para las Mujeres en la Migración, la Casa de Acogida y Formación para Mujeres y Familias Migrantes. Hay grupos dedicados exclusivamente a trabajar con niños. Hay unos payasos que vinieron a amenizar la tarde de los menores, e iglesias católicas y evangélicas que reparten platos de frijol, arroz y tortillas. Hay clases de boxeo, una exhibición de lucha libre. E instituciones. Como una camioneta de la Procuraduría General de la República quién sabe para qué: allí no se puede presentar ninguna denuncia porque no funciona la corriente.

Hay, también, muchos funcionarios de la Comisión Nacional de Derechos Humanos. Ellos tienen una misión extraña para una organización de derechos humanos. Su cruzada es que los periodistas no entren en el interior del Palillo para fotografiar a los caminantes. Yo me digo que está bien, tienen razón en querer proteger la intimidad de los que viajan, sobre todo porque hay niños, pero también me pregunto dónde estaban esos mismos funcionarios cuando policías de su gobierno apalearon a mujeres y niños en el puente Rodolfo Robles. Y vuelvo a preguntarme por qué no se presentaron en las instalaciones de la Feria Mesoamericana de Tapachula donde hacinaron a madres, niños y viejos en un campo para pelea de gallos. Claro, tienen razón en proteger la intimidad de los migrantes, pero miro a la grada de cemento y pienso en el puto frío que hace por la noche y estoy segurísimo de que mi cámara no es el principal problema de esta gente que se prepara, otra noche, para dormir a la intemperie.

—No podemos esperar demasiado —dice Eddy Pineda.

Pineda viaja con dos hermanas desde San Pedro Sula, donde se dedicaba a la venta ambulante, que dejó con la crisis de agosto de 2018, cuando la municipalidad incrementó las tasas y Pineda se dio cuenta de que trabajaba para pagar impuestos, los legales y los de guerra. Es un tipo fornido y con canas, como si tres semanas de caminata le hubiesen pasado por un túnel del tiempo. Lleva una playera de la campaña electoral de Yunes, el gobernador de Veracruz, el traidor de los 150 buses.

Recibió la camiseta en un reparto de ropa en el estadio. No es rencoroso: es solo una camiseta. Una prenda limpia. México había celebrado elecciones el 1 de julio. Desde que los migrantes pusieron un pie en Chiapas se enfundaron cientos de camisetas y gorras del Partido Revolucionario Institucional del presidente Enrique Peña Nieto; de Morena, del nuevo presidente Andrés Manuel López Obrador, y del Partido de Acción Nacional, de Yunes. Al menos las camisetas han tenido su utilidad después de la campaña.

* * *

Entre todos los voluntarios y varias oenegés hay un grupo que tiene una importancia clave, aunque se encuentra en una pequeña tiendita ubicada en un pasillo de stands antes de acceder al interior del estadio, medio perdido y difícil de hallar. Son los abogados voluntarios que intentan explicar de qué va eso del asilo.

Llegados a Ciudad de México, hay muchas decisiones que tomar, colectivas e individuales. Primera decisión: seguir o quedarse aquí. Aunque Peña Nieto aseguró que todo el que entrase de forma ilegal sería detenido y deportado, hay miles de personas en el estadio Palillo. Las oenegés les recuerdan que no tienen por qué llegar hasta Estados Unidos. Que pueden solicitar su refugio aquí, en México. Pero poca gente considera esta oferta.

Segunda decisión: qué camino adoptar hacia el Norte, qué frontera buscar. La rumorología dice que Pueblo Sin Fronteras quiere que la marcha se dirija hacia Tijuana. Es el camino más largo en kilómetros, más de 3 mil, pero también el más seguro. Hay que atravesar Sinaloa y Sonora, pero allí, dicen, ahora no hay tanta presencia del crimen organizado o su control territorial no es tan brutal como en Tamaulipas.

Tercera decisión: cómo entrar en Estados Unidos. Esto no es tan fácil y corresponde a cada núcleo familiar plantearse bien cómo hacerlo. El abanico es amplio. En público se mantiene la ficción del Dios que "ablande el corazón de Trump", pero todo el mundo sabe, tiene que saberlo, que eso es imposible: para que un dios ablande el corazón de Trump, primero Trump debiera tener uno. Un corazón y un dios. Así que hay varias opciones. Los que tienen dinero o alguien que les preste, buscarán un coyote. En algún momento del camino se desgajarán del grupo e irán por su pollero. Esta idea tiene a los hombres jóvenes entre sus principales valedores. Otra opción es pedir asilo en Estados Unidos. El modo de hacerlo es también variado. La primera posibilidad, presentarse en un puesto fronterizo y explicar el caso. Aunque esto implica esperar mucho tiempo en México, ya que hay lista de espera para entrar. La segunda es saltar en algún punto de la valla y dejarse arrestar por la Border Patrol. Hay una ley que dice que las familias con menores no pueden estar detenidas durante más de 20 días, así que uno puede cruzar el muro, ser encerrado y luego liberado a la espera de la deportación. En ese momento, ya dentro de Estados Unidos, se solicita el asilo. Trump intentó frenar esta vía mediante una orden ejecutiva que impedía pedirlo a quienes ingresaban ilegalmente en el país. No le duró mucho la idea. Un juez tumbó su propuesta, como suele ocurrir con cada idea peregrina del presidente.

Todos estos procesos son complejos y casi nadie en la Caravana tiene una idea exacta de cómo funcionan. Ellos solo citan a Dios y a la suerte. "Insallah", dicen los árabes. "Primero Dios", dicen los centroamericanos. Y no es que no tengan información —hay gente dispuesta a contarles cómo serán las cosas en casi todo el derrotero de la Caravana— sino que han desarrollado la capacidad de bloquear los mensajes que contradicen sus expectativas. "Dios ablandará el corazón de Trump". No hay leyes, ni sugerencias legales, ni normativas, ni abogados que puedan contra eso.

Por eso es fundamental la labor de gente como Mary, una abogada gringa de gorra blanca y pelo rubio que trata de explicar a quien quiera escucharle cómo es eso del asilo.

—Han mandado soldados a la frontera, está muy peligroso —dice.

Mary y sus compañeras dan tres turnos de charlas en un pequeño stand en el exterior del estadio, pero llega poca gente. Los migrantes tienen escasísima información, pero tampoco la buscan. Más que certezas, los mueve la fe. Como la de un hombre, convencido de que no haber sido nunca deportado le puede garantizar el asilo.

—Existen cinco causas por las que se puede pedir refugio: ser perseguido por raza, religión, opinión política, nacionalidad o grupo social —explica pacientemente Mary a un grupo que la mira sin mucho interés. En el grupo hay un trabajador del campo guatemalteco y dos señoras, pequeñísimas y delgaditas, que vienen de Honduras, y un nicaragüense joven que se aferra a una portada de un periódico donde dice algo de que son perseguidos políticos.

Si la Caravana finalmente opta por Tijuana, deberá aguardar turno en territorio mexicano antes de cruzar a Estados Unidos. Por delante habrá, al menos, 2 mil 500 personas y un tiempo de espera de entre dos y seis semanas, explica Mary. La misión de Mary y del resto de letrados es hacer una radiografía exacta de lo que se van a encontrar los migrantes en caso de que intenten pedir asilo en Estados Unidos. Están allí para desarmar falsas expectativas, para que tomen decisiones racionales. *No bullshit.* Tijuana al día de hoy es un cuello de botella. Hay una única entrada, El Chaparral. Diariamente, los funcionarios gringos de migraciones reciben allí a una media de 30 personas, pero detrás de ellos, esperando en vano, queda una fila enorme. Para acceder tienes que inscribirte en una lista. Es curiosa esa lista. De dudosa legalidad, simple organización e incomprensible eficacia. La gestionan, desde hace dos años, los propios demandantes de refugio. Es un libro que pasa de mano en mano. Como un legado. Como un pergamino incunable. Es el registro de todos los hombres, mujeres y niños que desde 2016 pusieron sus esperanzas en esta garita. Mexicanos, hondureños, guatemaltecos, salvadoreños, haitianos.

Detrás de cada nombre hay una historia de tragedia y esperanza, de violencia, pobreza, o ambas.

Al inscribirse en la lista, cada solicitante recibe un papelito con un número. Por cada número hay 10 personas. Diariamente, Estados Unidos acepta atender tres papelitos, 30 casos. Ahora mismo hay colapso por los pedidos de migrantes mexicanos. Decenas de personas originarias de Guerrero y Michoacán se han plantado en la frontera para escapar de la guerra contra el narco. Nadie sabe qué sucederá cuando llegue la Caravana, con sus expectativas desbordadas pendientes del "primero Dios".

Y toda esta espera es solo para entrar. Para cruzar la aduana y que te permitan explicar tu caso.

—Cuenta con que, si te presentas, vas a ser detenido —dice Mary, en tono magisterial.

La gente escucha, pero sin mucho interés. Las cuatro personas que se mantienen frente a ella la miran, pero no parece que estén procesando lo que dice, sino rumiando sus propias historias.

—Primero se realiza la entrevista llamada "de miedo creíble" —sigue—. Es el primer paso para no ser deportado. Si la pasas, tendrás un juicio. Si no, serás deportado sin derecho a hablar ante un juez.

Si accede a los tribunales, el migrante, solicitante de asilo, perseguido, es sometido a un tercer nivel de cuestionamientos. ¿Qué pasó? ¿Quién le hizo daño? ¿Por qué se lo hizo? ¿Si acudió a la policía? ¿Por qué cree que puede volver a ser violentado?

—Yo tengo pruebas de que soy perseguido en Nicaragua —dice el joven.

—A mí ya me deportaron hace meses, ¿qué me puede ocurrir? —plantea otro.

Pero a Mary lo que le interesa es hacer una panorámica general, no resolver casuísticas individuales que, en el fondo, lo que buscan es que les digan que tienen una oportunidad entre mil. Ha dicho una, con eso basta.

Pero los otros no escuchan.

Al final, la chica zanja con una obviedad:

—Es su decisión si quieren intentarlo.

Y aquí entra una disyuntiva gordiana. La Caravana ha avanzado en bloque, desobedeciendo las leyes migratorias de México y los intentos de Guatemala y Honduras por frenarlos. Pero a cada kilómetro que avanza las cosas se ponen más difíciles. Dejó atrás el sur cálido y con fama de solidario. Ahora entrará en el Norte, más rico, pero con menos ganas de ayudar a los migrantes. Además, conforme se acerca la frontera se introduce en los territorios controlados por los cárteles del narcotráfico. Sinaloa, Jalisco Nueva Generación, los Zetas. Todos han escuchado historias terribles. Todos saben qué les puede ocurrir si caen en sus manos. Y eso solo es el lado mexicano. En Estados Unidos, las cosas no están nada fáciles, por supuesto. A pesar del relativo éxito del Partido Demócrata en las elecciones de *mid-term,* en las que recuperaron la mayoría en la Cámara de Representantes, Donald Trump sigue dando vueltas a su honda xenófoba. Es el peor momento para intentar poner un pie en el vecino del Norte, y los activistas lo saben, pero no pueden pedir a los centroamericanos que se queden en México. Solo advertirles que la fe no mueve todas las montañas y que, ante la política xenófoba de Trump, no hay "primero Dios" que evite las penurias.

Para gente como Mary solo queda informar. Claro que esa actitud no es unánime. Por ejemplo, el padre Alejandro Solalinde es abiertamente partidario de que la travesía concluya en México. Lo dice en reuniones cerradas con otros activistas y en asambleas públicas como la del jueves. En su opinión, no es buena idea intentar entrar en Estados Unidos ahora. Solalinde cree que el nuevo gobierno podrá desarrollar políticas públicas que atraigan al éxodo centroamericano. Tremenda paradoja: los gobiernos de México y Estados Unidos, ideológicamente antagonistas, coinciden en su voluntad de que el éxodo centroamericano no llegue a la frontera.

Pero la tozuda realidad es que la mayoría de estos hombres y mujeres no conciben otra posibilidad que no sea ingresar a Estados Unidos. Y no hay aviso, amenaza, alegato o advertencia que pueda hacerles cambiar de idea. No hay razón que los convenza de lo contrario.

En principio, un día antes de llegar a la Ciudad de México, representantes de los migrantes, Pueblo Sin Fronteras y organizaciones de la sociedad civil mexicana habían acordado que esperarían 48 horas, reunirían información y decidirían qué hacer. Todos tienen presente la negociación en Chiapas y las resbalosas ofertas de Peña Nieto como el plan "Estás en tu casa". Hasta ahora, avanzar fue siempre la única garantía. Llegados a la capital es momento de tomar decisiones más críticas: aquí comienza el último tramo a la frontera.

Pero el grupo es irrepresentable. La gente no va a las asambleas y los pocos que acuden lo hacen en clave de partido de futbol. Alguien dice algo que le gusta: "¡Ueeeeeeeehhh!". Alguien dice algo con lo que no está de acuerdo: "¡Buuuuuuuhhhh!". ¿Había otra forma de organizar esto? Quién sabe. Solo así se entiende cómo adoptaron la decisión de seguir hacia Tijuana. Ocurrió el 8 de noviembre, tras una jornada complicada.

Aquel día, unas 200 personas se plantaron ante la sede del Comisionado para los Derechos Humanos de las Naciones Unidas, en la rica colonia Polanco de Ciudad de México, para exigir autobuses que los transporten de modo seguro hasta Tijuana, el teórico destino final del éxodo. Al frente, Milton Benítez, periodista hondureño y muy activo en las últimas jornadas. Hubo caminata, larga caminata, con una pequeña representación del éxodo de los hambrientos avanzando por varios de los distritos más exclusivos de Ciudad de México. Contrastaba ver a los adinerados almorzando mientras observaban el paso de los harapientos. En Polanco hubo una reunión con un representante de la ONU, pero no hubo ningún acuerdo en firme. A pesar de ello, el grupo encabezado por Benítez regresó a la asamblea coreando un "¡Sí se pudo!" que dio para muchas interpretaciones. ¿Qué se había podido? ¿Autobuses? ¿Otro tipo de transporte? ¿Garantías de seguridad? Según el relato, en dos horas recibirían una respuesta de Nacionales Unidas en el estadio Martínez Palillo. Si había buses, avanzarían a buen ritmo. En caso contrario, marcharían como siempre, a pie y pidiendo aventón.

Era el eterno debate, la esperanza recurrente. Los putos autobuses.

La idea del grupo enviado a Polanco era irrealizable a todas luces. En términos humanos, la razón de su petición es comprensible. Si los autobuses eran necesarios para recorrer Veracruz, lo son aún más para viajar al norte de México. El camino restante hasta Tijuana es muy extenso y en extremo peligroso. Los cárteles del narcotráfico, los traficantes de personas y los grupos dedicados a la explotación sexual son voraces y amorales. Qué menos que proteger a seres vulnerables que transitan una ruta que en el pasado se tragó a miles de personas.

Pero deseos y realidad no siempre son compatibles y la cruda realidad es que la probabilidad de que Naciones Unidas pusiese autobuses para el éxodo centroamericano nunca fue elevada. Siempre es más fácil que un estado o una ciudad presten unos autobuses escolares que pensar en un monstruo como Naciones Unidas gestionando una agencia de transporte para miles de personas que desobedecen las leyes mexicanas a plena luz del día.

A pesar de ello, el jueves por la noche, en la asamblea en el estadio Palillo, los autobuses sonaban como una solución plausible. A la vez, era imprescindible decir que marcharían. Porque había gente que llevaba cuatro días en las colchonetas, porque el ansia apretaba a diario, porque unos, los que quieren pisar el acelerador, preguntan a los que optan por aguardar si no se han cansado de ser unos "mantenidos".

Ahora son las ocho de la noche del jueves 8 de noviembre y el público de la asamblea es mayoritariamente masculino: demasiada testosterona en el aire.

"Si esperamos...", arranca alguien con el megáfono.

"¡¡¡Noooooo!!! ¡¡¡Nos vamos!!!", responde la mayoría masculina.

Aquí es cuando aparece la idea de Tijuana. Una mujer se hace con el megáfono y lanza el nombre de la ciudad, alegando que es la ruta más segura. Nadie le lleva la contraria. Todos aplauden. Moción aprobada. ¡Han elegido Tijuana solo porque alguien dijo que era lo mejor! Es posible que la mayor parte de la gente no tenga ni la más remota idea de cuáles son las rutas posibles a seguir —¡o de dónde queda Tijuana!—, así que se fía del resto. No le queda otra.

Llega entonces el anuncio del reinicio de la marcha. Próxima estación: Querétaro. Hora de la partida: cinco de la mañana.

Todos se desconcentran, cenan, se preparan para descansar. Pero no es el fin.

Algo ocurrió antes de medianoche, porque el grupo cambió de idea. Y no es la primera vez.

A las cuatro de la mañana del viernes 9 de noviembre, el Palillo dormía profundamente. Solo había madrugado la prensa, ajena a los intestinos de una Caravana que se mueve por impulsos, con liderazgos frágiles y que toma decisiones rápidamente impugnables.

A las cinco, apenas un grupo de impacientes deambula entre las carpas. Gritan, silban, intentan convencer a los dormidos de echarse a caminar. Es en vano. Sistemáticamente los mandan de paseo. No van a salir todavía.

—La mayoría se va a quedar, esperando a que den respuesta al problema. Pero no nos van a dar buses. Es todo paja.

Wiston Betancourt, del pueblo agrícola de Choluteca, en Honduras, exiliado por las inundaciones en su tierra, se marcha enfadado. Carga su mochila y se abriga hasta casi cubrirse los ojos. No aguanta más al grupo. No cree nada de lo que le digan. Esperar un día es perder ese día. Así que se lanza, junto a unas decenas de personas, mirada al frente, manos en los bolsillos. En la cancha, donde casi todos duermen, se abre de repente una discusión casi familiar cuando ven partir al grupo de Betancourt. Unos se quejan de que se incumplió el acuerdo para partir y el resto, somnoliento, rebate que son libres de marcharse, pero que, si lo hacen, lo hagan callados y dejen dormir.

Betancourt camina molesto. En el vagón del metro, rumbo a la estación Cuatro Caminos, su grupo se da ánimos. Dicen que quedarse es una tontería. Están enfadados con el resto, a los que acusan de vagos, de querer vivir de las limosnas. Señalan a Pueblo Sin Fronteras. Un chico negro, alto, que lleva la voz cantante en el interior del coche de metro, asegura que alguien los ha comprado, que su insistencia en quedarse en Ciudad de México un día más obedece a intereses oscuros. Está convencido de que alguien opera entre los activistas para frenar su camino.

El pequeño grupo de Betancourt sale envalentonado de la boca del metro. Hay adrenalina y testosterona. La mayoría son hombres jóvenes. Hay ambiente de golpes amistosos, palmadas sonoras en la espalda, risotadas estridentes. Creen haber tomado la decisión correcta y creen que van a comerse el mundo.

Al abandonar el metro se encuentran con algo inesperado: la inmensidad de México.

Son minúsculos y vulnerables y la ciudad es inmensa.

Ya no son esa gran masa que colapsaba calles en Chiapas y Oaxaca. Ya no son tan jóvenes, resueltos, invencibles, machitos. Ahora son diminutos, casi imperceptibles. Un grupo de quinientas personas en una de las ciudades más grandes del mundo que comienza a despertar. Es como si los grandes edificios los empequeñeciesen aún más. La hilera de caminantes centroamericanos es reconocible por sus mochilas, pero termina engullida por los cientos de miles de personas que se dirigen a sus trabajos.

Ya no hay risotadas y seguridad. La urbe los ha intimidado. Se sienten lo que son: labriegos, obreros, vendedores ambulantes, gente humilde nacida en barriadas humildes de naciones humildes que miran hacia arriba y se encuentran con edificios que solo conocen por televisión.

Ya no hay marcha atrás. Avanzan por la carretera hacia la salida de la ciudad. Son hormigas caminantes en la inmensidad de la monstruosa Ciudad de México.

Para entonces ya hay, otra vez, dos caravanas.

La primera, la avanzada de Betancourt, llegará al estadio Corregidora de Querétaro durante el día. Una decisión que será clave para que los siguientes escojan el mismo lugar.

La segunda, en Ciudad de México, se relame sus heridas y vuelve a tener claro que la ilusión de un transporte seguro hasta Tijuana sigue siendo eso, ilusión. Es un largo camino —el más largo de todos al Norte— pero también, dicen, el más seguro. Como descartaron subirse a La Bestia para unir sus países con Estados Unidos, los migrantes eligieron la menos mala de todas las malas opciones.

Con un día todavía por delante, me voy a la peluquería de Ayyi por una afeitada. Allí está también Jonny, que se ha montado una tienda de campaña en el exterior porque dice que dentro de las carpas la gente es muy desordenada. Les pregunto sobre la ruta. Ayyi, con la cuchilla en la mano, me dice que está muy de acuerdo con ir por Tijuana. Que otro camino sería una locura. Sabe de lo que habla.

—Me secuestraron —me dice, y larga un monólogo—. No sé si fueron Zetas, Jalisco, o quién. Me llevaron a Ciudad Victoria, Tamaulipas, me dijeron que me iban a cruzar. Me pedían 4 mil dólares o me matarían. Yo les decía que amo la vida, pero que no tengo ese dinero. Mi primo logró reunir mil quinientos. Tal vez tuvieron compasión. Ellos me dijeron que hablase con el primo. Mandó el dinero, me soltaron en una ciudad en Tamaulipas. Me fui corriendo a la terminal de buses. Encontré un negocio de comida, de pollo. Al muchacho le dije, hermano, me puede ayudar. Me regaló una gorra, una camisa y me dio comida y agua. Le caí bien y me llevó a dormir a su casa. Todos eran cristianos. Marché para intentar cruzar, pero llegando a Río Bravo, me agarró la Migración mexicana.

Se detiene por un instante.

—Hay una historia que queda marcada para toda la vida —termina—. Para el país y para los que formamos parte.

El grueso de la Caravana abandonará el estadio el 10 de noviembre, un día después de que el pequeño grupo de Betancourt anunciase que no se sometería a la disciplina general de descansar más tiempo. Pero el Palillo no quedará vacío por mucho tiempo. Otras tres caravanas menores —la que sigue inmediatamente a ésta, de otras

2 mil personas; la que partió de El Salvador a finales de octubre, con cerca de 1 500, y una tercera de Honduras, que no llega al millar— caminan por el sur del país en dirección a Ciudad de México.

Al menos 10 mil centroamericanos siguen, de un modo u otro, la ola de las caravanas. La serpiente ha dado crías.

[13]

Frío y tos en la nada

Juan Pec tiene una misión.

Juan Pec es guatemalteco, y tiene frío. Pero da igual.

Juan Pec dejó su pueblo —es maya qeqchí, de Alta Verapaz— porque tiene una misión. Llegar a Estados Unidos en nombre de dos personas: Marjorie Mileidy, que cumplirá seis años el 28 de noviembre, y Rita Leticia, que apenas tiene tres meses. Por sus hijas, dice Juan Pec, el frío que haga falta. Por sus hijas, la lluvia. Y el cansancio. Y el hambre. Y la deshidratación. Y la enfermedad. Por sus hijas, todas las plagas que esta larga marcha sea capaz de soportar.

Es la tarde del sábado 10 de noviembre, y Juan Pec, que tiene pinta de tipo optimista, está sentado en el exterior del estadio Corregidora, en Querétaro. Ahí juegan los Gallos Blancos, pero la Caravana no sabrá mucho de ellos. Las autoridades han permitido al éxodo acomodarse en las afueras del campo, no en el interior, como en el Jesús Martínez *Palillo*. Aquí la cancha tiene ese verde reluciente del césped de los estadios de futbol importantes, pero no se toca: una valla custodiada por tres policías impide el ingreso. De manera que la Caravana tampoco podrá ocupar las gradas como hizo en Ciudad de México, y aquí permanecerán vacías, inmensas e igual de frías.

El campamento itinerante de refugiados se estira con sus tiendas de plástico negro por el estacionamiento y el perímetro exterior del estadio Corregidora. La imagen es reiterada: colchones y mantas por el suelo para quienes no tienen otra cosa sobre la que acostarse, nuevos plásticos para los toldos, ropa y mochilas por cualquier parte, y algunas tiendas de campaña para los suertudos que consiguieron una donación. La gente se desparrama por el cemento. Come, descansa, juega a los naipes. Sobrevive. Pospone.

Juan Pec tiene frío, y no es el único. No ha caído la noche pero ya hay gente tiritando. Querétaro no es acogedor cuando la noche se cierra sobre la planicie elevada del centro de México. La estadía en la capital fue un anticipo: esto no es el sur tropical del país.

El estadio Corregidora está en medio de la nada, en la zona industrial de Querétaro. El terreno es ligeramente elevado y no hay ningún edificio, ningún muro, absolutamente nada que proteja a la Caravana de las brisas. Hay algunas fábricas en construcción y hoteles de extrarradio, pero poco más en esta zona de una de las ciudades más prósperas de México. El viento pega directamente sobre los cuerpos que hacen lo posible por frenarlo enroscados en mantas. Tiene motivos Juan Pec para protegerse del frío, porque hace mucho frío y el termómetro baja. Cero grados marcará de madrugada.

Pero él dice, optimista, que no hay problema, que se cubrirá como pueda, que tiene energías para seguir "con todo". A su alrededor, todo mundo tose. La salud de la Caravana se ha deteriorado velozmente desde hace unos días, tras las humedades y calores extremos, el agotamiento que tumba las defensas y el cambio de temperaturas en las zonas más altas del país. La banda sonora de este éxodo centroamericano tiene un sonido unánime: la tos. Si escuchas atentamente, ahí está: todo el mundo, absolutamente todo el mundo tose, carraspea, escupe, desflema. Los niños tosen. Los viejos. Los adultos. Los jóvenes fuertes. Las madres. Las embarazadas. Tosen las familias, los que viajan solos y los nuevos amigos. Todos. Una chica, riéndose, celebra que no tiene tos, que únicamente moquea. Los pulmones están doloridos. Pasar del calor al frío, y del frío al calor, dormir a la intemperie, gastar horas encima de los camiones, comer mal, descansar peor, ha castigado los cuerpos de estos seres humanos con voluntad indestructible.

Están cada día más enfermos.

La larga marcha de hondureños, guatemaltecos, salvadoreños y nicaragüenses ha dejado atrás la Ciudad de México, el punto de inflexión. Como era de esperar, casi la totalidad de sus integrantes decidieron seguir camino a Estados Unidos sin escuchar las invitaciones para que pidan refugio en la capital. Si estamos en camino, mejor tocar frontera. Ya habrá tiempo de pensárselo mejor cuando estemos en Tijuana, escuché por allí.

La fragmentación que comenzó a insinuarse al dejar Oaxaca y adentrarse en Veracruz ya es un hecho consumado. La Caravana solo mantiene su nombre para el público global que la conoce por la prensa y los tuits de Trump. En la práctica son decenas de grupos esparcidos por distintas zonas de México. Hay gente durmiendo en Guadalajara, en el estado de Jalisco, a más de 500 kilómetros al noroeste de Ciudad de México; en Celaya, estado de Guanajuato, a más de 270 kilómetros; aquí, en Querétaro, a unos 200 y poco kilómetros, y el macrolibramiento Palmillas, a 170. El ansia no entiende de asambleas y la romería se ha convertido en un gran acordeón que se extiende a lo largo de tres estados. Ley del más fuerte: los que pueden hacen, los demás que sigan. Nada que no se sepa.

* * *

—Esto lo hago por mi familia, por mis hijas. Somos cuatro y para alcanzar el mes necesitaríamos 6 mil 500 quetzales (unos 850 dólares). Cobro la mitad.

Juan Pec nació en Raxruhá, una zona de Guatemala tan verde y fértil como paupérrima, pero se mudó a la capital a los 18 años. Habla, lee y escribe en qeqchí. "Veintitrés idiomas hay en Guatemala", le dice a un hondureño somnoliento que lo mira con curiosidad.

Se unió a la caravana en Tapanatepec, ese pueblito en la frontera entre Chiapas y Oaxaca, tan pobre que no se podía distinguir entre los plásticos que formaban tiendas de campaña y aquellos que servían para cubrir las viviendas dañadas por el sismo de 2017. Los hondureños llevaban ya más de una semana de marcha cuando Juan Pec decidió dejar a su familia y rumbear al norte. Tenía pensado alcanzar al grupo antes, pero trabajaba en la PMT, la Policía Municipal de Guatemala, y tardó para lograr un permiso de dos meses sin sueldo. Si tiene éxito, si llega a Estados Unidos y nada malo sucede allí —si no lo detienen y consigue algún trabajo— podrá renunciar a su empleo chapín.

La historia de la familia de Juan Pec es la de una Guatemala con las maletas hechas con un ojo en Estados Unidos. La Guatemala donde las relaciones personales pueden construirse por remesas y los hijos conocen a sus padres por Skype. La esposa de Juan Pec, Rita Leticia Lara Huz, también emigró. Hace cinco años, pagando coyote, cuando su hija Marjorie Mileidy tenía apenas nueve meses de vida.

Algo muy serio ocurre cuando una madre se marcha a miles de kilómetros dejando detrás a un bebé.

La pareja tenía un pacto: la mujer trabajaría en el Norte durante tres años. Luego, regresaría. Dos años y ocho meses aguantó Rita Leticia Lara en Brooklyn. Echaba de menos a Marjorie Mileidy, así que se volvió antes de tiempo. Ahora, con Rita Leticia todavía colgada de su pecho, es el marido quien emprende el viaje. Difícil mantener una relación así. La gente cambia. La distancia marca. La mujer que marchó no es la misma. El hombre que se quedó es distinto. Pero en este caso la familia permanece unida, al punto que Rita acompañó a Juan Pec desde San Pedro Ayampuc, en Guatemala, hasta San Pedro Tapanatepec, para ponerlo en ruta. Ahí lo dejó, solo, con su humilde mochila: una muda extra, tres bóxers, tres pares de calcetines, una sábana y los enseres de aseo personal.

¿Qué meterías en tu mochila si viajas y no tienes previsto regresar en nueve años?

"Regresa a Guatemala", fue lo último que le dijo la esposa.

Su hija, que vivió sus tres primeros años atendida únicamente por su padre, la va a echar de menos.

Juan Pec tiene frío, pero piensa en Marjorie Mileidy y en Rita Leticia y se convierte en un tipo que podría pasear por el Polo Norte sin camiseta ni zapatos. Por suerte, esta es una heroicidad innecesaria. Le basta con acurrucarse bajo su cobija —para eso la carga todo el día a la espalda— y esperar a que salga el sol para ponerse en marcha.

Juan Pec tenía un plan. Quería aprovechar el impulso de la Caravana para alcanzar el Norte y, una vez ahí, contactar con un coyote.

La última vez que lo vi, a finales de noviembre de 2018, seguía intentándolo. Durante el siguiente mes, hasta navidades, me escribí con él. Me decía que la cosa estaba difícil, que habían subido los precios. Un día dejó de responder a mis mensajes. No volví a saber de él.

* * *

El sábado 10 la porción más grande de la Caravana pone en marcha su inmensidad y abandona Ciudad de México. En la víspera el pequeño grupito de Betancourt trató en vano de convencer a sus semejantes de seguir la marcha. Ahora no hace falta que nadie diga a nadie que se aliste. Para las cinco de la mañana el estadio Martínez *Palillo* se ha vaciado casi por completo. Entre ellos avanza Juan Pec, con su cobija azul enrollada a la espalda, acompañado por otro grupo de guatemaltecos. El destino es, en teoría, Entronque Palmilla, un lugar en mitad del páramo, pero bien ubicado antes de llegar a Querétaro. Justo ahí se toma la carretera hacia Irapuato y Guadalajara: el camino más rápido en dirección a Tijuana.

Pareciera que todos conocen la ruta.

Una larga fila lenta avanza por Ciudad de México. Los caminantes toman el metro. Por primera vez, cientos de migrantes van *dentro* del vagón de un tren y no *sobre* el vagón de un tren. Llegan a Cuatro Caminos. A diferencia de la expedición de machitos jóvenes de ayer, son los suficientes para que la gran urbe no los intimide.

Ahí está, de nuevo, en todo su esplendor, el éxodo centroamericano. El Palillo ha servido para descanso y avituallamiento. Así que la larga marcha de los hambrientos camina con paso firme. Algo han aprendido desde que anduvieron por Chiapas y Oaxaca. En el sur de México, el calor era uno de sus enemigos. Era imprescindible caminar ligero. Ahora, sin embargo, entran en tierras destempladas. No están acostumbrados al frío y las noches van a representar duras pruebas. Por eso muchos de los caminantes ahora cargan con cobijas y colchonetas. Las atan con cuerdas y se las echan sobre la espalda. Otros, más prácticos, se han hecho con carritos de supermercados. Es como si cada uno hubiese ganado volumen: se protegen la cabeza con gorros, llevan dos o tres capas de ropa, cubren su cuerpo con una manta. Quizás no necesiten convertirse en esquimales ahora, pero la Caravana ha conocido al frío y camina pertrechada para enfrentarse a sus heladas salvajes.

Otra dinámica que ha cambiado desde aquellas primeras jornadas en el sur de México: caminar ya no es la principal opción. En lugar de transitar pequeños tramos bien cohesionados, el grupo fía todo a la generosidad de los camioneros. Nadie ha tomado esta decisión de un modo coordinado. Es decir, no hubo una asamblea en la que el representante de ese día, o alguien de Pueblo Sin Fronteras, o un tipo de una oenegé, o un recién llegado con muchas ganas de hablar, haya dicho "*muchá*, dejemos de andar y avancemos en camiones y tráileres". Es algo que *viene dado*, como un rulo genético que de repente se suelta. En las últimas etapas en el sur de México ésta era la tendencia. Ahora se ha profesionalizado.

Algo de eso sucede en la caseta que da inicio a la autopista entre Ciudad de México y Querétaro. Hasta aquí mucha gente ha llegado en autobús de línea. Pagaron algo menos de un dólar desde Cuatro Caminos e hicieron sus buenos 20 kilómetros. Ahora todo el mundo guarda fila para para hacer raite. Cualquier transporte es bueno: un camión, un picop, una rastra, que son las largas plataformas vacías de los camiones que, por ejemplo, se usan para cargar carros.

La fila es gorda e inmensa. No menos de 500 metros y subiendo, cubriendo todo el arcén derecho. Han llegado voluntarios de un albergue cercano que ofrecen galletas, agua y kits de higiene. El día se ha puesto algo caluroso, pero no es la asfixia de Chiapas. Se sobrelleva. Ahora la gran preocupación es conseguir que los camiones, los tráileres, los picops, paren y carguen gente. Esta petición se ha sofisticado. Ya no son los migrantes los que caen sobre el vehículo por sorpresa y para cuando el piloto se quiere dar cuenta ya tiene a 100 personas subidas en la parte de atrás. Aquí hay policías, miembros de la Comisión de Derechos Humanos y religiosas haciendo el trabajo por ellos.

Sí, policías. Los mismos policías que deberían arrestar a todos estos centroamericanos pobres y hambrientos y entregarlos a la Migra son los que antes ordenaban el tráfico y ahora han dado un paso extra: paran a los camiones y les piden que, por favor, colaboren unos kilómetros.

Definitivamente, desobedecer las leyes migratorias y caminar en grupo era la mejor idea del mundo.

En medio de la Caravana, peleando como la que más encara a los camioneros, pilotos y transportistas, está sor Beatriz, una religiosa que viene acompañando a los migrantes desde Chiapas.

—Quiero que lleguen a Querétaro —me dice—. He venido acompañándolos desde Tapachula y he visto un pueblo que sufre, un pueblo sencillo, un pueblo luchador, que tiene ganas de trabajar y que no es delincuente, sino al contrario, tiene la esperanza de una mejor calidad de vida. Todos tenemos derecho a eso.

Sola, con el brazo extendido, negocia, llama la atención, pide, suplica, reclama, gesticula, se enfada. Pasa un autobús y su piloto toma fotos de la caravana. "¡Menos fotografías y más ayudar a la gente!", reclama sor Beatriz, y luego sonríe como avergonzándose de su indiscreción.

A su espalda, la fila no hace más que crecer.

En este punto, el despliegue policial es muy visible, quizás más que en Ciudad de México. Hay agentes federales, municipales y estatales. Anastasio Hernández Rosas, policía del Estado de México, dice que tienen orden de coordinar una salida ordenada. Que así va a ser hasta Querétaro. ¿Qué implica esto? Que, por orden de sus jefes, los propios uniformados deben organizar el aventón para coordinar un trasiego limpio. No era un acto solidario de los policías: es una decisión política. Fuera de la ciudad, rápido, en orden y seguros. Así que, como sor Beatriz, pero movidos por intereses menos humanistas, hay agentes que se acercan a los camiones o las rastras, charlan con los pilotos y, al minuto, dicen "hay *raite*". Y un montón de gente se lanza por su pequeño espacio en la nueva Bestia, la que va sobre ruedas.

Esta *anomalía* —la de policías preocupándose por el bienestar de migrantes pobres a los que siempre se han dedicado a hostigar— se expresa en toda su grandeza en una gasolinera a varios kilómetros de Querétaro. Será mediodía, o la una, quién sabe. Un grupo de uniformados detiene una camioneta en la que van dos docenas de personas. Esto es: policías que detienen a un camión lleno hasta reventar de migrantes ilegales, gente a la que, en otras circunstancias, detendría y entregaría al INM para ser deportados.

—Disculpe, es que aquí hay dos familias con niños que necesitan aventón. ¿No podrían hacer espacio para que suban? —pide el agente al conductor de un camión.

—Por supuesto.

—Tengan buen viaje.

* * *

Nadie quiere a pobres y enfermos en el centro de una ciudad.

Los pobres visten feo. Los pobres huelen feo. Los pobres son feos.

De manera que si los pobres vienen —si los pobres centroamericanos vienen—, que se vayan a los extramuros de la ciudad.

Esa lógica parece operar en Querétaro.

William Mauricio Derler —19 años, catracho— se queja de las condiciones en el exterior del estadio de La Corregidora. Los baños están justo al lado de donde la gente duerme. Es decir, se caga y se mea en las narices ajenas. Los baños portátiles nunca son suficientes, así que el olor fétido de los sanitarios rebasados gana terreno, así estén al aire libre. Dice Derler que no hay espacio para todos. Que hay gente que llega y tiene que establecerse en los alrededores, más expuestos. Que han hablado con un policía —Derler lleva un chaleco verde con la sigla PSF de Pueblo Sin Fronteras— y que éste les dijo que no eran bienvenidos en Querétaro

En el estadio de los Gallos Blancos hay comida, se reparten bandejas de poliespán con tortillas, frijoles, arroz. Cocina de campaña. Los que consiguieron algo de dinero lo comparten haciendo una buena compra de pollo. A todo el mundo le gusta el pollo y la economía aquí es de subsistencia y colaborativa. El ingreso principal de los migrantes son las pequeñas cantidades que sus familiares les envían a través de depósitos vía Western Union o el mexicano Banco Elektra. Pero para eso hay que tener documentos. Y no todos tienen documentos. Así que activistas mexicanos y periodistas —con nuestros pasaportes— nos convertimos en ayuda indispensable. Uno no puede fiarse de cualquiera. He visto a una mujer llorando desconsolada porque un tipo de Juchitán, que se ofreció a recogerle la plata, desapareció con el poco dinero que su tío había logrado enviarle desde San Pedro Sula. Al mismo tiempo, yo estaba entregando algo más de 800 pesos mexicanos a una familia que me había pedido que le recibiese el dinero. Con esos 40 dólares y monedas pueden hacer la semana.

Aunque La Corregidora está aislada, en el exterior hay varias patrullas de policía. Hay baños con agua caliente dentro del estadio y funcionarios de la Comisión Nacional de Derechos Humanos que pasean por ahí con sus chalecos y sus cuadernos en los que apuntan quién sabe qué. Pero a pesar de la buena voluntad de mucha gente, el estadio no reúne las condiciones mínimas para un grupo tan numeroso de personas cada vez más cansadas, y cada vez más enfermas.

Nidia Cruz, una funcionaria de la secretaría de Comunicación Social del gobierno de Querétaro, me contó que las autoridades habían previsto dos lugares para alojar a la Caravana. Un auditorio en San Juan del Río, una ciudad a unos pocos kilómetros de Querétaro, y el Macroliberamiento de Palmillas, una carpa en medio de la nada inicialmente prevista como destino final para el grupo. Pero eso no lo sabían los 600 enfadados —el grupo de Betancourt— que se adelantaron a la Caravana mayor. Cuando llegaron no había lugar a dónde ir. No les gustó el auditorio de San Juan del Río, así que se fueron solos a la Alameda, en el centro rico, histórico y turístico de Querétaro.

Cuando no se sabe qué hacer, se tira de experiencia. Y la experiencia, desde que entramos a México, es que el parque central de toda ciudad es el punto de reunión.

—De buenas a primeras decidieron llegar acá, y se implementó el estadio —me dice Cruz, que reconoce que La Corregidora es "un lugar frío" y que por eso no se había considerado originalmente.

La Alameda está en el corazón de la muy próspera Querétaro, y nadie quiere pobres y enfermos en el corazón de una próspera ciudad, sea esta mexicana o de cualquier otro lugar. Los pobres y enfermos tienen acomodo en el extrarradio. Por eso era funcional el estadio de La Corregidora, que es propiedad estatal y está alejado de todo lo que pueda molestar a una ciudad con habitantes de epidermis irritable. El gobierno puso camionetas, camiones y transportes escolares para trasladarles al campo de futbol.

Ahí fue donde llegó Juan Pec al mediodía, después de su viaje en el metro de Ciudad de México, de dos autobuses y de un camión. Por la tarde, se reunió con un grupo de guatemaltecos en las afueras del estadio. Mientras esperaban y conversaban, se acercó un hombre a ofrecerles trabajo vendiendo café. Dijo que necesitaba cuatro o cinco mujeres —en el grupo de Juan Pec había una chica joven—, y que ofrecía 1200 pesos semanales (unos 60 dólares, algo más de la mitad del salario mínimo *mensual* en Guatemala). Se quedan mirándolo, pensativos. "En Guatemala, cafetería es un prostíbulo", dice preocupada la madre de la chica joven. Luego cuenta que le dijeron que en Querétaro opera el cártel de Los Zetas y que había recibido la recomendación de no vestir de un modo que pudiese ser interpretado como provocativo. Esta estructura se rompió hace años entre Zetas Vieja Escuela y Cártel del Noroeste; no existen como los conocimos en sus años más crueles, pero su alargada sombra permanece en los diversos grupos criminales que operan en el Norte, en el estado de Tamaulipas. Aquel cártel fue tan brutal, tan sanguinario, tan salvaje, que su recuerdo ha quedado para siempre en la historia migrante. De manera que serán Zetas todo grupo criminal que perpetre atrocidades contra los migrantes en donde sea que ellos pongan un pie.

Es lógico que esta mujer tenga sus sospechas. Días después me contará su historia: abusada por su padrastro cuando era niña, madre a los 15, maltratada por su pareja y, a los 16, envuelta en una red de prostitución infantil de la Zona 1 de Guatemala que dirigían dos tipos conocidos como Los Padrotes. No hay historia buena en esta larga marcha de gente a la que la vida ha tratado como a perros.

Ajeno a la conversación, el hombre ofrece su teléfono, pero nadie lo toma. El éxodo centroamericano es un perro apaleado que desconfía de los extraños.

Cuando el tipo se va, el grupo se queda debatiendo lo que ha sucedido. La mujer dice que, si de verdad este hombre ofrece un empleo seguro, proclamarlo a voces entre las improvisadas tiendas de campaña no es la mejor forma de generar confianza. Llega otro hombre y asiente, y dice que él ha escuchado (todo el mundo aquí escucha cosas) que así es como captan a las mujeres para las redes de trata. Y la mujer le da la razón y considera que el gobierno mexicano debería apoyar. Que quizás, entre las oenegés y los repartos de comida y los integrantes de diversas instituciones que se presentan en los lugares de descanso del ejército de famélicos, podría instalarse un stand con aquellos empresarios que ofrezcan empleo de verdad. Con seguridad. Con garantías. Con la certeza de que no te vas a subir a un carro y alguien te va a secuestrar, explotarte sexualmente o convertirte en esclavo.

(Tiene razón la mujer: este será el sistema que implemente el gobierno mexicano cuando la Caravana se instale en Tijuana.)

Ahora cae la noche y hace frío en el estadio de La Corregidora. Los megáfonos anuncian que el próximo destino es Irapuato, 100 kilómetros al noroeste.

Juan Pec se cubre con su cobija. No tiene batería en el celular, así que hoy no podrá hablar con sus hijas.

Será una noche larga, dura. Desde ya, comienza a sentirse y escucharse la banda sonora del frío: la tos de cientos de personas exhaustas con los pulmones castigados. Todos, toditos, parecen enfermos.

[14]

Último aventón a Tijuana

¿Alguien sabe de quiénes son esos autobuses?

—Un edificio llamado Año. El edificio tiene 12 pisos. Cada piso tiene el nombre de un mes del año. ¿Cómo se llama al ascensor?

(Silencio.)

—¡Con el botón! ¡Con el botón llamas al ascensor!

(Risas.)

Mediodía del martes 13 de noviembre. En un tráiler amarillo hay decenas de personas, la mayoría hombres jóvenes. Van aferrados a los laterales del camión y un buen grupo amontonado en la plataforma. Un policía federal que tomó la matrícula del vehículo antes de partir impuso las reglas: nadie parado y nadie con los pies colgando en el lugar de las llantas. Y le obedecieron.

Las reglas están para incumplirse, aunque éstas sean para evitar más muertos.

El ambiente sobre la rastra es relajado, casi festivo. Mucha risa. Pasa un refresco de dos litros de mano en mano, se comparten los cigarros —"dame un jale, no te lo acabes todo"—, aparece una caja con dulces —"que llegue para todos, que aquí estamos todos igual"— y Elmer Eduardo Bonilla Mendoza —26 años, sonrisa de dientes picados, playera verde, gorra— cuenta adivinanzas y canta una rola tras otra. Todos le siguen. Arranca con rancheras, luego Calle 13 y luego las canciones empiezan a mutar indistintamente hacia letras nostálgicas, esperanzadas, porno. Entran hasta los narcocorridos y alguna proclama de orgullo migrante.

Como para no, si Elmer ha intentado cruzar al otro lado 11 veces. No una, no tres: 11 veces. La última aguantó tres años en Phoenix hasta que la Migra lo pescó y lo deportaron.

—¿Cuál de los amantes sufre más pena, si el que se va o el que se queda?

(Silencio.)

—"El que se queda, se queda, se queda llorando / el que se va, se va suspirando" —canta Elmer remedando a Ana Gabriel.

(Aplausos.)

Si le preguntas a Carlos Alfredo Pavón Canelas —22 años, de Tegucigalpa— sobre el mejor momento en la Caravana dirá: éste, en el que se encuentra ahora mismo.

—El mejor momento es cuando venimos en la rastra, se siente la adrenalina, venimos alegres porque vamos avanzando más, vamos arriba, queremos llegar a nuestro destino, que es Tijuana, queremos llegar al otro lado.

Carlos Alfredo es delgado, prácticamente lampiño y lleva una gorra con el ala completamente plana. Su historia es trágica —como muchas otras: una comunidad bastante común de historias trágicas bastante comunes. Vivía en Cerro Grande, una colonia de Tegucigalpa, hasta que dos años atrás balearon a su padre. Trabajaba en La Rapidita como chofer. No era la primera vez que sufría un atentado. Meses atrás, dos de sus hermanos también fueron víctimas de un ataque. A uno, de 14 años, le dispararon en la espalda y el pie. Al otro, de siete, una bala le entró por la rodilla y le rompió la arteria. Sobrevivieron quién sabe cómo —¿"Dios mediante"?

—Yo me vine huyendo porque soy el hermano mayor, trabajaba para sacar adelante la familia, me daba miedo porque la mara pensaba que iba a cobrar venganza —dice.

Cada uno de estos chicos con la mochila al hombro carga una vida terrible. Y, sin embargo, ahora y a pesar de todo, en el tráiler, Carlos Alfredo, como Elmer, sonríe y ríe. A su lado, Jonny, el grandullón de Tapachula, que ha venido pensando cuándo dejará a sus colegas atrás para encontrarse con el coyote con quien ha apalabrado el salto, se suma a cantar en una escena de camaradería absoluta. Ciertamente, en medio del sufrimiento aparecen instantes mágicos. De repente, señalan algo entre las montañas: las vías de un tren. "Es La Bestia", dice uno, como intimidado. "*Pucha*, ese tren está embrujado. Te vas quedando dormido y, de repente, te habla, antes de despertar. Ahí te puedes quedar", dice otro, experimentado.

Se hace un silencio místico, que no dura mucho.

—¡Fúuuuuuuuuuuuuumele bandaaaaaaa! —grita Elmer, imitando el sonido de los vendedores de cigarros de la Caravana.

Vuelven las risas, llegan más bromas. Todos son hombres, así que inevitablemente hablan de chicas. El humor es buen remedio para sacarte de encima los fantasmas.

—¿Dónde estará mi esposa ahora? —dice un flaco de dientes enormes—. Yo aquí, y ella estará con el lechero.

(Risas.)

Este grupo de muchachos agotados, doloridos y enfermos, que cargan con las heridas de una vida difícil, provocan ternura. Todos ríen y cantan ("¡Feliz navidad, feliz navidad!") y bromean con los que fueron bajados de otro aventón y se ven obligados a caminar por el arcén. Están donde quieren estar, donde deben. Esta es su misión y se sienten indestructibles. Son jóvenes. Inmortales. Por un rato, olvidan las pandillas, las extorsiones, los jornales de 100 lempiras de asco, las idas y venidas buscando un empleo que nunca llega, el puente donde los gasearon, las culebras de Matías Romero, las mentiras del gobernador Yunes en Veracruz.

Avanzan, y eso es lo único importante.

* * *

Aparentemente era un aventón más. Pero no. Este es el último. El último. Como suena.

Pareciera que no iba a llegar nunca, pero ahí está: el último aventón a la frontera. Ellos no lo saben y van sonrientes a pesar de todo, porque este es un momento de comunión, viento en la cara, kilómetros por delante.

Esta es la última ocasión en la que Elmer o Carlos Alberto o Jonny deberán pasar horas bajo el sol, negociar con un camionero, suplicar a un transportista, colonizar un tráiler como marabunta de hormigas, abrazarse entre todos tejiendo una red de piernas y brazos y troncos para aguantar el frío y no caer a la carretera, hacinarse en un camión oscuro sin conocer la ruta o cubrirse del sol con un plástico sobre la carretera, hirviendo como condenados.

Y lo más importante: es la última vez de este trayecto en el que van a poner su vida en peligro para conseguir transporte.

El último aventón recorre los 70 kilómetros que separan la ciudad de El Arenal, en Jalisco, lugar de fabricantes de tequila, de Ixtlán del Río, la puerta de acceso al estado de Nayarit que, en este caso, está cerrada. No van a ver ninguno de los dos municipios. Son solo puntos en el mapa donde han marcado la ruta hacia el Norte. Apenas llegan a las cercanías de Ixtlán, una comisión del gobierno federal espera por ellos, reparte una bolsa con galletas, fruta y una botella de agua por persona y los monta en otro autobús que, después de tres horas de trayecto, los dejará en las puertas de Sinaloa. Concretamente, en la estación fitosanitaria La Concha II, un área de control con cuatro corrales para verificar ganado que ahora recibe a miles de centroamericanos que han viajado demasiado tiempo apiñados, literalmente, como vacas. Ahí, nuevamente, campamento a la intemperie y más autobuses. El nuevo tramo acaba en Navojoa, en Sonora. Desde allí, un nuevo grupo de vehículos llevarán a la Caravana hasta Tijuana y Mexicali.

Este tránsito no es solo para Elmer, Carlos Alberto o Jonny. Parece que hay un acuerdo bajo la manga entre los gobiernos estatales que permitirá que los caminantes dejen de serlo: tendrán autobuses hasta su destino final.

Nadie podía imaginarlo hace una semana: Tijuana está ahí.

Es una paradoja. Los estados que menos voluntad tenían de que la romería de los pobres y los marginados de Centroamérica atravesase sus territorios son los que más han colaborado con su avance. Un extraño doble juego ha permitido que los gobiernos de Jalisco, Nayarit, Sinaloa y Sonora establezcan una especie de "puente de autobuses", de corredor humanitario improvisado que ha llevado a los migrantes a recorrer el mayor número de kilómetros en el menor tiempo posible. Tal vez sea que se apiadaron, tal vez el cálculo político —las noticias de la Caravana recorren el mundo y el ojo está puesto en cómo México reacciona en comparación a Estados Unidos—, pero allí está: transporte para todos. Seguro, rápido. Es un logro mayúsculo: entre Guadalajara y Tijuana hay 2 mil 234 kilómetros. De ellos, solo tuvieron que transitar 70 pidiendo aventón. Los últimos 70 kilómetros en aventón. El resto será sobre ruedas.

Han llegado muy lejos. Es increíble aún. Lo que queda por delante es incierto, probablemente terrible, pero llegar hasta aquí es un triunfo de este ejército de los derrotados.

* * *

Lunes 12 de noviembre. Noche. Enésimo momento de caos e incertidumbre. La mayor parte de la Caravana está en Guadalajara. Se acomodan en el auditorio Benito Juárez, un moderno centro de espectáculos con novísimas gradas de colores, como un coliseo recién pintado. Son, posiblemente, las instalaciones mejor preparadas en las que la larga marcha ha tomado tierra en los últimos días: están bajo techo, hay comida suficiente que se reparte en varios turnos, un stand de ropa donada y muchos enchufes para cargar el celular. Además, está en un lugar urbanizado, con tiendas en los alrededores y un Banco Elektra para recibir transferencias. También hay separación entre hombres y mujeres, familias y hombres solos, generalmente obviada por las parejas jóvenes. Vienen de dormir en la puta calle, ¿va a venir ahora un voluntario a decirles que no pueden acurrucarse juntos porque están bajo techo?

Todo aquí está ordenado. Colchonetas, estaciones de comida, áreas de lavado, baños. Es más de lo que nadie esperaba. Llegan en autobuses, que los recogen de los sitios en donde les dejan botados las rastras. Una grabación da la bienvenida a los recién llegados. "Ayúdenos a ayudarles", dice, y advierte que están prohibidas las armas y las drogas y que si tienen sustancias ilícitas las depositen en un cubo de basura.

Buen intento.

La marihuana no está generalizada en la larga marcha, pero a veces se huele y esto genera conflictos. Las familias, la gente de orden, los que no quieren relajo —la gran mayoría— son las primeras personas que se quejan de los porros. Saben que les perjudica, pero es inevitable que ocurra. Este es un curioso pueblo errante de 5 mil habitantes que recién se conocen. Es normal, como en todo sitio, que haya de todo. Esa misma noche veremos cómo un policía apresa a un chico hondureño en el exterior del auditorio. Lo acusará de haber fumado mota. Y de hecho, el chico huele a mota. El resto de migrantes en la zona se marcha, como si la cosa no fuese con ellos. El desdichado es conducido por el uniformado a una zona aparte. "Será entregado a Migración", dice el agente, molesto. Existe una iniciativa para legalizar el consumo de marihuana en México, pero se trata de una ley que llegará tarde para el chico. Un porro le costó el trayecto.

La Caravana está a punto de dar su gran salto adelante. Pero todavía no lo sabe. Por ahora, migrantes, Pueblo Sin Fronteras y autoridades de Jalisco negocian la salida de Guadalajara. El plan: el gobierno de Jalisco los llevará en autobuses hasta El Arenal, en el límite del estado. Ahí deberán buscarse la vida para llegar a Ixtlán del Río, en Nayarit, donde el ejecutivo del estado pondrá transporte para que sigan hacia Sinaloa. El Huracán Willa castigó Nayarit y no hay modo de atender a los recién llegados, argumentan.

* * *

El Arenal es un horno. No hay una sola nube, son las 10 de la mañana y los *raites* escasean. Es un día difícil. Los conductores —camiones, picops— pasan, palangana vacía, y ni amagan a pararse. Los alrededores de la gasolinera están colapsados de gente a la que han botado de un autobús, cansada y confundida, como es usual sin saber muy bien qué hacer. Al salir de Guadalajara no tenían claro a dónde los llevaban. Solo formaban fila. Hay algo inhumano en este trato: formar fila para todo, sin conocer el destino. Conducidos, ésa es la palabra. Son personas vulnerables en un país desconocido o del que los expulsaron en alguna ocasión. Sí, el plan de Ixtlán y Sonora se había anunciado la víspera, pero mucha gente dormía o no prestaba atención. El gregarismo funciona. ¿Dónde vas? Con el grupo. Con la Caravana. Con la gente que te protege. Con los tuyos. Y caes a cualquier lugar esperando que los demás, que están como tú, sepan qué sucede.

Al final, el auditorio era un buen lugar, pero tenía fecha de caducidad. Bienvenidos a Guadalajara, ahí está la puerta de salida.

Parece que se hubiera extendido la consigna de no dar ayuda a los centroamericanos. Un giro curioso para un país que ve cómo sus propios ciudadanos enfrentan situaciones similares en el vecino del Norte.

Poco a poco, una buena parte del grupo consigue aventón. A lo largo de toda la jornada, tal vez 3 o 4 mil seres humanos lograrán *raite*, pero aún quedarán tirados otros 1 500, que pasarán las de Caín para avanzar. Pero en todo caso a esta serpiente —una hidra ya— le han cortado la cabeza y cada uno de sus pedazos se mueve sin saber qué ocurre con el resto del cuerpo.

Todos los integrantes de la Caravana pasan por este trámite:

Cuando llegan a Ixtlán del Río sucede lo inesperado: los aguardan policías que los meten en autobuses para asegurarse de que seguirán camino. La Caravana pisa el acelerador con el puente de transporte. De Ixlán, en Nayarit, a La Concha II, la estación fitosanitaria en el límite de Sinaloa. Y ahí más autobuses hasta Navojoa, en Sonora. Un aventón de 700 kilómetros. Y al llegar allá, otra vez, nuevos transportes, ahora a Tijuana o Mexicali.

Hace dos días parecía impensable, pero habrán alcanzado su principal objetivo en mucho menos tiempo que el que les tomó recorrer más de la mitad del trayecto.

La explicación más factible: una bola de nieve. Jalisco empujó, Nayarit le siguió, Sinaloa pasó la papa caliente y Sonora, simplemente, imitó al resto de los estados. Nadie reconoció públicamente lo que estaba haciendo en silencio, y el gobierno federal quedó mudo.

* * *

Miércoles 14 de noviembre. Final de la tarde. Estación fitosanitaria La Concha II, Sinaloa. Cientos de personas completamente hechas polvo, con el cuerpo entumecido y los pulmones chillando, guardan fila para tomar un autobús. Otro autobús. Van a atravesar todo el estado hasta Navojoa escoltados por la policía. Es una gran noticia. Estamos en tierra caliente, territorio de cárteles, zona de migrantes desaparecidos, levantados. Este es el lugar en el que se ganó su fama El Chapo. La casualidad quiere que estos días comience también su juicio en Nueva York.

Entre las filas de migrantes que cargan con sus equipajes bajo el control de la policía aparece un hombre chaparro, con gesto serio y decidido. Es el padre Miguel Ángel Soto Gaxiola, responsable de la Casa del Migrante de Culiacán. Va de un lado a otro, da órdenes, habla a través del celular. Es chiquito y fortachón, pelo corto y negro, tiene un gesto severo. Dice que la zona está muy castigada, pero que la población se ha organizado para ofrecer víveres y, sobre todo, transporte. Dice que ha logrado donativos para pagar la gasolina hasta Sonora. Dice que está harto de que se vincule su territorio con los cárteles y no con la gente humilde, trabajadora y solidaria hacia sus semejantes en necesidad.

El sacerdote dice que ha organizado todo el transporte hasta Sonora. Él.

Y es cierto. Hugo Enrique Moreno Guzmán, alcalde de Escuinapa, el municipio más cercano, a unos 30 kilómetros, dice que el padre ha organizado todo el transporte. Un representante de Gobernación de Sinaloa también dice que el padre ha organizado todo el transporte.

Así que sí: hay un dios. Son generosos los feligreses en Sinaloa.

¿Movieron los gobiernos estatales algún hilo o simplemente se beneficiaron de la situación?

Este "puente humanitario de autobuses" rompe con una tendencia. Desde que Miguel Ángel Yunes, el mandatario de Veracruz, prometió transporte hasta Ciudad de México y se desdijo, quedó claro que la larga marcha centroamericana solo contaba con sus propias fuerzas. La versión oficiosa de aquel fracaso es que Peña Nieto lo hizo desistir. Es posible que aquí esté el origen del doble juego de los gobernadores de Jalisco, Nayarit, Sinaloa y Sonora. Dicen en público que no proporcionan buses, que ellos solo disponen albergues y comidas, pero los vehículos están. Los mueven rápido y con policías, como si quisieran asegurarse de que este dolor de cabeza que es la Caravana se les pasará pronto.

—Vamos a armar equipos, queremos que para mañana no quede nadie. Son buses y el camino no tiene peligro. Los autobuses van juntos y no tienen peligro —dice el padre Miguel Ángel.

¿Quién paga esto? ¿Quién es responsable?

El padre Miguel Ángel me dice que ellos solo han pagado combustible hasta Sonora. Llamo al delegado de Gobernación del estado, Wenceslao Cota Montoya. Me dice que su gabinete no había pagado por autobuses. Que solo han preparado albergues y víveres. Pero esos albergues están vacíos porque nadie está llegando allí. En cambio, hay un movimiento constante de autobuses que recogen a los migrantes y siguen hacia Mexicali y Tijuana. Son buses escolares y transportes privados. Alguien ha pagado por la gasolina y los choferes. En Cucapá, en medio del desierto, en un puesto de control del Ejército, un transportista reconoce que es el Ejecutivo estatal el que puso la plata.

¿Se trata de una estrategia para no contradecir a Peña Nieto —simular en público que nadie apoya mientras se trabaja en privado? ¿O finalmente hay una decisión estatal que se implementa así para no enfadar aún más a Trump?

Como miles más, de esta gran paradoja se ha beneficiado Wilmer Pinto, un guatemalteco de 42 años que viene con su esposa y sus tres hijos. Llega en uno de los buses que se dirigen a Mexicali. Es originario de Izabal, en la lengua que precede al Caribe guatemalteco, pero residía en San Miguel Petapa, uno de los municipios del extrarradio de la capital. De allí debió huir cuando la Mara Salvatrucha le exigió el pago de 500 quetzales quincenales, algo más de 60 dólares, para seguir con vida. Wilmer trabajaba como guardia de seguridad y cobraba menos de 3 mil quetzales al mes, por debajo de 400 dólares. Historia conocida, otra y mil veces: expulsado por la extorsión, la violencia, la pobreza y el miedo al crimen. ¿Cómo vivir así? ¿Es posible salir adelante dejándose un tercio del salario en garantizarse que no te asesinen a balazos?

—Ya estamos cerca —me dice—. Apenas hemos comido en un día, pero estoy feliz, porque estamos cerca.

Estamos en un control militar a 50 kilómetros de Mexicali. El puente de autobuses ha funcionado. Cerca de un millar de centroamericanos ya está en Tijuana. Se han instalado en el Benito Juárez, un campo de beisbol ubicado frente al muro, a ese terrible muro que separa México y Estados Unidos. El "sueño americano" se encuentra detrás de una verja que Pinto todavía no ha visto. Al otro lado hay militares y patrulleros entrenados para evitar que gente como el antiguo guardia, que huye para salvar su vida, pueda establecerse y tener trabajo. Pero el hombre, que carga con su hija pequeña dormida sobre su hombro, tiene una fe inquebrantable y, casi en el mismo nivel, mucho desconocimiento. No sabe que si cruza la frontera pueden separarle de sus hijos. No sabe que existe un sistema diseñado especialmente para que él, que dejó todo atrás, sea devuelto. No sabe que a pesar de que los pandilleros lo amenazasen, que a pesar de haber presentado denuncias a un Ministerio Público que no lo puede proteger, la orden del presidente estadounidense Donald Trump es que ninguno de estos seres humanos en éxodo llegue hasta su país.

El plan estaba claro hasta este momento, pero a partir de ahora habrá enfrente un muro de metal y otros muchos muros invisibles. El de metal es el más pequeño de todos. El muro del desconocimiento es mayor porque lo hace increíblemente vulnerable. Pinto sabe de qué huye, pero no tiene idea de qué le depara el futuro.

La caravana llega a Tijuana y delante está el muro inmenso y una más infinita incertidumbre.

[15]

Así crece el odio

Make Mexico Great Again.

—La gente buena es bienvenida. ¡Esos cabrones, les das un pinche taco y te dicen que los frijoles son para puercos¡ ¡¡¿Qué es eso, cabrón?!! ¡Yo he durado semanas comiendo frijoles! Y a veces, ni eso. Soy trabajador, tengo mi familia, tengo mis hijos, ¡tengo que proteger a mi familia, mi tranquilidad!

Ramiro Rosales habla a gritos. Pasa la cuarentena y habla a gritos, como si así resolviera el mundo. Pelo rapado, playera de tirantes, cuerpo tatuado. Camina rápido y, como debe ser un tipo determinado, va a la cabeza de la marcha antimigrante. No han dado las 11 de la mañana, pero para el tipo es como si el día se le fuera a consumir de inmediato. Avanza, paso ligero, tono agresivo, consignas patrióticas.

Esto es Tijuana y es el domingo 18 de noviembre.

Leyó bien: en México, principal proveedor de migrantes que Estados Unidos rechaza, hay una caravana antimigrantes que rechaza a los centroamericanos. Por las mismas razones que los gringos quieren expulsar a los mexicanos. En fin.

"¡¡¡No a la invasión!!!", se escucha a su alrededor, en un grupo bien aprovisionado de banderas mexicanas.

Los descontentos con los pobres caminan por la Avenida 5 de Mayo —una ironía histórica: el nombre recuerda la Batalla de Puebla para conseguir la liberación de la ocupación francesa— hacia las inmediaciones del albergue donde cientos de hondureños, guatemaltecos y salvadoreños se cobijan asustados. El albergue está en la unidad deportiva Benito Juárez, un campo de beisbol al que solo una carretera —una sola calle: cinco metros— separa del muro que impide el paso a Estados Unidos. La ubicación reviste cierta involuntaria crueldad. Tanto tiempo ansiando el sueño americano y ahora lo tienen ahí, a tiro de piedra, a la vista, pero sin poder tocarlo.

—Ojalá que no haya violencia, pero estoy preparado para lo que sea —dice Rosales, sin apartar la vista del frente—. No quiero que se mueva mi sistema de vida. Es parcial, pero hay tranquilidad. Esa gente no viene en buen plan. ¿Qué es lo que no entienden ustedes?

"¡¡¡Viva México!!!", gritan los manifestantes.

Tras Rosales, que va el primero de la marcha, caminan unas 300 personas. Hay que dar dos pasos atrás para dimensionar el alcance de esta protesta. No son tantos. Hacen ruido, pero hay gente paseando que los mira y se da la vuelta como si fueran un grupo de revoltosos incómodos pero inofensivos. Entre los que manifiestan hay tipos rapados con pinta de ultraderechistas, algunos con uniformes militares —llevan playeras de un grupo denominado DefenSSores 1911, una referencia explícita a las SS nazis—, unos pocos hombres que cubren su rostro con máscara o pañuelo, familias de clase media y media alta que residen en Las Playas, una de las zonas exclusivas de Tijuana, y gente con apariencia de gringo que se expresa en inglés. "Hay grupos estadounidenses", me dirá luego Francisco Castillo Fraga, el subdirector de Tránsito de la Policía Municipal.

Los manifestantes del odio han asomado la cabeza en Tijuana.

Son los que dicen no tener nada contra los migrantes, pero exigen su deportación en juicio sumarísimo; los que los llaman delincuentes e inventan delitos que imputarles; los que exigen que entren a México de forma legal, pero ignoran que este era el único camino para alcanzar de manera segura la frontera de Estados Unidos; los que tienen miedo de hombres, mujeres y niños exhaustos, hambrientos, pobres y enfermos; los que llaman pandilleros a las víctimas de las pandillas; los que no se dieron cuenta de que "ejército de los derrotados" solo era una metáfora.

Ésta es la minúscula semilla del fascismo, del odio al diferente, del pisar al que está por debajo.

Este grupo, pequeño pero ruidoso, intenta sembrar rencor en Tijuana, una ciudad orgullosa. Una ciudad levantada por migrantes igualitos a los que ahora ellos quieren echar a patadas.

Al interior del albergue Benito Juárez la Caravana ha montado su ya habitual microciudad, que ha crecido rápidamente. En el césped se plantan las tiendas de campaña. Hoy ocupan únicamente la mitad de la cancha, pero para final de mes, en 10 o 12 días, no habrá un solo espacio libre. Para atravesar el campo será necesario caminar saltando entre las cuerdas que sostienen las pequeñas casitas de plástico.

La parte de abajo de las gradas también ha sido colonizada. El plástico negro ha permitido levantar un techo colectivo bajo el cual, con mantas y más trozos de plástico, se dividen las *habitaciones*. Es un sistema complejo de pasillos al que uno accede con invitación o se pierde. Visto desde arriba, me recuerda al poblado de Nunca Jamás que imaginó Steven Spielberg en *Hook*. Aunque con algunas incomodidades que el film no tuvo a bien mostrar. En la entrada, a la derecha, en un extremo del campo, están los baños portátiles. Son muy pocos y, como ha sucedido en otros asentamientos, quedaron desbordados antes de que los usaran un par de centenas de personas. El penetrante olor de las heces de tantas personas inunda el aire. De poco sirve que, cada día, un pequeño grupo de efectivos de limpieza lleguen a sanear los urinarios. Parece una metáfora de algún tipo de sociedad: hay más gente para producir mierda que capacidad para limpiarla.

Las duchas son otro problema. Los migrantes utilizan las exteriores, que son portátiles y han sido dispuestas en medio del campo de beisbol. No es agradable tener que lavarse delante de cientos de personas y un montón de periodistas a los que no les preocupa apuntarte con sus cámaras mientras te sacudes las pelotas. A veces el gremio también se merece una reprimenda. La precariedad de la vida privada sirve de excusa para que la municipalidad de Tijuana, como antes en Ciudad de México, imponga límites al acceso de los informadores. Otra vez la misma pelea.

La microciudad ha mejorado la oferta comercial con cada nuevo asentamiento. Si en Oaxaca o Chiapas los vendedores de cigarros eran tipos con una cajetilla en la mano al que llamaban a gritos, ahora en Tijuana se ha montado una especie de galería comercial en uno de los accesos. Los mercaderes ofrecen sus productos en pequeñas mesitas o en una manta sobre el suelo en el exterior. La mayoría se mantiene fiel al negocio de los cigarros y al "fúuuuumele banda" como principal reclamo, que continúa su andadura como consigna, como reivindicación, como lema de autoayuda. De repente, en una fila, alguien grita "fúmele banda" y todo el mundo ríe y varias voces responden "fúmele, fúmeleeee". Los vendedores son ejemplo de esa parte canalla de la personalidad catracha, más echada para adelante, por ejemplo, que sus hermanos guatemaltecos. Hay tipos que han perfeccionado tanto su reclamo que son capaces de recitarte, con su voz de garganta cascada, los innumerables beneficios del cigarro para nuestros doloridos pulmones: "para el estrés, para la ansiedad, para el cáncer".

En Honduras, Guatemala o El Salvador —y en México, claro—, el comercio informal es una parte fundamental de la economía. Las estadísticas no reflejan todo lo que la gente trabaja porque ignoran las chambas. Pero aquí se ha liberado esa cultura de consumo con todos sus sabores y sones. En el mercadillo exterior del Benito Juárez se venden todo tipo de chucherías —golosinas, piruletas, chicles—, chicharrones, algunas frutas, cacahuetes, frutos secos, aguacate. También Coca-Cola y refrescos. Un tipo desdentado y encorvado ha adaptado la fórmula del "fúmele banda" para niños y exadictos. Vende chupachups en un puestito improvisado nada más entrar en el albergue y tiene su propio eslogan: "Chúúúúúúpele banda".

Hay un chapín con una enorme bocina que monta rumbas por la noche. Ayyi sigue con su peluquería. Otro tipo se gana la vida vigilando los celulares en una esquina en la que hay un montón de cargadores. Veinte pesos por cada hora que el sujeto tiene el ojo puesto en tu celular para que no te lo roben.

En unos días también habrá mujeres cocinando baleadas.

El Benito Juárez no es el mejor lugar para instalar a cientos de hombres, mujeres y niños que no conocen estas calles. Estamos en Zona Norte, el centro de narcomenudeo de una ciudad masacrada por una guerra entre cárteles a pequeña escala. Aquí pelean el Cártel de Tijuana, anteriormente conocido como el Cártel de los Arellano Félix; el Cártel de Sinaloa, el del Chapo Guzmán, y el Cártel Jalisco Nueva Generación, un grupo criminal que fue parte de Sinaloa bajo el nombre de Matazetas pero se escindió y ahora opera por su cuenta.

La zona está degradada, las calles llenas de polvo y algo de basura, hay casas —pobretonas, de un piso— destartaladas y algunas abandonadas. En otras se puede pernoctar pagando por horas. Pagas, pero no duermes: hay prostitución y drogas en la habitación contigua. Los camellos se matan por la metanfetamina. Caminas y puedes encontrarte dos yonkis pinchándose la vena a dos cuadras del albergue. Llegará la policía y los yonkis correrán dejando en la acera la jeringuilla, la cuchara y el mechero que verán los niños que juegan en la calle.

Aquí, en esta zona, fue donde asesinaron a Jorge Alexander y su amigo Jasson.

* * *

Los antimigrantes llegan hasta las inmediaciones del albergue pero no pasarán más allá. Chocan con la barrera de antimotines —medio centenar de agentes con cascos y palos— y se quedarán quietos, controlados, a dos cuadras del refugio. Gritarán consignas atroces, delirantes, xenófobas —"No son migrantes, son terroristas"; "Fuera hondureños / aquí no los queremos"— y se marcharán por donde han venido después de un rato, sin dejar otros heridos que el sentido común de un país que produce migrantes por millones.

Hay que observar en perspectiva las expresiones de odio.

En el área metropolitana de Tijuana residen casi dos millones de personas: a la manifestación antimigrantes acudieron unas 300. ¿Pocos? Nadie.

Sin embargo, la idea de que el éxodo centroamericano genera violencia, que sus integrantes son desagradecidos o que suponen un problema para los mexicanos no solo la comparten esos 300 idiotas. La sospecha se ha extendido a través de una red de noticias falsas y videos descontextualizados. En televisiones locales los acusan de desagradecidos, de tirar la comida, de montar escándalo, de tomar licor y fumar marihuana y de, sí, bailar reguetón.

En el fondo, de lo que los acusan es de no adaptarse al modelo de migrante sumiso, silencioso y servicial que se han formado en su cabeza. Aunque, quién sabe. Es probable que, si cumpliesen con las expectativas, aún querrían echarlos. Porque, en realidad, suena a excusa. Tanta excusa como que te señalen por inmoral en Tijuana, la ciudad del vicio y el pecado, la ciudad que nunca duerme, la urbe que puede permitirse decir que "lo que pasa en Tijuana, se queda en Tijuana".

Tijuana es ciudad de acogida y migración y dejarse seducir por el discurso del odio sería rebelarse contra su propia naturaleza. Sin embargo, su situación es complicada. Según el Consejo Nacional de Evaluación de la Política de Desarrollo Social, una agencia gubernamental que provee de estadísticas al Ejecutivo, cerca de 60% de los tijuanenses vive en situación de pobreza. El arribo de más pobres —en un número voluminoso—, que podría instalarse por semanas o meses, pondrá presión sobre los de por sí malos servicios de la asistencia pública.

Además, hay una desangelada idea que asocia pobreza con crimen. Y en esta ciudad los asesinatos se están disparando. Los datos del Secretariado Ejecutivo del Sistema Nacional de Seguridad Pública, el organismo en el que se coordinan las policías federales, estatales y municipales de México, dicen que Tijuana tiene una tasa de homicidios de 125 muertes violentas por cada 100 mil habitantes. Es la quinta ciudad más violenta del país.

En Guatemala, Honduras y El Salvador se mata muchísimo, pero en Tijuana se mata todavía más. Pero a los 300 energúmenos nadie podrá convencerlos de que los centroamericanos no traen la violencia. Da igual: bastará que un solo migrante se meta en un lío para que "migrante centroamericano mata a un tijuanense" sea el *leit motiv* de los noticieros sensacionalistas de la televisión.

El discurso del odio crece en lugares en los que sus ciudadanos se sienten desamparados.

* * *

—En Facebook hay publicados videos donde se quejan de los frijoles, de que los ponen a barrer. ¡Por todo se quejan! Se quejan más que un mexicano. No se me hace algo justo.

Lizbet Jiménez está en la manifestación del domingo contra los migrantes centroamericanos. Es una mujer bien arreglada, que debe superar los 40-48 años, pero parece más joven. Lleva gafas de sol de marca y ropa deportiva. La manera que luce representa una gran diferencia de clase. Los ricos parecen más jóvenes y los pobres siempre parecen mucho más viejos.

Lizbet no repara en sus ventajas. Está indignada. Exhibe un cartel con letras grandes, escrito a mano: "A México le gustan los frijoles".

Esta rebelión del frijol es la parte más absurda de la reacción chovinista.

El origen está en una nota publicada por la agencia alemana de noticias Deutsche Welle. Una mujer hondureña, Miriam Celaya, se queja de la alimentación que recibió en el Benito Juárez. En un tono medio de risa dice que es "comida para chancho". El video de DW se hace viral. Y de lo que alegaba una sola mujer en un momento determinado se pasa a establecer una tesis: los centroamericanos rechazan los frijoles, son desagradecidos, tienen que marcharse de México.

Celaya se ha arrepentido de sus palabras. Ahora, en el campo de refugiados instalado en la unidad Benito Juárez de Tijuana, le hacen bullying y la condenan al destierro. La acusan de haber encendido los ánimos en contra de su comunidad. Pobre Celaya: destruida por los de afuera y destruida por los de adentro porque no le gustó la comida. Otra vez, linchar al más débil. Al que se equivoca. No hay grupo inmaculado y aquí todo el mundo ha sufrido mucho, pero incluso ellos se vuelven defensores indignados de una supuesta moral elevada. Al final, la mujer logrará cruzar a Estados Unidos. Sin la Caravana.

El frijol es parte de la dieta básica de Centroamérica. Se come prácticamente a diario. Hay gente que no se alimenta de otra cosa que no sean huevos, frijol y tortillas. Pero eso a Lizbet Jiménez le preocupa poco. Lo que le molesta, dice, es que los centroamericanos se quejen. Prefiere a los migrantes silenciosos. Los pobres que no molestan, los que aceptan su pobreza con resignación, sin levantar la cabeza. Mejor los haitianos, asegura, que se integraron sin problemas.

También ella tuvo que integrarse. Llegó de Guerrero a Tijuana hace 15 años. Pero ella, claro, es mexicana. No parece darse cuenta de que su condición no difiere de la experiencia de esos miles de personas que tuvieron la mala fortuna de nacer más al sur que ella. Así que hace notar su indignación.

En la marcha, justo a su lado, hay otro cartel que sintetiza los ánimos:

"Los mexicanos primero".

Los mexicanos, primero. *America first.*

México y el *trumpismo* estadounidense hermanados en una glorieta de Tijuana.

Arriba los frijoles.

La lista de agravios que enarbolan los pocos mexicanos que odian es extensa y se basa en medias verdades, abiertas mentiras o descontextualizaciones, como la sucedida con los frijoles feos de Miriam Celaya. No solo los manifestantes compran esos agravios: se han convertido en frases hechas de casi cualquier conversación en Tijuana o Mexicali. En un restaurante de Mexicali, por ejemplo, escuché a una pareja de sesentones decir que los migrantes entraron a México de forma violenta, obviando que en realidad entraron por el río, que la puerta era infranqueable.

En un Oxxo de Tijuana escuché a una dependienta decir también que en la Caravana se habían producido asaltos, pero nadie proveyó un dato ni prueba que sustente la afirmación. De hecho, según la Secretaría de Seguridad Pública de Tijuana, en la última semana habían sido detenidos 57 integrantes de la Caravana. Solo uno fue consignado por robo: sustrajo un pantalón en una tienda. Un pantalón. Un tipo que lleva un mes caminando se roba, apenas, un pantalón. ¿Y el resto de los detenidos? De acuerdo con el parte oficial, fumaron mota o bebieron alcohol en la calle. Y ya. Cero violencia. Faltas menores que se utilizan para limpiar los alrededores del albergue y justificar deportaciones. Ni siquiera ha habido peleas. ¿Deportado por tomarte unas chelas en Tijuana? ¿Por fumarte un porro en medio de una ciudad en la que la droga entra y sale sin control? Suena a chiste.

Los antimigrantes, como el enojado Rosales, hablan de "invasión" porque vio en YouTube o Twitter el video de un centroamericano que asegura que 30 mil compatriotas "tomarán" Tijuana y "acribillarán" a quienes se opongan a su presencia. El centroamericano no está en la Caravana. Y dice una tontería verificable en la misma calle donde están Rosales y su banda de idiotas: ni sumando todas las caravanas se alcanza esa cifra de caminantes ni el bocazas que amenaza representa a la Caravana ni nadie anda en el grupo con ánimo de sicario de la mara. Sin embargo, hay decenas de páginas web que repiten cifras adulteradas como munición para los racistas.

Donald Trump ha colocado su pequeña pica en el Flandes tijuanense.

* * *

César de León tiene 25 años y es propietario de una empresa de publicidad. También vino a la marcha del domingo contra los viajeros. Se enteró a través de grupos de WhatsApp y Facebook. En esos grupos se lanzan proclamas racistas y se amenaza con salir a cazar migrantes. Por suerte, solo ha quedado en eso, en amenazas de bravucones, pero el ánimo en la calle es tenso.

—He mirado en videos que viene gente agresiva —me cuenta De León en la glorieta donde se ubica el monumento a Cuauhtémoc, el lugar donde comenzó la marcha—. Dicen que 70% son varones, que vienen agresivos, que no han recibido la ayuda de una manera adecuada. Exigen que les den pizzas, sodas. Aquí en México hay necesidades. Tenemos a los hermanos de Nayarit, que fueron invadidos por una tormenta. Aquí hay colonias muy pobres en Tijuana que merecen ser urbanizadas. Peña Nieto es un incompetente. Este es el sexenio más violento en México, y en Tijuana el año más sangriento.

Gente que no sufre escasez preocupada por la escasez de gente por la que nunca se preocupó antes de que llegaran los migrantes.

Olivia Velásquez —pinta de señora de bien salida de misa, pelo ensortijado, 48 años, fabrica muebles— también tiene algo por decir, en idéntico tono *trumpiano*:

—Debían llegar con orden, como llegaron los haitianos. Ellos son muy distintos. ¿Por qué no se van a Juárez o a Chihuahua? ¿Por qué llegan? Tenemos demasiados problemas. No es rechazo a la migración, sino a esta avalancha.

Guadalupe de Anda, 63 años —"nací en Tijuana, moriré en Tijuana y estoy dispuesta a luchar por Tijuana":

—Entraron como búfalos e irrumpieron en nuestro país con violencia. Causaron daños, fueron agresivos, son malagradecidos porque se les brindó un techo, no lo quieren, quieren determinada comida, determinada bebida, quieren cocacolas. Han agredido a los tijuanenses.

Y finalmente, porque la xenofobia no tiene domicilio fijo, una académica, Deyanira Meléndez Hinojosa —54 años, investigadora universitaria que pide que el Ejército actúe inmediatamente para detener y deportar al éxodo centroamericano—, también protagoniza su acto de nacionalismo fervoroso:

—Hay demasiados delitos que se cometieron contra la soberanía mexicana. No solo se está invadiendo el territorio nacional, hemos tenido amenazas de ser acribillados y de ser superados en número. Hablan de 30 mil hondureños, hablamos del tema de integridad territorial.

Es desconsolador. Muy desconsolador. Días después, Meléndez Hinojosa me enviará un mensaje por WhatsApp con una noticia. En una página llamada "24/7 al día" dicen que presuntos miembros del Cártel Jalisco Nueva Generación da un ultimátum a los centroamericanos para abandonar el municipio. Ella se quejaba del crimen que maltrata su ciudad, pero ahora parece desear que sus criminales ataquen a los extranjeros, como si fueran la reserva justiciera de la nación.

Los del cártel serán unos hijos de puta, pero, para Meléndez Hinojosa, han de ser *sus* hijos de puta.

Es un fanatismo ciego, blindado a la realidad. El miércoles, esta misma mujer anuncia que inicia una huelga de hambre exigiendo el retorno asistido de todos los migrantes. ¿Hasta cuándo?

—Hasta que se resuelva —me dice.

A finales de febrero todavía había cientos de migrantes de la caravana en Tijuana y no había reportes sobre ninguna activista xenófoba ingresada por las consecuencias de su huelga de hambre.

Hay una proclama que resume la posición de los participantes en la protesta del domingo:

"PRIMERO NUESTROS POBRES".

Quien dice eso no sufre necesidad. Se ubica fuera de la miseria, entre los pudientes, ajeno a quien pasa penurias. Primero, mis pobres. Los de mi propiedad. Los míos. Esos que puedo controlar porque conozco y con los que practico mi caridad cuando tengo a bien aliviar un ratito su carencia y otro rato mi culpa. Los que mantienen el *statu quo*. Ellos, pobres. Yo, en el otro lado. Como Dios manda.

Quizás algo que enfade a este pequeño grupo de tijuanenses —y estadounidenses— que odian es que los migrantes hayan salido de la clandestinidad. Que sean visibles. Quizás estos centroamericanos estaban mejor calladitos en manos del coyote, jugándose la vida, desaparecidos, esclavizados, asesinados. O que sean pobres, pero pobres de otros que se ocupen. Lejos de aquí, de casa.

En el albergue Benito Juárez, los migrantes están recluidos y observan a los manifestantes con alguna preocupación. Tras las rejas, un tipo dice a los tarados en la calle que ya tenían suficiente violencia en Honduras. Que no han venido buscando pleitos. Los que odian no ven ni escuchan ni les importa que este señor, que tras el enrejado parece encerrado en una cárcel, muestre un cartel donde agradece a México su apoyo. Por suerte, la Policía Federal no les ha permitido acceder aquí. No hubiese estado mal que supiesen qué les esperaba a dos cuadras de distancia: hombres, mujeres y niños asustados, sin ninguna intención de salir a confrontar. Son gente que viene de uno de los lugares más violentos del mundo. Saben defenderse. Han mamado la violencia, aunque no hayan querido. Pero están huyendo, no han venido a pelear con nadie. Suficiente sangre tuvieron en

Tegucigalpa, San Salvador, Guatemala y San Pedro Sula. No quieren más. Así que han cerrado las puertas y esperan, asustados. Solo un pequeño grupo —una veintena, pero están dispersos— ha salido a la calle frente al albergue, más por vergüenza, por no sentirse recluidos. Observan desde la lejanía a los tontos de "México primero". Tampoco quieren confrontar.

* * *

Iván Riebelling ha adquirido notoriedad en el brote ultra. Es un hombre musculoso de pelo rapado que viste ropa militar. Camina como mando entre tropas. Se presenta como presidente y fundador de algo que él mismo ha bautizado pomposamente como "Cuerpos Diplomáticos de los Derechos Humanos". Riebelling lleva una placa de metal colgada del cuello con ese nombre. En Amazon, por algo más de 11 dólares, puedes comprar tu propia insignia policial. Si desembolsas otro poco te arman una identificación a tu medida. No parece que Riebelling estuviese contento con la credibilidad de la suya. En algún momento de su rocambolesca carrera como parte del Cuerpo Diplomático de los Derechos Humanos, incluyó en sus documentos el logo de la Organización de las Naciones Unidas (ONU).

—Como los migrantes no están armados, vamos a estar con pistolas de paintball, cartuchos de sal y balas de goma para repeler las agresiones, porque son personas muy violentas, muy agresivas —me dice, durante la marcha antimigrantes—. Hay manera para entrar a México con su documentación legal.

Es un tipo particular, este Riebelling, que se ha puesto al mando de estos protofascistas patéticos sin que nadie lo haya llamado. No convocó la protesta. Tampoco tiene gente detrás, más allá de su imagen de teniente de batallón. Pero da bien en cámara, se presenta como autodefensa y dice que va a organizar retenes en el exterior de Tijuana. Como a las cámaras les gusta lo que ven, el patán de Reibelling tiene su minuto de gloria.

—Ya empezaron con asaltos y robos a comercios. Empezaron a insultar a los mexicanos y a quemar la bandera. México es un país muy respetuoso con su bandera. Después de una acción, hay una reacción.

El único "asalto" denunciado fue el robo de un pantalón, y el chico que se lo llevó fue detenido y deportado. Y nadie quemó banderas mexicanas, pero circulan videos en páginas de dudosa procedencia, que se reenvían a través de Facebook y WhatsApp, donde aparecen presuntos centroamericanos incendiándolas. No es así: se trata de una protesta de 2014 que ocurrió en Oaxaca y quienes queman la bandera son activistas mexicanos. Pero da igual: el bulo está suelto y el daño está hecho.

—Vamos a establecer autodefensas, que no estaban hasta ahora —anuncia Riebelling, ya convertido en el mariscal Von Clausewitz—. Esperamos unas 5 mil personas, entre locales y foráneos.

Las autodefensas surgieron en algunos estados del interior de México como respuesta al fracaso de las autoridades para contener al crimen organizado. Eran civiles organizados alrededor de algún líder local. Pero el alucinado Riebelling quiere organizarlas para defender México de mujeres, niños y hombres que han llegado debilitados, desesperados y enfermos a Tijuana escapando del hambre, el desempleo y la violencia.

Según informaciones de la prensa local, Riebelling es un hombre con reiterados problemas con la ley, tanto en México como en Estados Unidos. Su historial delictivo es amplio: armas ilegales, amenazas a periodistas, acusaciones por secuestro y violación. Él mismo ha sido deportado por los vecinos del Norte. Es una paradoja interesante: un mexicano devuelto por Estados Unidos convertido en el enemigo de migrantes centroamericanos que quieren emigrar ilegalmente a Estados Unidos.

—¡Hay que empezar a detener esa fuente de migrantes, para que no tomen fuerza! Ellos van a atacarnos con palos y piedras. Nosotros no vamos a usar armas letales, las tenemos, pero no las vamos a usar —encara Riebelling ante los suyos.

—¡A mí me das una R-15! —pide una mujer ya mayor, excitada.

—Ellos ya tienen armas. Las traen desde allá. Entraron con armas porque es su herramienta de trabajo. Con ésas ahora están capitalizándose, asaltando y robando —dice Riebelling.

Hace algo más de una hora me había dicho lo contrario —que los centroamericanos no llevan armas—, pero ahora está crecido ante su tropa y tiene que presentar al "enemigo" como terrible amenaza.

—Hijos de su puta madre —dice la señora.

Entre los que escuchan a Riebelling se encuentran Alexander Backman, un *youtuber* que asegura que puede predecir los sismos. (Va otra vez: asegura que puede predecir los sismos.) Lleva gafete de prensa, pero grita furibundo a los policías, como un manifestante más. Junto a él, Paloma Zúñiga, una activista mexicano-estadounidense, cuyo perfil en Facebook, "Paloma for Trump", no deja lugar a la duda.

No, definitivamente, los xenófobos no pueden presumir de ser una raza superior.

—Estamos exigiendo, por parte de la ciudadanía, a las autoridades de Migración, que hagan un censo y una deportación —sigue Riebelling—. Lo que quieren es hacer desmanes. Siempre ayudamos a la primera Caravana, con mujeres y niños [esta es la primera Caravana, pero Riebelling lo ignora]. En la segunda y la tercera vienen maleantes, Mara Salvatrucha, grupos radicales de otros países infiltrados. Vienen armados porque han estado asaltando y robando.

Riebelling anuncia que mañana tomarán las casetas de cobro de Tecate, Rosarito, Playas de Tijuana y El Chaparral, todas de paso a Estados Unidos.

Al día siguiente, nadie acudirá a esos puntos.

Veinticuatro horas después, el tipo volverá a la carga. Se presentará, en un mensaje de WhatsApp y otro video de Twitter, como "comandante y jefe Cobra". *Cobra.* Como la película de Sylvester Stallone. El líder de una organización terrorista del universo de los muñequitos militares G.I. JOE. En el mensaje, Riebelling hace un llamado "a formar parte de las autodefensas internacionales y defender a las familias tijuanenses". Convoca, nuevamente, ante la caseta de Tecate.

Tampoco nadie aparece. Ni siquiera él mismo.

* * *

En medio de las conversaciones xenófobas, cuando decenas de personas gritan "hondureños, no los queremos" y luego aseguran no ser racistas, aparece una señora con un discurso mucho más sensato. Se llama Susana. Doña Susana, una mujer pequeñita y de brazos fuertes, con una panza y el pelo bien colocho, vestida con un chándal con el pantalón por encima del ombligo. Trabaja en la casa y es vecina de la colonia Zona Norte, el barrio degradado donde está el albergue. Como el Suncery o el Suazo Córdova de San Pedro Sula y muchos de los barrios que abandonaron los migrantes antes de sumarse a la Caravana, esta colonia es pobre y está estigmatizada.

Aquí se ubican algunas de los puntos de venta de droga en la ciudad fronteriza que nunca duerme. También los prostíbulos. Los ricos no quieren a los pobres en sus playas de ricos, así que los migrantes han sido instalados aquí, a pocos metros del muro que separa México de Estados Unidos, en una de las zonas supuestamente más duras de Tijuana.

Aquí es donde vive doña Susana, que hoy, 18 de noviembre, está a punto de dar una lección de vida.

Ya han dado las tres de la tarde y la mujer lleva rato observando a los manifestantes desde unos cinco metros de distancia. No conoce a ninguno, así que sabe que no son de aquí, del barrio. Estamos en el cruce entre la calle Baja California y la Avenida 5 de Mayo, en las dos esquinas de la calzada flanqueados por la farmacia Maggie y los abarrotes Baja California. En el otro lado, una escuela y la paletería La Michoacana. La barrera policial corta el acceso por la 5 de mayo, entre la escuela y la abarrotería. En este negocio se encontraba doña Susana cuando se topó con los manifestantes y desde allí empezará a increparlos.

Estamos ya en el tiempo del folklore. Los que querían montar su show lo han hecho y los que han esperado demasiado ya no recibirán la atención de las agencias.

—¡Todos tenemos derecho a prosperar! —dice doña Susana tras plantarse ante la línea de antimotines, hablando directo a los exasperados.

Ella no es como los demás manifestantes. No mira a los policías, sino a los civiles que tiene delante. Les echa en cara que no tienen derecho a tratar así a los migrantes. Les recuerda que muchos de sus hermanos también viajaron a Estados Unidos. Los antimigrantes no están a gusto con doña Susana. Hay algunos empujones, pero ella no se echa para atrás. La policía, que lo ve todo, no mueve un dedo. Estaban formados en fila y así siguen.

Regresa doña Susana a su esquina junto a la tienda, donde la espera otra mujer. La señora dice que es chef y que su marido es salvadoreño. "Mis hijos, mitad mexicanos, mitad guanacos".

Tiene la piel oscura y es directa.

—¡¿Cuántos de ellos pagan impuestos?! —dice a gritos—. Vivimos en una ciudad de violencia, da coraje por ver cómo tratan a los demás. ¡Esta gente solo quiere pasar! ¡Quiere una vida mejor ¿Qué problema tienen?!

La mujer morena se ha unido con doña Susana y ambas observan desafiantes al grupo que quiere golpear a los migrantes. Este es su barrio. Que no vengan desde Playas a decirles quién es bienvenido.

* * *

Estados Unidos cerró el puente de San Ysidro por dos horas durante la madrugada del lunes 19 de noviembre. Con sus 26 carriles para vehículos, San Ysidro es el mayor paso fronterizo del mundo. En la frontera hay cientos de militares. Cada día aparecen nuevas amenazas: primero, soldados colocando nuevo y reluciente alambrado, luego avisos de nuevos cierres. Llegados a este punto, Trump se viene arriba. El 22 de noviembre, tres días después del cierre, autoriza el uso de fuerza letal. Es decir, anuncia que los militares y los policías y los Border Patrol tienen permiso para disparar a matar a hombres, mujeres y niños que solo pueden defenderse con su propio cuerpo. El panorama que dibuja desde la Casa Blanca es un apocalipsis que nada tiene que ver con la realidad. Asegura que al menos 500 de los centroamericanos tienen problemas con la ley. No presenta prueba alguna, pero sirve para insistir en la idea que lleva azuzando desde el inicio de la caravana: invasión de criminales.

La clausura de San Ysidro es un golpe para los ánimos en Tijuana. No se había producido algo así desde los atentados del 11-S. El cierre generó intranquilidad. La economía de la ciudad depende largamente del cruce fronterizo. Los carros que tienen problemas en el tránsito, tanto en el lado mexicano como en San Diego, reciben una excusa como respuesta: "Es culpa de los migrantes", me cuenta un periodista que cruzó por ese camino.

Así se siembra el racismo desde las instituciones: un funcionario público alimentando la idea de que todas las incomodidades son culpa de gente con miedo.

Así se extiende la sospecha en una ciudad que vive de la frontera.

"No me atrevo a calificarlos de migrantes. Son una bola de vagos y marihuanos", dijo el alcalde de Tijuana, Juan Manuel Gastélum, cuando los centroamericanos recién habían llegado y eran apenas unos cientos. Gastélum salió a hablar con la prensa cuando se enteró de una disputa que tuvo lugar en playas de Tijuana, el lugar más acomodado y también la zona más emblemática. En las playas, la barrera que impide el paso a Estados Unido llega hasta el mar, lanzando el mensaje de que "ni por tierra, ni por mar, ni por aire" los caminantes serán bienvenidos. Aquí llegaron los primeros centroamericanos en la noche del 14 de noviembre, un día y un mes después de que la Caravana abandonase San Pedro Sula. ¡Qué lejos queda Honduras visto desde Tijuana! Los recién llegados subieron a la valla y se tomaron fotografías, e incluso alguno intentó cruzar a Estados Unidos: lo detuvieron y le dieron la vuelta. Pero entonces llegaron los lugareños al grito de "no son bienvenidos" y se montó la trifulca. No pasó a mayores, más allá de unas amenazas, algunos empujones y la intervención veloz de la policía.

Pero fue gasolina para la xenofobia. Y de esto se aprovechó Gastélum.

Su aparición tiene sentido netamente político: en 2019 se celebran elecciones. Por primera vez, Gastélum, miembro del derechista Partido de Acción Nacional, podrá ser reelecto. Hará lo que le resulte para conseguirlo. Quienes más aplauden las estupideces xenófobas de Gastélum son los *Trumplievers* a ambos lados de la frontera.

Así es como se prende el odio al diferente.

"A la secretaría de Seguridad Pública de Tijuana, que inicie un padrón con individuos que exhiban estereotipos y topografías de tatuajes que los señalen como militantes de alguna pandilla de las ya identificadas públicamente", pide en una nota remitida al ayuntamiento el Comité Ciudadano de Seguridad Pública de Tijuana, un grupo que une a empresarios, colectivos ciudadanos y la propia municipalidad.

Así se generalizan los estereotipos y se convierten en base para la persecución.

El drama: es más que probable que la situación se estanque. Lo sabe cualquier persona que tenga un mínimo de conocimiento sobre qué está ocurriendo en la Caravana. Hay miles de personas de camino hacia el Norte que han escogido Tijuana como destino porque consideran que la ruta es más segura. Pero la localidad de Baja California es un jodido cuello de botella para quienes buscan asilo en Estados Unidos, el método oficial que todos mencionan como su llave mágica. Para cruzar al otro lado hay que esperar al menos un mes tras registrarse en esa lista que gestionan los propios solicitantes en El Chaparral. Muchísimo tiempo, suficiente para que la situación explote.

Tijuana es acogedora, pero hay funcionarios de Migración que culpan a los migrantes de los embotellamientos en la frontera, un alcalde que alimenta los prejuicios racistas y grupos ultraderechistas locales alentados desde San Diego anunciando ánimos de pelea. Habrá más videos, más *fake news* y propaganda xenófoba. Por aquellos días, la televisión local reproducía un reportaje donde personas acusaban a los migrantes de dejar botada la comida, de no aceptar todos los alimentos que les ofrecen, de ser desagradecidos, de tomar licor, de producir basura. En un albergue de Mexicali me encuentro a una presunta periodista que, grabando en video con su celular, asalta a los migrantes con preguntas capciosas como "¿por qué usted está tirando la comida al suelo?" y "¿es verdad que no les gusta la comida mexicana?"

La situación en Tijuana puede deteriorarse pronto y ya no hay otro lugar hacia donde caminar. El agua, cuando se estanca, se pudre.

Los migrantes, que siempre han tenido la urgencia de conseguir las cosas pronto, comienzan a impacientarse. Han llegado aquí creyendo que su Dios ablandaría el corazón de Trump y han chocado con la realidad, que mide cinco metros y serpentea a través de la frontera entre Estados Unidos y México. Se escuchan rumores sobre intentos de protestar ante el San Ysidro. Son tímidos, pero no son descartables. ¿Creerán que intentando pasar en masa, como hicieron en Esquipulas y en el puente Rodolfo Robles, lograrán tumbar la barrera estadounidense? Si quieren ganarse el favor de los tijuanenses, esa sería su perdición. Quienes alimentan las *fake news* y el discurso del odio esperan un acto así. La Caravana acaba de encontrase con las reglas, las dificultades, los muros y todas las mierdas que no quisieron escuchar a esos abogados que clamaban en el desierto del Palillo. Todo se pudre, todo se estanca y da la sensación de que alguien esté deseando que vaya a peor. Porque no hay institución que pueda decir que no le avisaron de que Tijuana colapsaría.

[16]

Gas en el muro

No hay —ni habrá— piedad para los hambrientos.

Corrieron. Cruzaron.

—Corrimos todos. Algunos cruzaron. No los agarraron.

No los vieron salir. Corrieron, volvieron. Pero había gas y había balas.

—No los vimos salir. Luego llegaron y nos dispararon. A mí me alcanzó en la pierna. Nos pusimos a correr, regresamos, pero eran muchas las balas de salva y de gas que nos estaban tirando.

Liz Ramírez es guatemalteca, se acerca a los 40 años, está entrada en carnes y viste playera rosa y jeans. Viene de Retalhuleu, en la parte pobre-no-tan-pobre de Guatemala. Esto quiere decir que cuatro de cada 10 habitantes vive por debajo del umbral de la pobreza y no seis como en la media del país. Pero Liz es una de esas cuatro, así que cuando vio que la Caravana llegaba a Tecún Umán, pescó una mochila, tomó un autobús y se plantó en el puente Rodolfo Robles en tres horas. Liz puso un pie en Estados Unidos o en territorio considerado estadounidense, o sea, un tramo entre la valla en México y la valla en Estados Unidos por la que patrullan uniformados gringos: logró pasar al otro lado —dejar México por unos metros— a través de un agujero que algunas personas abrieron en una de las verjas, cerca de la antigua estación de tren de Tijuana.

Me lo cuenta mientras caminamos a través de un puente en dirección al albergue en el Benito Juárez. Atrás hemos dejado la zona fronteriza junto a los antiguos trenes, donde la gente se desparramó;

el cruce de San Ysidro y sus veintiséis carriles; el paso peatonal de El Chaparral. Todo eso quedó atrás y a la derecha. Liz y una quincena más regresan como soldados heridos en una batalla desigual que jamás debieron librar.

Corrieron, cruzaron. Pero no llegaron lejos: había gas y había balas. Les obligaron a dar la vuelta a base de disparos de bala de goma y botes de humo. Liz me muestra una herida —un rasguño en la pierna izquierda, casi donde empieza la nalga, que parece más un arañazo que otra cosa— y el agujero que dejó en el pantalón la bala de goma. A su alrededor camina un tipo con una bocina en la que suena "Tres veces mojado", el himno de los migrantes que es una canción de Los Tigres del Norte:

> Cuando me vine de mi tierra El Salvador
> con la intención de llegar a Estados Unidos
> sabía que necesitaría más que valor
> sabía que a lo mejor quedaba en el camino.
> Son tres fronteras las que tuve que cruzar
> Por tres países anduve indocumentado
> Tres veces tuve yo la vida que arriesgar
> Por eso dicen que soy tres veces mojado.

A nuestra espalda los policías federales actúan como coche escoba, barriendo a los últimos que se acercaron a la frontera. Huele a gas, pican los ojos. Pero ellos no disparan gases. Eso quiere decir que algo más está ocurriendo. Y ese algo es que a, menos de un kilómetro de donde estamos —desde El Chaparral, siguiendo en línea recta el canal que ejerce de frontera natural con Estados Unidos—, decenas de personas están siendo gaseadas por la Border Patrol.

La Caravana ha llegado lo más lejos que podía llegar: la frontera con Estados Unidos. Ha tocado pared, en este caso muro, y ya sabe que no hay nada que hacer. Las puertas no se abrirán. Lo sabíamos todos, ellos seguro que también en su fuero interno, pero, aun así, apelaban a Dios, y confiaban en que el altísimo "ablandase el corazón de Trump". Pues no. Lo que ha hecho Trump es mandar más soldados, como era de esperar.

La Caravana lleva varada más de una semana. Y ahora viene lo más difícil, cruzar por una frontera militarizada de un país cuyo gobernante te odia y en un momento en el que todas las cámaras apuntan a tu hueco. Hasta ahora, las crisis de la Caravana se resolvía con el movimiento. Siempre había un lugar hacia el que dirigirse. Ya no. Ahora solo hay un albergue hacinado junto al muro que cada vez huele peor. Por eso se renuevan la intranquilidad, nervios, angustia vistas en el pasado, pero ahora con un tono fatalista. ¿Qué coño hacemos aquí?

Liz Ramírez volverá a intentar cruzar, aunque no sabe cómo. Ahora, por el momento, duerme en el Benito Juárez preparando ese próximo intento. A eso ha venido, al cabo: a cruzar a Estados Unidos. Una bala de goma no la echará atrás.

Las leyes migratorias no permiten que la Caravana atraviese la frontera. No, al menos, del modo en que ellos quieren. En estos tiempos, nadie en Estados Unidos les abrirá las puertas porque sí, solo porque son pobres, porque tienen miedo, porque en su país pueden matarlos. Fue igual al entrar en México, pero la militarización de esta línea nacional no tiene nada que ver con Chiapas. Estados Unidos es otra cosa. Los Border Patrol parecen robocops llegados desde el futuro en comparación con los antimotines mexicanos. Hay cámaras y doble vallado y alambradas y drones y dos putos helicópteros sobrevolando el albergue día y noche. En México cerraron la puerta y la gente cruzó por el desagüe, el río Suchiate. Aquí va a ser necesario agudizar el ingenio. Como grupo es imposible. Sálvese quien pueda.

Pero antes, estos hombres, mujeres y niños, tan crédulos para algunas cosas, tan irreductibles para otras, tenían que ver con sus propios ojos que el portón de entrada a Estados Unidos está cerrado y que han tirado la llave.

Se abre un escenario incierto. Algunos intentarán pedir asilo siguiendo las normas, conscientes de que es un proceso largo, difícil y con el riesgo de terminar deportados. Otros se quedarán en Tijuana, trabajando o esperando una oportunidad para cruzar irregularmente. Y muchos harán como ya hicieron sus padres, tíos, hermanos, primos: contratar a un coyote, endeudarse por muchísimo tiempo y tratar de dar el salto cuando la frontera se enfríe.

La jornada en que la Caravana chocó con la valla, con Estados Unidos, con las leyes migratorias y con su propia capacidad de éxito fue una larga mañana de siete horas. Al cabo de esas horas, los migrantes comprobaron que no habría compasión. Que, al otro lado, en la tierra de la opulencia, no importa a cuántos familiares te han matado, si temes que la Mara Salvatrucha o el Barrio 18 te peguen un tiro o si solo comes uno de los tres tiempos. No hay —ni habrá— piedad para los hambrientos.

La historia de la Caravana no ha terminado, pero es posible que los sucesos de este domingo hayan marcado un antes y un después para todos. Ésta es la secuencia de hechos de esa mañana reveladora.

Uno: Primero Dios

9:12 a.m.. El campamento se despereza. Toca marcha, pero primero, como siempre, filas para desayunar y asearse. En el exterior del Benito Juárez hay camiones que reparten comida. Lo usual: frijol, huevos, tortillas. Menú pobre en Centroamérica, menú pobre en México. Dentro, en el campo de beisbol, las duchas están colapsadas. Hay una gran fila para lavarse al aire libre, delante de todos, con agua fría.

La asamblea del jueves (sigue habiendo asambleas, aunque la gente hace caso solo cuando le interesa un detalle) decidió que harán una manifestación. Manifestación pacífica. Me fascina esa coletilla, que he visto en innumerables ocasiones en Guatemala. "Manifestación pacífica", dicen. Nadie anuncia su intención de tomar el Palacio de Invierno de forma violenta. El objetivo en este caso no era saltar la valla. Era algo mucho más inocente. Lo que el grupo quiere es plantarse ante la frontera y dar pena. Suplicar. Que vean al otro lado que no son delincuentes, sino familias desesperadas. Lo que no funcionó en el Rodolfo Robles, aplicado a la mayor potencia del mundo. Uno no se hace el país más poderoso sintiendo compasión de los pobres. Pero ellos insisten en su lógica: ya que Dios no toca a Trump, a ver si son sus pintas miserables las que lo hacen entrar en razón.

Había intranquilidad sobre los efectos que podía tener la marcha después del primer brote de xenofobia y el cierre parcial de San Ysidro. Por eso escogieron el domingo para evitar molestias a los trabajadores tijuanenses que cruzan a Estados Unidos.

Como ha sido tradicional, no había plan al momento de comenzar la marcha. Los participantes de la Caravana solo recuerdan la experiencia del jueves 22, cuatro días atrás, cuando una avanzada de unos 400 se concentró durante horas en el espacio entre la frontera terrestre de El Chaparral y la de San Ysidro, del lado gringo. Las dos grandes garitas por las que se cruza de México a Estados Unidos en Tijuana están a 10 minutos de caminata del albergue. El grupo de los adelantados pasó casi el día entero frente a una barrera de medio centenar de policías que protegía un callejón sin salida que se utiliza como parqueo entre el muro y la entrada a El Chaparral. Pero ellos no lo sabían. Creían que al otro lado de los uniformados había algún paso fronterizo. Hay momentos en que la candidez de los hambrientos produce ternura y dolor al mismo tiempo.

La avanzada durmió esa noche en la calle y regresó al albergue al rajarse el día.

Ahora ha decidido marchar un grupo más significativo, alrededor de 500 personas entre hombres, mujeres, madres con sus niños y jóvenes. Hay gente que carga con sus mochilas, con *sleeping* y todo. O sea, suponen que cruzarán. Es un momento difícil: esa gente cree que hoy va a dormir en Estados Unidos y no hay nadie que pueda hacerlos cambiar de opinión. Como en todo el proceso, los mueve la convicción de que hacen lo correcto y de que el mundo debe hacerles un lugar para vivir.

La manifestación arranca antes de las 10 de la mañana. Es otra muestra de los liderazgos inexistentes. La asamblea aprobó la marcha, pero allí había no más de 500 personas cuando en el campamento duermen miles. De manera que ese grupo de medio millar será ante el mundo "la Caravana". La mayoría, al menos unas 4 mil personas, no moverá un pie del albergue. Quieren evitar cualquier suceso que pudiera ocurrir en la frontera. Creen, todavía y como en Tecún Umán, que si se portan bien algo bueno habrá para ellos.

Son increíblemente ilusos. La lógica es otra. Si hay relajo la cosa siempre puede ir peor. Pero no pueden esperar que sus condiciones mejoren por muy *bienportados* que sean. Ya fue así en el puente Rodolfo Robles. No, eso no ocurre. Aquí no hay premios como en la escuela.

Muchas pancartas de los manifestantes llevan mensajes religiosos, algunos con versículo y todo. "Dios hizo el mundo sin fronteras. Éxodo. Dios es bueno". "Si Dios con nosotros, quién contra nosotros". "Jesús dijo yo soy el camino, la verdad y la vida y nadie viene al padre sino por mí". Si alguien pregunta a los caminantes qué harán cuando Estados Unidos cierre a cal y canto, todos mencionan al santísimo. "Primero Dios, Donald Trump nos permitirá cruzar." La épica del camino los lleva a verse como los miembros de un éxodo histórico. No han tenido a Moisés para su nueva travesía por el desierto, pero han tenido a Dios de compañero.

La fe podrá mover montañas, pero no abre puertas. Estamos a un par de horas de comprobarlo.

Dos: Hormigas por el canal

10:29 a.m. La Policía Federal mexicana interpone un retén antimotines entre los migrantes y el inicio del puente que conecta al paso de El Chaparral. Esta frontera parece el acceso a un aeropuerto al que se llega a través de una rampa en forma de espiral. A la izquierda, el canal de Tijuana. Al otro lado, el muro, la barrera, la valla. Ese monstruo de metal que divide a ricos y pobres.

Durante una hora, el grupo se mantiene ante los policías, obediente. Cantan el himno hondureño (lo intentan con el mexicano, pero nadie se lo sabe), dan vivas a Guatemala, Honduras, El Salvador y Nicaragua, agradecen el apoyo mexicano, y se impacientan. Pero cuando dan los primeros pasos hacia el puente, los uniformados lo impiden.

"¡Queremos pasar de forma pacífica!", dice un tipo con megáfono. "Pasar de forma pacífica" es un modo de afirmar que su voluntad es cruzar de todos modos, que por favor se aparten, que no quieren confrontación pero que tampoco se van a dar por vencidos porque un destacamento de uniformados les corte el paso.

Aquí se produce uno de esos momentos de rebeldía colectiva de este enorme ejercicio de desobediencia civil que es la Caravana. Como en Agua Caliente, entre Honduras y Guatemala, cuando se instaló un retén policial y los caminantes se tiraron a los cafetales. Como en el puente Rodolfo Robles, entre Guatemala y México, cuando los agentes mexicanos cerraron el paso y la marcha se convirtió en el abordaje del río Suchiate.

El momento: los migrantes encuentran un punto ciego. Un lateral menos vigilado junto al puente. Así que rompen el cordón y salen corriendo hacia el canal seco que ejerce como primera barrera de acceso a Estados Unidos

Los policías protegían el puente. Los migrantes caminaron *bajo* el puente.

Desde arriba se ven como un reguero de hormigas corriendo hacia el puesto fronterizo. Se concentran en el medio, en un puentecito dentro del canal, y luego se expanden, siempre a la carrera. La frontera de Estados Unidos está a unos pasos y se ven felices, esperanzados, entusiastas porque han logrado sortear otra barrera policial, otro puente que no unía nada. Tienen una inocencia llamativa, madurada a base de ignorancia. Creen que esta frontera debe ser tan fácil de ganar como el puente Rodolfo Robles. No saben que lo verdaderamente difícil, el muro infranqueable, está todavía delante.

El grupo cruza bajo el paso peatonal de El Chaparral. Voy con ellos. Sobre nuestras cabezas está la pasarela por la que se accede a la garita migratoria. Así que, por aquí debajo, en línea recta, deberíamos llegar a las entrañas del puesto fronterizo. Ya casi estamos. Un tipo da saltos de alegría, va de la mano con su pareja: son una fotografía de poster romántico. Hay mujeres que cargan con sus hijos, trotando; jóvenes que cargan con todas sus pertenencias, soñando con dormir esta noche en el paraíso, vejetes que conocieron la guerra en Centroamérica, barbas canas y barbillas ralas. Corremos hacia la frontera como alma que lleva el diablo, como si nos fuera la vida en ello. Es un hecho: nos va la vida en ello.

Llega la primera frustración: los antimotines mexicanos, que minutos antes habían sido desbordados, se recomponen. Llega otra división, no sabemos de dónde, porque la que fue superada en el puente no ha tenido tiempo de bajar hasta el paso fronterizo. De inmediato, forman una barrera de unos 20 o 30 agentes con escudos y palos y expulsan a la avanzada que nunca estuvo tan cerca de alcanzar Estados Unidos.

El grupo regresa unos metros al lugar donde comienza la rampa en forma de espiral, pero no sube por ella sino que sigue corriendo.

¿A dónde vamos? Quién sabe. Nada más corremos. No hay nadie al volante porque nadie conoce esta zona. Todo el mundo está desparramado y corre sin más referencia que el muro.

Yo me pego a un grupito que acaba de llegar al parqueo del callejón donde durmió la avanzada cuatro días antes. Apenas hay policía. Entonces entiendo: los migrantes han venido hasta aquí bajo la idea equivocada de que el atajo lleva a algún lado. Cada una de las calles laterales está tan cerca del muro —50, 100, 200 metros— que han creído que cualquiera puede llevar *hacia* el muro.

"¡¡Son muy pocos, avancemos!!", grita alguien. Dicho y hecho. Cerca de 100 personas desbordan a los agentes, que los dejan pasar como si nada. Avanzan hacia ningún lado. "¡Esto es México!", grita un antimotines. Tiene razón. Frente al grupo hay ahora una gran verja hecha con barrotes blancos que lleva a un parqueo privado y que, en efecto, todavía es territorio mexicano. A la izquierda, elevado e inaccesible, aparece de repente el paso de El Chaparral. A nuestro alrededor, una sucesión de callejuelas entre casitas y pequeños locales industriales: no hemos dejado Tijuana. Todo desemboca en el mismo sitio: el muro.

La marcha ha quedado desparramada. Reducida a un intento desesperado de encontrar un punto ciego en el muro. Pero este no es el lugar apropiado para ello. Estamos, de hecho, en el peor lugar. A nuestra izquierda, al oeste, está el paso peatonal de El Chaparral. Por el este, unos 500 metros a la derecha, detrás de unas casitas y una zona comercial, aparecerá el cruce de San Ysidro. El muro que tenemos enfrente es el más militarizado y vigilado de una de las zonas fronterizas más vigiladas y militarizadas del mundo. Del lado mexicano, son al menos tres metros de cemento pintado con murales con rostros indígenas de un mal gusto amateur. Detrás de ese muro, la patrulla fronteriza de Estados Unidos armada como para una guerra.

El pequeño grupo vuelve a correr como pollo sin cabeza. Topó con el acceso al parqueo, dio marcha atrás unos metros y ahora sigue por la única callejuela que le queda por explorar. Otra vez tierra de nadie que no lleva a ningún lado. Acabamos en otro callejón que transcurre en paralelo al muro.

Pero algo ocurre más adelante. Es difícil saber qué, porque yo también corro como pollo sin cabeza. De repente, hay policías y migrantes enfrentándose en ese mismo callejón en las cercanías del muro. La tensión venía mascándose durante algunos minutos. Hay empujones y un agente con un megáfono grita: "¡Así no, así no!". Todo es muy confuso. Unos golpean con sus escudos, otros tratan de escapar. El enfrentamiento al final no pasa de la refriega. Cuando la bola de gente se dispersa, nos encontramos con una familia deshecha. No fueron golpeados, pero están aterrorizados. El marido mira con miedo a los policías. La esposa llora, abrazada a una de sus hijas, que no le llega a las rodillas y también llora. La otra hija, que tendrá dos o tres años, también está envuelta en llanto. A su lado, varios hombres y mujeres con casco, chaleco y armas. Ellos no lloran.

Entre los golpeados está Eduardo Antonio Ávila Escoto, un expolicía de Tegucigalpa de unos 40 años.

—El enfrentamiento se dio porque me empezaron a golpear a mí. Me agarraron a patadas, y yo le decía al policía que no me pegara más, pero él siguió hasta que me tiró al suelo —me cuenta horas después, expulsado por otros policías de las inmediaciones del muro.

Vaya ocasión: un policía hondureño que huye de su país golpeado por policías mexicanos y gaseado por policías estadounidenses.

Tras los golpes en esta zona apartada de la frontera el grupo ha salido a la espantada y me he quedado solo. ¿Dónde está la gente? Camino en dirección a San Ysidro. Parece que la mayoría de los migrantes tomó esa ruta. El cruce de vehículos ha sido cerrado, así que hay decenas de carros parados con sus conductores afuera y con cara de pocos amigos. Mierda. Sucedió lo temido. Los tijuanenses no van a estar contentos.

"*Warning, this is a federal restricted area*", dice una voz robótica desde las bocinas del paso de San Ysidro, y luego en español: "La entrada o movimiento no autorizado más allá de este punto resultará en un arresto, procesamiento y posible aplicación de fuerza".

El cruce fronterizo era la imagen de la desproporción. Los dos helicópteros sobrevuelan la zona y los militares estadounidenses están agrupados junto a la garita. Algunos, incluso, llegan a pisar territorio mexicano. Todo el mundo mira a su alrededor, tratando de entender el porqué del despliegue, pero aquí no pasa nada. Solo el tráfico paralizado, decenas de carros quietos, sus conductores enfadados y una fila para el tránsito peatonal.

Los migrantes no intentaron cruzar por aquí, está demasiado vigilado.

Sigo avanzando. Dejo atrás San Ysidro y busco el siguiente tramo de muro. Ahí, junto a la antigua estación de tren, hay un centenar de centroamericanos. Aquí fue donde se produjo la gran estampida. Ya pasan algunos minutos del mediodía y ahora el lugar está en una calma extraña. La valla que serpentea a través de la frontera mide unos cinco metros de alto, es ocre, como de metal oxidado y está coronada por alambre de espina y concertinas. La verja está atravesada por una vía de tren que ya no se usa. En este lugar, donde antaño pasó el ferrocarril, está la puerta, compuesta por un enrejado inferior, de unos dos metros, y malla metálica más arriba. Desde aquí se ven los Border Patrol y los policías y los militares estadounidenses que vigilan desde tierra de nadie. Antes de llegar a la valla, donde se arremolina ese medio centenar de personas con la cara pegada al metal, hay varios vagones antiguos. Algunos caminantes treparon a sus techos y observan al otro lado, como si se tratase de la torreta de un castillo. Pasan varios helicópteros volando muy bajo para intimidar. No lo hacen como aquel que casi tocaba el agua en el Suchiate, pero sí lo suficiente como para meter presión.

Marines y helicópteros militares.

Armas de guerra para los que huyen de una guerra no declarada. Parece que Trump creyera que la frontera es el jodido Irak.

Aferrados a la verja, un grupo de centroamericanos repite sus argumentos, inagotables ante la adversidad: "No somos delincuentes. Queremos trabajar. Por favor, abran el paso". La política fronteriza no entiende de sentimientos ni nobles razones. Uniformados, barrera y helicópteros simbolizan cómo esa gran potencia que es Estados Unidos se blinda, temerosa, de este ejército de los derrotados.

Entre ellos se encuentra Alex Mensing, el integrante de Pueblo Sin Fronteras que dio la cara junto a Ginna Garibo cuando el gobernador de Veracruz dejó sin transporte a la Caravana. Camina con el grupo con gesto preocupado. Teme a las consecuencias del desborde.

De repente, caen gases lacrimógenos. Dos, tres salvas. Nadie ha hecho nada. Nadie ha tratado de saltar la valla, romper la puerta, avanzar sobre territorio estadounidense. Pero los uniformados gringos disparan hacia México. Nadie sabe si eso es legal, pero sí es efectivo: han logrado limpiar la puerta de la valla, donde el grupo con el megáfono trataba de convencerles de que son buena gente.

Unos pocos migrantes responden a los gases con piedras. Se llevan la reprimenda de sus compañeros.

Después de una hora de atasco en la frontera, la policía mexicana evacúa la zona. Rodea a los manifestantes y forma una gran barrera. Tras el acordonamiento, los antimotines empiezan a avanzar, barriendo a los desarrapados, que se quejan. "¡Están en territorio privado!", dice el mando policial.

Entre las personas obligadas a abandonar el lugar está José Hernández, un veinteañero de San Pedro Sula. Lleva una venda en la mano. Estaba entre los primeros que logró pisar territorio americano, pero le obligaron a volverse. "Regresen para México. Les voy a disparar", dice que lo amenazó un agente.

—Hablaba en español. Nos disparó. A una persona le dio en una pierna —me dice, mientras un par de policías mexicanos lo empujan para que se largue de allí.

Ha pasado apenas una hora del mediodía. Nos retiramos. El intento colectivo, que nunca estuvo planificado, que jamás tuvo opciones de éxito, ha fracasado como correspondía. Estados Unidos todavía tiene más gas para dar.

Tres: El último avance

—¡Soy mexicano! ¡Ustedes están invadiendo nuestro espacio aéreo, están lanzando bombas de humo en nuestro territorio! ¡Ellos no están violentos! Por favor, déjennos convencerlos de que se retiren. Pero eso que están haciendo está muy mal. ¡No deben hacerlo!

Sergio Camal es activista de Ángeles Sin Fronteras, un grupo de apoyo a los migrantes con sede en Baja California. Se encuentra en el borde del canal, a medio kilómetro de la garita de El Chaparral. Avanza hacia los miembros de la Border Patrol que le apuntan con sus armas. A su espalda, un grupo de centroamericanos. Todos hombres. Todos jóvenes. Todos enfadados.

Han pasado 45 minutos del último intento de un grupo de migrantes por entrar a Estados Unidos, repelido por la patrulla fronteriza. A esta hora pega el sol y el ambiente es muy seco. Los uniformados han gaseado una y otra vez el canal que atraviesa Tijuana. En la zona de la antigua estación de tren, pegada a San Ysidro, lanzaban los botes de humo por detrás de la valla. Ahí pregunté a varios policías mexicanos si era legal que uniformados estadounidenses gasearan territorio mexicano y si ellos estaban autorizados a hacer lo propio. Se excusaron argumentando que no es que disparasen hacia México, sino que el aire había llevado el gas al territorio mexicano. Un argumento de chiste que solo quiere decir una cosa: los agentes estadounidenses tienen derecho a disparar armas no letales contra territorio mexicano.

En el canal no hay excusas que valgan. Los Border Patrol han disparado directamente contra los migrantes que caminaban en suelo mexicano.

Lo que me encuentro nada más llegar es que Sergio Camal ha logrado tranquilizar los ánimos. Ya ninguno de los jóvenes lleva piedras en sus manos. Cubren su rostro, pero por el gas. Huele mucho a gas: un olor ácido, penetrante, que se percibe en la pituitaria, que se aferra a tu garganta y parece solidificarse. Pienso que es posible que algunos de estos jóvenes estuviesen, hace un año, huyendo de los proyectiles de la policía hondureña. El 26 de noviembre se cumpliría un año de la reelección de Juan Orlando Hernández y las protestas contra lo que buena parte de esa sociedad consideró un fraude.

Ahora, sin embargo, están otra vez en el canal de Tijuana y ya han desistido de cruzar. La mayoría de las personas se ha retirado y enfila al albergue Benito Juárez. Derrotados, gaseados, algunos golpeados y, sobre todo, decepcionados por no conseguir lo que hasta ahora parecía método seguro: empujar, reclamar, pasar una frontera.

Otros, sin embargo, siguen ahí. Están enfadados y humillados. Se ha corrido el rumor —otra vez los rumores— de que una niña ha muerto en la embestida policial. No es cierto. Pero hay un pequeño sector que quiere cobrar venganza; 15, 20 jóvenes. No llegarán a lanzar una piedra. Están a nuestra espalda. Nosotros, unos 10 periodistas entre los que están Carlos Martínez, del salvadoreño *El Faro*, y Sarah Kinosian, *freelance* que escribe para *The Washington Post*, observamos los casquillos de los botes de humo lanzados por los uniformados estadounidenses. Estamos a unos 15 metros de los policías. El canal hace de frontera natural, pero existe una barrera real, que marca qué es México y qué Estados Unidos. En esta parte, esta línea cruza hasta la sección del canal en la que nos encontramos nosotros, en territorio mexicano. La barrera de unos dos metros de altura está coronada por alambre de púas. Luego se funde con otro muro, ocre y metálico, que sigue en paralelo a la carretera.

No han dado las dos de la tarde y los agentes de la Border Patrol no esperan un minuto cuando el grupo se arremolina. Comienzan a disparar balas de goma, bombas aturdidoras y gases lacrimógenos. Quince segundos de disparos. Una vez que aspiras esos gases, se hace casi imposible respirar. Todos corren —corremos. El gas ciega, las náuseas llevan al límite del vómito y el cuerpo pelea consigo mismo por una miserable bocanada de aire. Rubén Figueroa, del Movimiento Migrante Mesoamericano, un grupo de activistas, resulta herido. Un proyectil lo alcanza en la cabeza. Sangra, aunque se mantiene consciente.

El último ataque con gas ha puesto fin a la caótica jornada.

Cuando me estoy retirando de la zona de la frontera, recibo una llamada. Es Brian, un tipo de Tegucigalpa de 26 años que conocí charlando sobre futbol. Lleva tatuado el escudo del Barça en el pectoral derecho. Brian me dice que lo han arrestado junto a más de 30 personas. Me dice que se había acercado a la frontera a curiosear cuando fue atacado por un grupo de mexicanos con palos. Ese día, el grupito xenófobo había convocado su propia protesta, buscando el choque con la marcha migrante. Al ser menos, decidieron confrontar con los que se habían rezagado. Brian era uno de ellos. Me asegura, muy nervioso, que apareció un grupo de policías y que les dijeron que los iban a escoltar, sanos y salvos, al albergue Benito Juárez. Pero no fue así. Los encerraron y los entregaron a Migración. Todos iban a ser deportados. Al final, Brian se salvó porque había conseguido días antes un permiso de trabajo en México. El resto no tuvo esa suerte.

Apaleados por ser extranjeros, perseguidos por la policía y deportados en una ciudad levantada por migrantes. Triste final para la Caravana.

Esta es una lección importante: tal parece que México tolera migrantes clandestinos que crucen con coyote, a escondidas, como cruzan los mismos mexicanos. Pero no migrantes a la vista de todos: esos molestan porque salen en las noticias. Hay que dar respuestas por ellos. Las autoridades pueden mirar para otro lado con los que cruzan con los traficantes, pues no hay medios hablando de ellos en tiempo real. Si la visibilidad ayudó a exhibir la crisis de la Caravana, esa misma visibilidad disgusta a los funcionarios de México y de Estados Unidos.

El éxodo centroamericano sacó la cabeza en medio del gas pimienta de Tecún Umán. Aquel día, en el puente Rodolfo Robles, la Caravana se ganó la atención del mundo. Un mes después, también entre gases, ahora estadounidenses, la larga marcha de los hambrientos certifica su fin.

No habrá solución colectiva.

No habrá piedad para la Centroamérica que huye.

Regresar a la clandestinidad es la única alternativa.

[17]

Retorno a la clandestinidad

Pagar a un coyote, pasar con droga, pedir asilo o saltar el muro.

Gustavo Adolfo Trías Gatica nació en Guatemala, pero es hijo de la migración en México. Su mamá, también chapina, conoció a su papá, mexicano, en el tránsito hacia San Diego. Él fue su coyote. Eran los años en que pasar al gabacho era más sencillo, sin tanto muro que sortear.

—Coyotes hay, y de confianza, los que han pasado a toda la familia. No puedes venir y decir "quiero un coyote". Te pueden secuestrar, te pueden babosear, te pueden ver la cara de pendejo, decirte que te van a pasar, les das la plata y te dejan botado. Todo aquí es negocio.

Gustavo carga con su petate hacia Estados Unidos. Si las condiciones de vida no mejoran en casa, migrar es tradición que pasa de padres a hijos. Estamos a 20 de noviembre, o 21, o 22. Da igual: todos los días son iguales en el refugio Benito Juárez de Tijuana. Y el chapín le está contando a Kevin, el tipo que se vino harto de pagar extorsiones para que lo dejen vender sus verduras, lo difícil que está conseguir un buen guía. Se hicieron amigos en el camino. Ahora charlan junto a la tienda del catracho, un pequeño refugio alargado hecho a base de plástico negro y cuatro palos clavados en la hierba del campo de beisbol.

El Benito Juárez de Tijuana se ha convertido en la "Pequeña Centroamérica". No es la primera vez que un gran grupo llega a la ciudad fronteriza buscando entrar en Estados Unidos y termina por asimilarse como parte del paisaje. Hace tres años, miles de haitianos también llegaron a Tijuana. Pidieron asilo. Muy pocos lo lograron. La mayor parte de ellos se quedó trabajando. Fundaron un barrio conocido como Little Haití, no muy lejos del albergue centroamericano.

El poblado armado por hondureños, guatemaltecos, salvadoreños y nicaragüenses está lejos de ser una estructura definitiva como Little Haití, que en realidad se diferencia del resto de Tijuana por el nombre, porque nomás es un par de calles donde los haitianos compraron sus apartamentos. El refugio es otra cosa. Es anterior a la invención del cemento. Nylon, cuerda y palos. Es un desparrame temporal, un llego y aquí me planto, un microcosmos no planificado, tan de quita y pon como las tiendas de campaña y los toldos de plástico. En todo caso, el lugar es populoso. Desde arriba, desde las gradas, parece un collage de plástico, una manta irregular bordada con pedazos de cubierta.

Con esa precariedad, la Caravana echó raíces en Tijuana. Y eso quiere decir una sola cosa: hasta aquí llegó la Caravana.

La larga marcha sacó de la clandestinidad a los migrantes centroamericanos durante un mes. Protagonizaron portadas y Donald Trump amplificó su drama un poquito más tuit a tuit. Ahora, con Estados Unidos a la vista, están obligados a regresar a la ilegalidad. La única vía para cruzar regularmente la frontera es pedir asilo, pero tarda mucho y las posibilidades son mínimas. Queda el recurso de siempre: pagar un guía y encomendarse a la suerte. Como hizo, décadas atrás, la mamá de Gustavo, el chapín.

Quizás por ser hijo de un pollero y una migrante, Gustavo es consciente de sus opciones. Llegado a Tijuana, su plan es regularizar sus papeles, hacer algo de dinero y dar el salto. Tanto amenazó Peña Nieto con que los iba a detener y ha terminado ofreciéndoles un permiso de trabajo. Todo un éxito. Sin embargo, el plan de Gustavo y sus compañeros es cruzar a Estados Unidos. Quieren el brillo del mundo desarrollado, no la segunda división que es México. Pero esa posibilidad se disipa, si alguna vez existió: Tijuana es ahora una zona caliente por la atención mediática. Las cámaras que durante un mes los protegieron visibilizándolos son ahora su peor enemigo: necesitan calma y quietud para planificar el salto.

Me cuenta Gustavo que podría aspirar a la doble nacionalidad por tener padre mexicano, pero le piden algo más de 70 dólares por el trámite, y no los tiene. Si quisiese coyote, necesitaría, al menos, 100 veces esa cantidad. Por eso ha acudido a la feria de empleo ubicada a 10 cuadras del albergue y ha rellenado los formularios del Instituto Nacional de Migración. Cuando tenga sus documentos podrá trabajar y obtendrá algo más importante: movilidad. Con la mierda que se paga en una maquila de Baja California uno no saca la plata para un coyote. Pero, al menos, los agentes de Migración no podrán arrestarlo si desanda sus pasos y busca suerte en un estado menos vigilado para cruzar.

Hasta que ese momento llegue, duerme en una champa levantada en uno de los extremos del campo de refugiados. Su casa es un plástico negro atado a la verja de metal. Por dentro, cobijas y mantas.

—Voy a Estados Unidos. Voy a cruzar como cualquier persona —me dice Gustavo—. Como cualquier ilegal.

Ahí está la clave. Ilegal. Esa es, prácticamente, la única opción. A eso han venido.

* * *

Jonny, el grandulón, el tipo al que me encuentro casi todos los días desde que nos conocimos en Tapachula, se ha lanzado a probar suerte. Llegó hasta Mexicali a principios de noviembre, pero se dio la vuelta. Ya me lo había avisado: tenía un plan. Su hermana iba a pedir un préstamo de 5 mil dólares y él tenía apalabrado a un coyote en la sonorense Caborca, así que ha desandado más de cuatrocientos kilómetros para regresar a las faldas del desierto.

Paradoja: pobres que se endeudan para intentar salir de pobres.

Caborca es una de las capitales del coyotaje y el paso ilegal a Estados Unidos, su principal fuente de ingresos. Hay todo un mercado alrededor del tránsito al gabacho. Tiendas especializadas donde te venden trajes de camuflaje y cantimploras opacas para que el reflejo del agua no haga que te detecten en el desierto. Desde allí me ha escrito Jonny, casi todos los días, desde el 17 de noviembre. Desde allí buscarán cruzar 10 días después. "Creo k voy a salir de aki", me dice.

No volveré a saber de él hasta el 26 de diciembre, cuando reciba un mensaje desde Virginia, en la costa este de Estados Unidos: Jonny lo ha logrado. En enero del 2019 ya es un migrante ilegal más en Estados Unidos. Trabaja en una empresa con otros centroamericanos haciendo limpieza de escuelas y arreglos de albañilería y cualquier apaño. Gana en una semana los cerca de 500 dólares que obtenía trabajando todo el mes en Walmart en Tegucigalpa.

No fue fácil llegar, me cuenta por teléfono.

Primero tuvo que esperar 20 días en una casa de seguridad. Hubo un momento en que se quedó sin comida; había gastado todo su dinero. No sabía a qué mafia había pagado. Había tipos como él, esperando, y tipos armados que a saber en qué andaban.

Finalmente llegó el guía. Fueron a comprar mochila y traje de camuflaje, ramoso y verde.

—Como si fuese un soldado —me cuenta desde Virginia—. Nos dan una mochila y una bolsa, para acomodar la comida, pero en sí es pura chuchería. La frontera quedaba a 20 minutos caminando desde donde nos dejaron. Teníamos que quedarnos escondidos en el monte, a la par de una quebrada. Resulta que el guía se enfermó. Iba con dos salvadoreños y dos catrachos. Llevábamos tres días de ruta. El cuarto día se enfermó y no se podía levantar. Quedamos botados. Hablamos con los de la camioneta, que eran de la misma mafia. A los tres días, trajeron más comida y otro guía. Éramos como 22. Demasiada gente.

Después de dos días de caminata, el nuevo coyote les indicó dónde dormir y, como el otro, se largó. Era el 16 de diciembre y ya llevaban dos putos guías que los habían dejado tirados.

Al final, apareció un ayudante del coyote y les dio la opción de regresar con él o seguir por su cuenta.

—Decidimos tirarnos los dos salvadoreños y yo. Nos tiramos todo el sábado por la noche. Dormimos dos horas, nos levantamos. Ahí nos encontramos a otras personas que estaban olvidadas y había un guía. Pero ese guía no era de la mafia a la que yo le había pagado, sino de la mafia de Sinaloa. Nos llevaron a un lado, nos preguntaron. Dijimos que nos habían olvidado. Nos dijo que nos cobraba 3 mil

500 desde donde estábamos hasta Phoenix. Pero nosotros habíamos pagado 800 a la otra mafia.

No había otra opción. Cinco días después, alrededor del 20 o 21 de diciembre, entraban sanos y salvos a Phoenix.

—Yo no podía caminar. Tenía los pies llagados. Si levantaba el pie de la tierra, qué dolor. ¡Traía unas ampollas! Casi ya no llego. Pero sabía que tenía un propósito y escuchaba las voces de mis hijos, la de mi mamá, que no cayera, que todo era un sacrificio en la vida y que iba a llegar.

El 26 de diciembre alcanzaron Virginia.

—Cuando llegué, a la primera persona que llamé fue a mi mamá. No lloré porque soy hombre, pero se me hizo un nudo en la garganta que no puedes imaginar.

Su objetivo: trabajar y trabajar. Sacar dinero para ayudar a sus hijos. Su exesposa quiere llevarlos con ella a España. Quién sabe cuándo volverá a abrazarlos.

* * *

En el albergue Benito Juárez hay un pequeño grupo de migrantes que podrá acceder al asilo en Estados Unidos. Son los que tendrán la fortuna de que un juez considere si cumplen las condiciones para refugiarse en Estados Unidos. No vale con que la pandilla te haya amenazado. No vale con que matasen a tu papá, a tu mamá, a tu hermano. Por descontado, no vale con que te estés muriendo de hambre. Morirse de hambre no aplica.

Antes de lograr el refugio hay que superar un larguísimo proceso. Primero, esperar al menos un mes en Tijuana, hasta que te toque el numerito. Atravesar el paso de El Chaparral. Superar la entrevista de "miedo creíble". Como en las películas, no importa qué te haya pasado: vale lo que puedas probar.

Luego serás encerrado. Puede que te liberen con un grillete electrónico o un sistema controlado por una aplicación de celular: si sales del área asignada, la policía se enterará y adiós, de regreso a tu país cuando te atrapen. Si en cambio te portas bien, años después podrías acceder al juicio donde se evaluará tu posible (o no) aceptación como refugiado.

Ahora Trump quiere que la gente que esté pendiente del proceso espere en México. Pedir asilo por la vía de El Chaparral tampoco es una carta ganadora a largo plazo: entre 75% y 80% de las solicitudes de asilo de centroamericanos son rechazadas por el gobierno de Estados Unidos, según datos de la Universidad de Siracusa. Y otra vez por lo mismo: porque debes poder probar la catástrofe que has sufrido, y ese examen es subjetivo pues será un juez quien determine si tu vida miserable es suficientemente miserable.

Gustavo, el chapín, sabe que ni siquiera entra en el paraguas. Nunca tuvo problemas con la ley, ni los pandilleros lo amenazaron. Nadie lo extorsionó ni le robó ni lo puso una pistola en la cabeza. Hasta llegó a graduarse como perito contador. Trabajaba en un banco, cobrando casi 600 dólares al mes, por encima de los 373 dólares del salario mínimo de Guatemala. Pero quería aspirar a más. La razón de su éxodo es haber nacido en el lado equivocado, en Centroamérica, donde uno debe sentirse agradecido por recibir un jornal que al otro lado del muro sería considerado esclavista.

Ser pobre no aplica para pedir refugio.

Por eso Gustavo quiere hacer dinero para su coyote. Desde que llegó la Caravana, los precios se han disparado. Entre 5 mil y 8 mil dólares por cruzar solo desde Tijuana. Montos altísimos: eso es lo que suelen cobrar los coyotes si los migrantes son recogidos en la mismísima Guatemala.

El incremento es un negocio redondo. Cuando sale de Centroamérica, el coyote tiene que incluir en el presupuesto las mordidas y sobornos a agentes migratorios mexicanos que miran para otro lado mientras pasan los indocumentados, los costos de transporte de los picops, los de alimentación y el porcentaje de sus varios socios. Desde aquí, ese gasto queda excluido. Es todo ganancia.

Oferta y demanda. Muchos demandantes, un contexto difícil y pocos coyotes con verdadera probabilidad de éxito. Lecciones de capitalismo aplicadas al negocio del tráfico de personas.

Existen excepciones a ese dineral, por supuesto. Algunos ofrecen cruzar por 200 dólares, pero únicamente, dicen, para pasar la frontera y entregar al viajero a la Border Patrol. Esto es útil para las personas que buscan asilo. Con este pago evitan la fila de al menos un mes que les aguardaría en El Chaparral. En rigor, yo no conocí a nadie a quien cruzasen por tan exigua suma. O saltaban por su cuenta y riesgo o pagaban un dineral.

También están los narcotúneles. Dice la leyenda que Tijuana es una ciudad con el subsuelo agujereado como un queso suizo. Cuentos chinos, según dos oficiales de la policía municipal a los que acompañé una noche a patrullar. Algunos migrantes aseguran haber visto esos túneles. Un hondureño, incluso, me dijo que se había metido en uno pero que unos hombres armados lo obligaron a darse la vuelta. En las tardes de albergue, si uno se sienta un rato, no tardarán en aparecer historias de mística y épica de aquellos que dicen haber cruzado.

En la espera por cruzar, alrededor de Gustavo circulaban rumores de que un grupo intentaría saltar el muro durante la noche. Era el martes 27 de noviembre, pero nada sucedió. Como la Caravana antes, el campamento estancado es el reino del rumor. Creer que alguien se lanzó al otro lado y logró su objetivo forma parte de la estrategia colectiva para alimentar la esperanza. Todos los días se dice que alguien se ha lanzado. Todos los días se especula con que tal cruzó y tal otro cruzará. Pero nada pasa. Todos los días es un día más atascado en el albergue, con el muro a la vista, pero Estados Unidos tan lejos.

Conocí a una mujer que me aseguró que cruzó gracias a un mexicano que trabajaba en labores de construcción para reforzar el muro. Trump ha basado su campaña en pedir que se levante una barrera que divida Estados Unidos y México. Esa valla ya existe en muchos lugares y Tijuana es uno de ellos. Según me contó la mujer, llevaba varias horas deambulando por la zona junto a sus dos hijos. Su tienda en el Benito Juárez se había inundado y el percance fue el empujón definitivo para intentar saltar. El trabajador, un alma caritativa, la había visto en alguna ocasión anterior. Y un día, de madrugada, la llamó al verla pasar y le mostró el camino. "Salte por aquí, que no está vigilado".

La mujer saltó la verja, cayó a Estados Unidos y fue arrestada, me explicó por teléfono, desde Nueva York. Como viajaba con dos menores, la liberaron rápidamente y ahora estaba a la espera de que se resuelva su caso. Primero le pusieron un grillete de libertad vigilada. Posteriormente, debió activar la aplicación de seguimiento en el celular y estar disponible para las visitas de Migración. Ahora tiene tiempo por delante para estar con sus hijos en Estados Unidos producto de otra paradoja trumpiana que favorece a los migrantes. Entre el 22 de diciembre y el 26 de enero de 2019 se produjo el cierre parcial más largo de la administración que se recuerda en Estados Unidos. El origen estaba en una disputa presupuestaria. El presidente Trump quería dinero para construir su muro en la frontera y la mayoría demócrata se lo negó. Como no se aprobaron los presupuestos, Trump forzó el cierre parcial del gobierno. Esto implica que muchos empleados públicos no recibiesen su salario, entre ellos, los jueces que atienden casos de migración. Así que hay miles de solicitantes de asilo que, al menos, pueden contar con un tiempo en la tierra prometida antes de ser devueltos, como dicen las estadísticas.

* * *

El guatemalteco Amílcar —pequeño, pelo rapado casi al cero— fue a parar a un hotel de Mexicali que alguien, un alma caritativa, una organización, adecuó para que usen los migrantes. De hotel tenía el nombre porque en su interior eran habitaciones amplias donde hacinaban a las gentes. Decenas en un espacio para no más de 10 o 15. Hubo un momento, a mediados de noviembre, en el que, sea quien fuese que se encargara de los autobuses, decidió que Tijuana estaba colapsada y que había que dejar a la gente en Mexicali. Ahí el trasiego de Amílcar, y ahí lo que sucedería: un mercado de opciones para crimen y necesitados.

—Vinieron dos personas —me dice ya de regreso de Mexicali en su champa del Benito Juárez, un intento de búnker de plástico al que por momentos el agua le gana la pulseada— y me dijeron si había pensado en el plan B. Me dijeron que tenían una opción para mí: la burreada. La burreada es que te cargan con una mochila de droga, te mandan un guía, llevas 25 kilos de pura droga. Puede ser cocaína, piedra, marihuana, aunque más que todo era cocaína. Dijeron que, si yo burreaba para ellos, me ofrecían llevarme hasta Houston.

Las redes criminales que trafican con cocaína, marihuana o metanfetamina aprovechan la desesperación de los migrantes para lanzarlos a la frontera. El viaje es gratis. Tienes opción de quedarte en Estados Unidos o regresar, cobrar el trabajo y repetir. A Amílcar le ofrecieron 2 mil 500 dólares, una miseria si pensamos en los 80 o 100 que cuesta un solo gramo en Estados Unidos, y tiene sus riesgos. Si te atrapan pueden caerte años de cárcel más la prohibición de no poder ingresar en Estados Unidos, me cuenta la abogada Charline de Cruz, una experta en cuestiones migratorias que viajó con la Caravana entre Querétaro y Guadalajara, tratando de explicar el sistema legal estadounidense. Si pierdes la mercancía, dice Amílcar, pueden matarte.

—Me dijeron que iría con un guía. Que eran entre seis y 10 días caminando. Que el guía me iba a decir dónde comer, dónde descansar y cuánto tiempo caminar. Si lo hacía bien, de plano me quedaba. Pero si perdía la mochila, pues perdía la vida. Si yo les generaba una pérdida, el que perdía era yo.

Amílcar rechazó la oferta y decidió seguir hasta Tijuana. No quiere ir a la cárcel. Y no ha llegado a un grado de desesperación suficiente como para lanzarse al desierto con su mochila de droga a la espalda. Así que mata el tiempo en el albergue Benito Juárez esperando que el cráter abierto frente a su tienda no se ensanche y el enorme charco acabe por tragarse sus pertenencias en un día de tormenta.

Se lo pensó, dice. La burreada.

Hubo un momento en el que la tentación fue grande.

Un tipo que jamás tuvo problemas con la ley en Guatemala, que no consumió más droga que unos puros de marihuana, que carece de expediente policial, estaba dispuesto a transportar cocaína para una organización criminal solo para lograr el billete a una vida mejor.

La espera —la larga caminata, los obstáculos en México y, ahora, el estancamiento en Tijuana, con el muro al alcance de los dedos— es un caldo de cultivo para la desesperación.

Cuando se lo pensó, Amílcar viajó junto a otros tres compañeros en una camioneta hacia la frontera. Ya fuera de Mexicali los obligaron a bajar la vista para que no identificasen el camino. Llegaron a un lugar desértico en el que había, al menos, otras veinticinco personas.

—Me puse la mochila y sí que pesaba. Fui a ver todo el sistema. Ellos decían que no era tan obligado, que querían ayudar. Pero si te agarran, te quedas preso. Me dijeron que me darían un número de teléfono y me ayudarían si acababa en la cárcel, pero nadie te ayuda, no creo que fuesen a responder.

Era un día de neblina, favorable para lanzarse, que los narcos lo intentaban motivar. "Vos sos gallo, vos tenés buen cuerpo". Pero no lo vio claro. Se regresó junto a otros cuatro. El resto, diez aproximadamente, siguió su camino. Cada burro con su guía. Cada pareja con su mochila con comida y su mochila con droga. Nadie sabe si llegaron a destino, si fueron detenidos, si alguno se asustó durante el trayecto y ahora su cabeza tiene precio. Amílcar no me dirá por qué los narcos lo dejaron ir vivo.

Esta no fue la única ocasión en la que Amílcar recibió una oferta así en Mexicali.

Al día siguiente, llegaron otros dos tipos. Él ya estaba prevenido. "Se te ve que tienes aguante", le dijeron. "Con nosotros sólo caminarás cuatro días. El guía te puede dar droga para que aguantes. Él te dirá dónde drogarte y dónde no. Y si quieres trabajar con nosotros, puedes trabajar".

Pero para entonces Amílcar tenía claro que aquél no era su camino.

Existe un número indeterminado de migrantes que, al contrario que el guatemalteco, aceptaron las condiciones de los narcos. No tenían otra opción, supongo. Tal vez carecen de una historia de persecución lo suficientemente trágica o documentalmente probada como para que un juez estadounidense la acepte. O no disponen de dinero como para pagar un coyote, ni conectes familiares que les adelanten la plata. De manera que quedan librados a una suerte impar. ¿Cuál es el único modo de cruzar a Estados Unidos con guía y sin pagar un dineral? Trabajar para el narco. La burreada.

La oferta que Amílcar rechazó explica un submundo al que nadie prestó demasiada atención hasta llegar a Tijuana. Cuando cruzó Veracruz, la Caravana se preocupó por atravesar el estado. Pero llegar a Tijuana es llegar al narco. Aquí la Caravana ha venido a insertarse en un contexto complejo pues ya no hay ningún lugar más arriba adonde seguir. Los migrantes escogieron Tijuana porque era el camino más seguro hasta la frontera y Tijuana no es una balsa de aceite. En Tijuana hay una guerra abierta que ahoga a la ciudad en sangre.

—Es triste para nuestra comunidad, tenemos unas cifras de asesinatos nunca vistas —me dice Marco Antonio Sotomayor, director de Seguridad Pública de la Municipalidad de Tijuana.

Sotomayor me habla en su despacho de la secretaría de Seguridad, un búnker en la zona hotelera. Han transcurrido dos semanas desde el arribo de la Caravana al albergue Benito Juárez y hay que empezar a comprender Tijuana. La estancia va para largo. Huyen de una guerra no declarada y se encuentran con otro conflicto en el que no hay trincheras, pero sí demasiados combatientes.

La sangría que afecta a Tijuana está vinculada, según Sotomayor, a la disputa por los puntos de narcomenudeo.

Ahora los cárteles pueden percibir la llegada de migrantes desde dos perspectivas.

Con preocupación, por tratarse de un movimiento que calienta la frontera: más policía y más control son pérdidas para el narcotráfico y los grupos criminales no suelen tener contemplaciones con quienes les bajan las ganancias. O bien, como oportunidad. Cientos, miles de personas desesperadas son posible mano de obra barata para sus operaciones. Sotomayor alerta de la "vulnerabilidad" de los migrantes para ser captados: cuando se cierran todas las puertas legales, la ilegalidad se convierte en el único camino transitable. Allí están la burreada y cientos de Amílcar, renuentes y no tanto.

* * *

"No moverse, mi perro va a morderlos, ¿usted tener papeles?"

En un precario español, el agente de fronteras sorprendió a Ayyi cuando trataba de cruzar ilegalmente a Estados Unidos desde Tecate, en Baja California. Alguien había pisado un sensor y en un puto abrir y cerrar de ojos, Ayyi estaba rodeado: perros, un dron, policías, focos apuntándole. Era noche cerrada, pero daba igual: la vigilancia tecnológica tiene ojos cuando los humanos no pueden ver.

Si hoy existe un lugar en el que jugársela e intentar pasar al gabacho sin ser descubierto, es este. La zona de cruce está entre Tijuana y La Rumorosa, un área de montaña que hay que atravesar para llegar a Mexicali. Es un terreno reseco, marrón y grisáceo. Aquí hay secciones sin muro. Hay cactus y plantas donde esconderse un rato y, aun con toda su tecnología Robocop, la Border Patrol no puede vigilarlo todo. Pero a veces te pescan.

Ayyi decidió que su tercer intento, después de su fallo en Chiapas y su secuestro en Tamaulipas, sería por aquí, por Tecate.

No tuvo suerte.

" ¿Usted tiene papeles?", volvió a preguntar el gringo.

"¿Como voy a entrar con papeles ahí por la montaña?", pensó responderle Ayyi, pero se contuvo. No parecía razonable bromear con un tipo que le apuntaba con un arma. Así que, simplemente, se dejó arrestar.

—Me tuvieron 10 días en la "hielera" —me dice en una llamada a través de Facebook, a finales de febrero de 2019. Acababa de ser liberado y devuelto a Honduras. Llevaba sin saber de él desde noviembre, cuando se tiró a ese cruce. Ahora estaba en El Progreso, tierra de bananeras, muy cerca de San Pedro Sula, donde su familia tiene una casa.

La "hielera" son centros de detención bajo custodia del servicio de Aduanas y Protección Fronteriza de Estados Unidos. Quienes han estado allí las retratan como un infierno gélido, con una luz blanca continuada y ninguna litera donde acostarse. Según directrices del gobierno, los detenidos solo deberían pasar setenta y dos horas en estas condiciones, pero Ayyi estuvo 10 días y no tuvo a quién reclamar.

—Lo más difícil es que lo tratan como un animal, esos pinches chicanos. Insultan en inglés, en español. Si te sonríes, te dicen ¿te estoy contando un chiste? Y uno no puede hacer nada.

Make America Great Again. Racismo del penúltimo de la escalera.

De la hielera Ayyi pasó a una cárcel en Adelanto, California, un municipio en mitad del desierto donde más de la mitad de los habitantes son latinos. Allí estuvo dos meses con un mono azul que informaba que era la escala menos peligrosa de preso.

Ayyi jamás había tenido problemas con la ley antes de que lo atrapasen en la frontera. Ésta es una de las consecuencias de la migración. Tipos como él, que no han roto un plato en su vida, que quieren salir adelante, que están dispuestos a trabajar bajo cualquier circunstancia, terminan encarcelados como delincuentes. Y la delincuencia no se contagia, pero se aprende.

—Nunca me detuvieron ni dormí en una prisión. Me sentí como El *Chapo* Guzmán. Estaba encerrado con 120 personas. Había gente de todo el mundo: China, Armenia, Rusia, Japón, India, Venezuela, El Salvador, Guatemala...

Siempre optimista, Ayyi dice que trabajaba en el interior de la prisión porque no le gusta que le regalen nada. Le pagaban un dólar por limpiar. Un puto dólar. Alguien debería avisar a Abraham Lincoln: el esclavismo se mantiene en las cárceles de Estados Unidos.

Como él no podía pedir asilo —su caso escapaba al paraguas que lo permite—, una fianza le hubiera costado demasiado dinero. Estaba desamparado. La información de la que disponen los migrantes es escasa y en muchas ocasiones descontextualizada. Ayyi no habla inglés, no tenía abogado porque no podía pagarlo y no conserva ni un solo documento de los que firmó durante su reclusión. Es un individuo desolado que se enfrenta al poderosísimo ejército de la burocracia gringa.

—La gente puede pelear asilo, pero lo están perdiendo, no están ayudando a nadie. Estados Unidos es un país astuto, inteligente.

Tanto camino para terminar encerrado en un país en el que no te quieren.

De vuelta en Honduras, Ayyi está tranquilo. Optimista, como es usual.

Me dice que la Caravana fue "la mayor aventura" de su vida.

Le pregunto si regresará a Estados Unidos.

—Yo voy a entrar —me dice.

* * *

A finales de noviembre, el albergue Benito Juárez ya es toda una señora ciudad. El exterior está cubierto por pancartas de agradecimiento a México por su hospitalidad. Son un intento *naïf* de poner freno al creciente discurso xenófobo. Ya saben: que son vagos, que ensucian todo, que los haitianos sí que eran buenos migrantes que no se quejaban y se adaptaron fácil. Por desgracia, quien ha decidido que sus enemigos son estos seres humanos derrotados no toma en cuenta ni pancartas ni brigadas de limpieza.

Camino por el interior del albergue y compruebo hasta qué punto se ha sofisticado. Han surgido "distritos" que tienen nombre, como la colonia de la Zona de Juegos. Un cartelito de papel sobre una tienda de campaña indica que uno ha llegado al territorio de los juegos. Si les damos un poco más de tiempo tendremos elecciones por distritos. A todo se acostumbra uno y este es el campo de refugiados que más tiempo ha durado hasta el momento. No está acondicionado, pero aquí la gente ha pasado de todo y solo tiene en la cabeza dos cosas: dar el salto o buscar trabajo para alquilar un apartamento.

Los alrededores están vigilados por picops de la Policía Municipal y la Policía Federal. Si alguien hace algo, lo arrestan y lo deportan. Como en Guadalajara, veo cómo se llevan a un pobre chaval por fumarse un porro en la calle adyacente al albergue. Dos cuadras más adelante, hace tres días, me encontré dos yonkis pinchándose. Claro que ellos no eran extranjeros así que nadie les hizo nada. Los migrantes son como la mujer del César: no solo deben ser honrados, sino también parecerlo.

Superado el perímetro policial hay camionetas de la PGR y de la OIM. La OIM es, claro, la Organización Internacional de las Migraciones.

Aquí han organizado algunas expediciones de retorno. Demanda para eso hay, obvio: hay gente que no aguanta más y se da la vuelta. Como ocurrió en el Rodolfo Robles, los gases en la frontera gringa han incrementado el número de retornos voluntarios. Agotados, rendidos, derrotados y golpeados: hay grupitos que no dan más de sí. Sus compañeros los miran con una mezcla de condescendencia y lástima. No, ya no les silban. Ya no los llaman traidores como a aquellos que abandonaron en Tecún Umán.

A lo largo del camino siempre ha habido instituciones que han intentado desincentivar a los caminantes. Primero, las autoridades hondureñas y guatemaltecas. Después, la Comar, el INM. Ahora es la misma OIM organizando los viajes de regreso. Supongo que es un asunto de la gran burocracia internacional: si no tienes permiso de trabajo, no te ayudo a cruzar; si no tienes permiso de trabajo y creo que tu vida está en riesgo para seguir adelante, mejor te ayudo a regresar. Dos meses después, en San Pedro Sula, hablo con un tipo que tomó uno de estos autobuses. Me dice que les prometieron el oro y el moro, que, ya de vuelta en casa, el gobierno de Juan Orlando Hernández aseguró que les daría trabajo. Y no: nadie le ha dado un lempira. Igual no se arrepiente de haber retornado. ¿Por qué? No me dijo, pero vende naranjas en el patio de su casita en la Rivera Hernández.

A pesar de que el tiempo avanza, la imagen del campamento no deja de ser desoladora. Ha ocurrido lo que tanto temíamos, lo que advertimos al vocero del ACNUR cuando la marcha apenas había puesto un pie en México: miles de hombres, mujeres y niños atascados en Tijuana. Caen algunas tormentas, el campo de beisbol se encharca y la gente duerme en las tiendas de plástico negro plantadas en mitad del lodo. Por la mañana hace frío y el nylon se humedece con el rocío. Uno se pasa la mayor parte del tiempo mojado. Sobre nuestras cabezas hay una especie de vaho ácido, como si el sudor, el frío, el rocío y las bacterias concentradas de todos estos seres humanos hayan creado una especie de aura sucia en la que respiran todos, viejos y niños. Es una mierda dormir en el Benito Juárez.

Me encuentro con el chapín de la bocina, el que monta las rumbas reguetoneras, un tipo delgado, alto y canche, que rompe con el estereotipo del país. Es un jugón. Presume de volver locas a las catrachas y se pasea por el campamento con aires de latin-lover. Es guatemalteco de nacimiento, pero nada más. Habla un español agringado que lo delata: ha pasado más tiempo en Estados Unidos que donde nació. Cuando llegó a Guatemala, deportado, era extranjero. Y el lugar en el que ha vivido siempre lo considera extranjero y por eso lo deportó. Doblemente extranjero y sin ningún sitio donde caerse muerto. Tiene una disyuntiva jodida. Su hija nacerá en diciembre. Si consigue cruzar, podrá conocerla. Si lo detienen y lo deportan, chupará cárcel y no sabe cuándo verá a la niña por primera vez. Días después me escribirá diciendo que va a intentarlo. No volví a recibir otro mensaje. Lo más probable es que esté en la cárcel. Pero ahora yo me marcho y él se queda sentado sobre la bocina. Suena Nicky Jam mientras el latin-lover mira hacia el muro.

Los saltos son cada vez más habituales. No son escandalosos, como aquel primer intento en grupo. Son nocturnos, silenciosos, con sigilo.

No sé cuántos hombres, mujeres y niños han ido por el camino del coyote que tiene previsto tomar Gustavo Adolfo Trías Gatica. Cuando termina noviembre y la Caravana lleva dos semanas varada en Tijuana, se escuchan más promesas y planificaciones para probar un salto que relatos de gente que lo haya conseguido. Todo es cuestión de tiempo y número de intentos, que los hay. Pero la mayoría termina con los centroamericanos obligados a darse la vuelta sin llegar a pisar territorio estadounidense. O son detectados por la Policía Federal, que aquí ejerce también de agente fronterizo, o los propios gringos los sorprenden. No los detienen, porque eso los obligaría a meterlos en Estados Unidos, sino que les señalan el sur con el dedo para obligarlos a dar media vuelta. En Melilla, un enclave español en el norte de África por el que cada año tratan de cruzar cientos de migrantes subsaharianos, a esta práctica la llaman "devolución en caliente" y las organizaciones de derechos humanos como Amnistía Internacional ya la han censurado. Aquí nadie parece saberlo, o a nadie importa.

Si alguien quiere ser un turista migratorio y ver algún intento de salto, basta con esperar pacientemente en las inmediaciones del albergue Benito Juárez. Por la noche, intentando no despertar sospechas, algunos abandonan el refugio en pequeños grupitos. A veces van acompañados por un guía, un pollero, alguien que les explica por dónde meterse. En otras ocasiones van solos. No les gusta la presencia de periodistas, y los entiendo. Puede quemarles el terreno. Aquellos primeros días, las salidas eran tímidas, como una pequeña excursión nocturna. Los podíamos ver en el exterior de la ciudad, en la zona de playas de Tijuana o, incluso, rumbo hacia Tecate, caminando por el arcén, tratando de pasar desapercibidos. Conforme avanzó diciembre la gente tomó confianza y los intentos se volvieron diarios.

Los que no se mueven, se estancan. A falta de un lugar hacia el que avanzar todo se convierte en rutina.

Varados ante el sueño americano, cada vez más centroamericanos buscan trabajo en Tijuana. Dicen que se trata de algo temporal, que es para cubrir gastos, que hay que matar el tiempo mientras se toma la decisión de saltar o dar media vuelta.

Así están Sam Rivera Maldonado, un nicaragüense de 24 años, y Francisco Javier Andrés Galeas, de 22 y de Tegucigalpa. Acaban de estrenar chamba. Llevan unos días en la cantina Los Mariachis, en el centro de Tijuana. Ésta es la zona de bares que no cierran nunca y el lugar donde todos los vicios están disponibles si uno sabe a quién preguntar. El bar es un tugurio oscuro, de luz rojiza y escasa y una barra para las bailarinas. Es una especie de versión desmejorada de la cantina de *Abierto hasta el amanecer.*

Esto va para largo.

Tijuana es un cuello de botella y la Caravana ha llegado a su fin. Cumplió su objetivo, que era traer sanos y salvos a los cientos, miles de desarrapados que entre el 12 y el 15 de octubre se sumaron a una caminata épica que partió de San Pedro Sula. Ahora, cada persona, cada individuo, tiene que buscar su modo de cruzar al otro lado. Solo hay dos opciones: éxito o deportación.

El Benito Juárez fue una medida improvisada que ahora es cada vez más incómoda. Han recorrido miles de kilómetros para cruzar a Estados Unidos, que está ahí a la vez como fruta madura y prohibida. Al alcance de la mano, pero te cortarán la mano si te estiras. De manera que se extiende la idea de que plantarlos en un albergue que está, literalmente, a 20 metros de la verja es cruel y provocador. Por eso la Secretaría de Bienestar Social de Baja California decreta la evacuación. La mayor parte de los huéspedes (¿sirve esta palabra para una tienda de campaña de mierda?) son trasladados al Barretal, otro albergue ubicado esta vez en las afueras de Tijuana, al sur, mucho más lejos de la frontera. El ser humano es fascinante. A pesar de las incomodidades, del barro, de la suciedad, de exponer tu pudor a la vista de todos en duchas al aire libre y los urinarios fétidos junto a las tiendas, hay gente que se resiste a abandonar el Benito Juárez. Una cosa es estar incómodo y otra fiarte de lo que te ofrecen las autoridades, que no parecen tener nunca una buena idea.

La evacuación del albergue coincide con la toma de posesión de Andrés Manuel López Obrador. El presidente de México promete "derechos humanos" para los migrantes, pero durante todo el tiempo que duró la Caravana mantuvo un perfil bajísimo. Quizás sienta algo de alivio. El éxodo centroamericano es una papa caliente y no tiene solución buena. Desde la presidencia de México se pueden hacer muchas cosas, se puede paliar el sufrimiento, tratar de evitar muertes, humanizar el camino. Pero no evitar que la gente siga su camino hacia el Norte. Y eso es, precisamente, lo que sus antecesores siempre intentaron.

Del otro lado de la frontera está Trump. Sus amenazas e improperios son una especie de hilo musical que acompaña a la Caravana pero al que la gente no presta demasiada atención. A finales de noviembre aseguraba que endurecería aún más los protocolos, amenazaba con volver a cerrar la frontera, culpaba a México, a Honduras, a Guatemala, a El Salvador, por no atar a sus ciudadanos con una cadena e impedirles dejar sus países.

Silencio en Los Pinos y ruido en la Casa Blanca. Su efecto es el mismo: la mayor parte de la gente va a intentar cruzar como sea. Algunos se darán la vuelta, resignados. La mayoría seguirá.

El relato colectivo impide establecer una tesis absoluta. Miro por última vez el Benito Juárez, devastado, embarrado, lleno de vida, enfermo, contradictorio, exhausto. Hay gente satisfecha, desengañada, cansada, animosa, orgullosa, deprimida. ¿Mereció la pena? ¿Era esto lo que buscaban? No puedo decir cuántos lo han logrado o no. Es imposible. Mi única forma de medir es la empírica, y me dice que gente con la que más coincidí, aquellos con los que más compartí, casi todos se encuentran en Estados Unidos. Algunos llevan un grillete. Otros son ilegales. ¿Cuántos lo lograron, cuántos fueron regresados y cuántos están de camino hacia la frontera otra vez tras ser deportados? Volver a la clandestinidad es regresar al sálvese quien pueda, al "aquí se viene a echar punta", a la insana meritocracia de que lo consigue el que verdaderamente sudó tinta. ¿Fue la Caravana un aprendizaje colectivo o simplemente una casualidad? ¿Los migrantes del futuro escucharán historias sobre la Caravana original?

La nueva fase se abre con la marcha al Barretal, una especie de feria de muestras en la que, al menos, el suelo es de cemento y hay varias carpas bajo las que cobijarse.

El Benito Juárez ha muerto, viva El Barretal.

La Caravana ha muerto, viva la Caravana.

Durante dos meses, aquí se ubicará la mayor parte de los integrantes del campo de refugiados estático en que devino el éxodo. Pero ahí empieza ya otra historia.

En los momentos álgidos de la larga marcha que partió de San Pedro Sula, más de 10 mil centroamericanos recorrieron México con destino a Estados Unidos. Llegados al Benito Juárez, se contabilizaron hasta 5 mil. En el Barretal comenzaron unos 2 mil 500. Para cuando se cerró, a finales de enero de 2019, eran solo 70.

¿Se imaginan dónde estaba el resto?

[Epílogo]

Prótesis

¿Alguna vez dejaremos de producir piernas para esta interminable caravana?

Una mujer me llama a principios de marzo y me dice que necesita ayuda. La conocí en el sector Rivera Hernández de San Pedro Sula, un barrio de casitas de un piso, carretera de terracería y matorrales entre cada vivienda. La gran desgracia de esas pocas cuadras que delimitan el universo de esta mujer no es la pobreza tanto como haberse convertido en zona de guerra. Un territorio en disputa atacado por cuanto vértice existe. Por un lado, la MS. Por el otro, el Barrio 18. Por un tercer lado, los Olanchanos. En el otro, los Tercereños. Hasta siete pandillas peleándose el territorio, matando y muriendo por ganar algunos metros, algunas casuchas, algunos ranchitos de mierda. Esta guerra no es por petróleo, oro ni coltán. No hay una puta riqueza que ganar, más allá de controlar las vidas pobres de gente pobre como la mujer que me llama.

En un pequeño cruce de la Rivera Hernández hay agujeros de bala en las esquinas y unos *placazos* de la MS tachados con pintura. La pintura y las balas son lo mismo: heridas de guerra. Quienes hicieron las marcas son unos adolescentes-casi-niños con pistola. Ninguno de ellos, sicaritos de la pobreza, nació con el gen asesino. No existe una predisposición genética para el mal. Lo que hay es pobreza, hambre, abandono familiar, un Estado que hostiga en lugar de proteger, la ausencia absoluta de futuro.

Ser pobre te limita las opciones. A veces, ser un asesino se convierte en *la* opción cuando no ves otras oportunidades.

Me llama la mujer y me dice que necesita ayuda. Me cuenta que un chaval que vivió en el barrio se ha marchado de su casa aterrorizado ante la posibilidad de que lo maten. En el Rivera Hernández, como en otros sectores de San Pedro Sula, las casas se abandonan como en las guerras, con lo puesto y sin mirar atrás. Eso hizo la familia del chaval siete años atrás. Cayeron en La Ceiba, pero los pandilleros los encontraron. El chico tuvo que ver cómo los asesinaban delante suyo. Ahora tal vez vinieron por él, quién sabe por qué, así que decidió marcharse él solito y probar suerte en el camino del Norte.

Me cuenta la mujer que el chaval hizo como muchos adolescentes. Cruzar ilegalmente a través de Guatemala y de México, subir a La Bestia. Pero tuvo mala suerte. Un mal paso. Un traspié. Un puto accidente. Resbaló, La Bestia le dio un mordisco y tuvieron que cortarle el pie. Así que me llama la mujer y me pide que intente localizarlo. Que quieren ver cómo su mamá se lo trae de vuelta.

La diferencia entre este chico y los miles que atravesaron México en octubre y noviembre de 2018 es la visibilidad. Cuando la Caravana, no era la primera vez que las cámaras apuntaban hacia el éxodo centroamericano, pero sí la primera en que la prensa internacional los acompañó, día y noche, a lo largo de todo el trayecto, por semanas. Esa salida de la clandestinidad tiene dos caras: por un lado, la positiva, la protección. Miles de personas recorrieron un camino peligroso sin pagar coyote, sin ser secuestrados, violados o asesinados. Por otro lado, la visibilidad también los ha puesto en el punto de mira. Me lo decía recientemente el coordinador general de la Comar, la agencia que regula la acogida de refugiados en México: la mayor parte de solicitantes de asilo llegan por cauces distintos a los de la Caravana. Sin embargo, la alerta xenófoba se enciende únicamente durante la Caravana.

La mujer me ha llamado y no sé qué coño decirle, así que sigo escribiendo este epílogo.

Lo primero es conseguir una prótesis. Pero para conseguir esa prótesis hay que pagar un platal. Yo no tengo ese dinero. Menos lo tiene ella o la mamá del chaval.

Resulta imposible no implicarse con los migrantes. Son seres humanos vulnerables que cargan con historias horrorosas para nuestras vidas más o menos acomodadas pero que, al mismo tiempo, transmiten una fuerza inquebrantable. Darles visibilidad fue el mejor regalo que pudimos hacerles. Era como entregarles una capa de superhéroe, una chaleco antibalas, antisecuestros, antiextorsiones, al menos, durante el tiempo en el que el espectáculo de la Caravana estuviese en el aire.

Cuando compartes tiempo con ellos, cuando escuchas sus historias, es inevitable que te abras. En el día a día también nos implicamos. Hicimos cola en los Elektra para recoger los miserables 30 dólares que alguien le mandaba a otro alguien desde Tegucigalpa porque nosotros teníamos una identificación, y ellos no. Prestamos nuestros celulares hasta agotar la batería. Cargamos sus propios celulares en nuestros hoteles. Buscamos abogados que los orientasen. Hicimos acopio de mantas. Repartimos toda la comida posible. Pagamos cafés, algún desayuno, almuerzos. Dimos jalón hasta niveles ridículos, como un día, con un compañero de la Deutsche Welle, cuando pasamos ofreciendo sitio en el carro a familias con niños y todos nos miraban como si fuésemos a vender sus órganos.

Solo hay algo que nunca ofrecí: falsas esperanzas.

Mil veces me preguntaron si creía que Donald Trump iba a abrir la puerta y mil veces respondí que no, que jamás de los jamases, ni en un millón de años, que antes veríamos abrirse la tierra y aparecer de ahí una escalera de fuego con la que trepar el muro que ver al xenófobo apiadarse de los hambrientos.

Nunca, jamás, bajo ninguna circunstancia, alimenté sus expectativas.

Tampoco es que mis palabras fuesen a cambiar nada. Estas personas dejaron todo lo poco que tenían en sus países de origen para llegar a un país donde no los quieren y cuyo presidente está dispuesto a hacer todo lo posible para que no alcancen su meta. Y a pesar de ello, tienen fe. En caso de tener éxito, los caminantes se convertirán en el último eslabón de la cadena y accederán a los trabajos que nadie quiere hacer por salarios que los autóctonos considerarán inaceptables. Y además, lo harán contentos, satisfechos, orgullosos, porque esa basura de empleo es mil veces mejor que cualquier cosa a la que hubiesen aspirado en Honduras, Guatemala o El Salvador.

El éxodo dice mucho sobre Centroamérica. Dice, por ejemplo, que miles de personas han dado por desahuciados a sus países. Ya fueron. No hay nada que hacer. Dice, también, que el acto más revolucionario es desobedecer las leyes migratorias para buscar un pedacito de capitalismo. Estados Unidos intervino en Centroamérica y ahora quiere guardar distancias. Promovió golpes de Estado, puso y quitó presidentes, financió a ejércitos sanguinarios y a paramilitares más sanguinarios todavía. Todo ello para proteger sus intereses, que se miden por miles de millones de dólares. Ahora el plan es levantar un muro y dejar que los centroamericanos se maten entre ellos, desentendiéndose. Pero no puedes exhibirte tan cachondo y esperar que los demás no quieran tus mieles. A los centroamericanos les quitaron las ideas de revolución a plomazos y les dejaron una única idea: si uno se esfuerza, puede conseguir una buena vida; si doblas el lomo, lograrás una chamba y prosperar. Cuando ven que eso no ocurre, parece lógico que se volteen y pregunten: ¿dónde está mi parte?

La ONU considera que, cada año, 400 mil centroamericanos intentan cruzar al gabacho. Siete veces y media el estadio Santiago Bernabéu lleno a bote descargado sobre la línea imaginaria que separa México de Estados Unidos. La gente sigue muriendo, la siguen matando así que no encuentran otra alternativa que marcharse aun cuando puedan morir y los puedan matar en esa marcha. Es como estar entre la espada y la pared, solo que si eligen la pared, que parece más segura, a veces se encuentran con que es poco firme y detrás hay un precipicio. Pero *a priori* no tienes la punta de la espada en el pecho.

Mientras acompañé a la Caravana, entre octubre y diciembre de 2018, conocí a decenas de estas personas. Adolescentes que huían de una pandilla que quiere reclutarlos, tipos que se negaron a colaborar con el narco en una descarga, mujeres amenazadas de muerte por sus parejas, gente que ha visto cómo a su alrededor morían sus vecinos, padres y hermanos en una guerra de trincheras invisibles. No todos los centroamericanos huyen de la violencia, aunque es verdad que la violencia está presente en las vidas de todos estos seres humanos. La pobreza es otra porción violenta de su realidad. Que no te alcance para dar de comer a tus hijos, dormir en la puta calle, trabajar de sol a sol y aún y que aún y todo solo tengas para el frijol y la tortilla.

Centroamérica muere de hambre y a Centroamérica la matan a tiros. Por eso Centroamérica huye y quizás la única pregunta sensata ahora es pensar cómo los gobiernos garantizan un tránsito seguro.

Hay un hecho tan trágico como indudable: la migración sobrevivirá a Trump y a López Obrador. Sin embargo, cómo actúen Estados Unidos y México tendrá impacto en vidas humanas al sur de sus fronteras.

Sin ir más lejos, el 15 de enero de 2019 una nueva Caravana salió de San Pedro Sula. Una semana después, más de 10 mil personas se encontraban en Tecún Umán, el último municipio de Guatemala antes de entrar en México.

Todo había cambiado respecto de unos meses atrás. En lugar de porras y gases ahora había botellas de agua que extendían los mismos funcionarios de Migración que antes pedían rendirse a la burocracia. En vez de antimotines y gritos, un tipo con una camisa blanca que les explicaba sus derechos y les daba la bienvenida. Y en lugar de una cárcel para migrantes, la promesa de que si uno se registraba accedería a una tarjeta de visitante por razones humanitarias. Este documento permitía entrar libremente al país, desplazarse y obtener trabajo durante un año, aunque se trata de un permiso renovable.

¿Estábamos ante el mayor cambio en la historia de la migración centroamericana de las últimas décadas?

¿Se estaba desmoronando, ante nuestros ojos, el injusto e inhumano sistema que reguló la migración centroamericana hacia Estados Unidos durante las últimas décadas?

¿Era una medida temporal, para paliar la crisis humanitaria inmediata, o cualquier centroamericano que ponga un pie en esta frontera tendrá el mismo trato?

¿Estamos ante el fin del negocio de los coyotes desde Honduras, Guatemala y El Salvador?

¿Cómo se readecuarán los grupos criminales que han controlado el tráfico de personas hacia Estados Unidos?

En el puente me encontré con personas que habían sido deportadas por México, gente que expulsó Estados Unidos, caminantes que iniciaban su marcha por primera vez y veteranos del tránsito al Norte, y ninguno de ellos, parecía interesado en la oferta ahora bondadosa de México. Todas las personas a las que consulté tenían intención de seguir hacia Estados Unidos.

Todos, periodistas, migrantes, activistas, nos mirábamos sorprendidos.

El nuevo gobierno mexicano, en manos de López Obrador, estaba protagonizando un cambio histórico. No es lo mismo que te reciban a golpes que con una botella de agua y la promesa de regularización.

Sin embargo, todo era más complejo cuando rascabas la pintura nueva. Por el momento, las tarjetas se entregaban únicamente en el Rodolfo Robles y no en el resto de puestos fronterizos que México comparte con Guatemala. ¿Estaba diciendo López Obrador que los centroamericanos debían llegar en grupo? ¿Sería esa la única manera de hacer ruido y lograr la regularización?

Esta política también obviaba un elemento fundamental: los centroamericanos que huyen quieren ir a Estados Unidos. Por mucho que las autoridades les diesen la bienvenida en México, su objetivo estaba en el Norte. Así que la tarjeta no podría significar más que una garantía temporaria de que la *Migra* no te arreste. ¿Más gasolina para la furia de Trump?

En realidad, lo que López Obrador intenta es convencer con buenas palabras de que buscar el gabacho no es la mejor idea del mundo. Tratará —¿tratará?— humanamente a quienes lleguen a México. Pero, ¿qué ocurre con aquellos que ignoren sus ofertas y sigan hacia la frontera? ¿No teme el presidente que ciudades como Tijuana se conviertan en el destino final de estos campos de refugiados itinerantes? ¿Cómo afecta eso la política interna de México? ¿Y cómo su relación con Trump, el vociferante de la Casa Blanca?

Trump no ha modificado su manía de acoso y derribo. Las atrocidades perpetradas durante la etapa de "tolerancia cero", como la cruel separación familiar, fueron continuadas por iniciativas como devolver a México a los solicitantes de asilo mientras un juez resuelve su caso. Esto implica que gente que huye de la violencia se vea atrapada en ciudades violentísimas hasta que un funcionario estadounidense decida si puede o no cruzar la frontera. Los jueces no saben que Jorge Alexander Ruiz también quería pedir asilo y lo mataron en Tijuana antes incluso de enviar su solicitud.

Aquí viene la paradoja más brutal. Trump y López Obrador representan tendencias políticas antagónicas, pero han expresado públicamente que comparten un objetivo: poner fin a la migración irregular hacia Estados Unidos.

Durante muchos años, México ha ejercido como verdadera frontera sur para Washington. López Obrador proclama que se acabó estar supeditado a las órdenes del Tío Sam. Sin embargo, lo que dice y lo que hace van por caminos diferentes. Hay un riesgo cierto de que México se convierta en un "tercer país seguro" de facto. La administración de López Obrador niega ese rol. Pero por el sur ofrece empleos y planes de desarrollo para que los centroamericanos no sigan su tránsito. Y, por el norte, comienza a recibir a solicitantes de asilo que Estados Unidos expulsa para que aguarden el proceso en México.

¿Puede un gobierno de izquierdas acercarse al sueño de los securócratas gringos y ser quien más hace por frenar la larga marcha centroamericana?

A estos movimientos se le suman dos tendencias preocupantes: la persecución de activistas en Estados Unidos y México y el incremento del racismo contra los migrantes en toda la región. Una investigación de la cadena NBC de San Diego mostró que el Ejecutivo de Trump había elaborado listas de defensores de derechos humanos y periodistas presentes en la Caravana. A algunos de ellos les vetaron una nueva entrada a México entre finales de 2018 y principios de 2019. Al comienzo de este mismo año, activistas que acompañaban a otra caravana por territorio mexicano fueron hostigados y algunos de ellos detenidos y deportados a Honduras. ¿Trabajan Estados Unidos y México conjuntamente para hostigar a los activistas que cuestionan el modelo migratorio de ambos gobiernos?

A finales de enero de 2019, una turba trató de linchar a los migrantes que esperaban por su tarjeta humanitaria en Tecún Umán. Los acusaban de bailar reguetón, beber alcohol y tomar drogas. El mismo argumento que emplearon los xenófobos de Tijuana meses atrás. ¿El repunte de las ideas racistas en Estados Unidos bajó hacia México? ¿Y hasta Guatemala? ¿Debe un migrante someterse al estereotipo de persona que agacha la cabeza, da las gracias y no levanta la voz para no ser doblemente estigmatizada?

La Caravana de octubre de 2018 puso a los migrantes invisibles en la agenda política. También mostró un camino para recorrer México sin tener que recurrir a redes criminales. Meses después, sin embargo, todo parecía recomponerse: la muerte de 25 guatemaltecos en un camión sin placas que se accidentó en Chiapas en marzo de 2019 mostró que, a pesar de todo, las redes de tráfico de seres humanos operan a pleno.

El escenario ideal sería que Centroamérica no se viese en la obligación de escapar de sí misma. Y que una persona cualquiera, como fue mi caso, tampoco se viera en la tarea de hablar con un sacerdote para que se comunique con la Cruz Roja Internacional a ver si consigue el dinero que financie la prótesis de una pierna. Ésta es la solución modesta, personalísima, el parche. No la respuesta que los Estados deben dar —sistémica, estructural, sostenible. Seria. Sin eso, toda solución es una prótesis: ayuda a caminar, pero no resuelve el problema.

Pero eso no llega y mientras no llega, queda el arresto individual —los arrestos individuales— para una degradación que no cesa. Porque siguen existiendo colonias como la Rivera Hernández, con siete pandillas matándose por cuatro cuadras de mierda; o como la Suazo Córdova, donde el rastro de sangre persigue a la familia de doña Fanny. Siguen existiendo empresas de taxi como la de Walter Coello que tienen que pagar cuatro extorsiones para que no los maten o rutinas miserables como la de Kevin, que debe abonar una renta por vender sus verduras en la calle. Ésa es la Centroamérica que huye, un territorio herido lleno de personas que quieren vivir. Que tiene una inmensa capacidad de supervivencia, que se recupera rápido de los golpes y que vive con el petate hecho porque no le dejan ninguna opción.

Es jodido, pero si las condiciones no mejoran, Centroamérica seguirá produciendo piernas para una interminable Caravana.

Caravana de Alberto Pradilla
se terminó de imprimir en el mes de julio de 2019
en los talleres de Diversidad Gráfica S.A. de C.V.
Privada de Av. 11 #4-5 Col. El Vergel, Iztapalapa,
C.P. 09880, Ciudad de México.